新媒体创新人才培养
系列丛书

网络舆情

监测与研判

芦珊 ◎ 主编

Network Public Opinion

Monitoring and Research

人民邮电出版社

北京

图书在版编目（ＣＩＰ）数据

网络舆情监测与研判 / 芦珊主编. -- 北京 ： 人民
邮电出版社，2021.7
（新媒体创新人才培养系列丛书）
ISBN 978-7-115-56101-5

Ⅰ. ①网… Ⅱ. ①芦… Ⅲ. ①互联网络－舆论－研究
Ⅳ. ①G206.2

中国版本图书馆CIP数据核字(2021)第041856号

内 容 提 要

本书共 6 章，介绍了网络舆情的研究与发展、规律与管理，着重讲解舆情监测预警和数据分析、舆情报告写作、舆情研判和应对、重大突发事件网络舆情管理等理论知识与应用技巧。本书阐述舆情爆发、发酵、平息等方面的理论与原理，并以经典案例讲解各项理论在实际工作中的应用，理论与实际相结合，增进舆情管理的学习深度。

本书既可作为应用型本科、高等职业院校新闻学、传播学等专业的网络舆情课程教材，也可作为培训机构的参考书。

◆ 主　编　芦　珊
责任编辑　刘　尉
责任印制　王　郁　焦志炜
◆ 人民邮电出版社出版发行　　北京市丰台区成寿寺路 11 号
邮编　100164　电子邮件　315@ptpress.com.cn
网址　https://www.ptpress.com.cn
天津千鹤文化传播有限公司印刷
◆ 开本：787×1092　1/16
印张：11.75　　　　　　2021 年 7 月第 1 版
字数：210 千字　　　　2025 年 8 月天津第 14 次印刷
定价：42.00 元
读者服务热线：(010)81055256　印装质量热线：(010)81055316
反盗版热线：(010)81055315

PREFACE　　　　　前　言

舆情是与社会发展紧密关联的学科，不仅与地方治理、意识形态脉脉相通，还与人们的日常生活息息相关。学好舆情既要了解新闻媒介、信息传播、技术应用，也要具备政治学、社会学、心理学、经济学等领域的常识。因此，本书力图打破舆情学习的壁垒，建立多维度、复合型学习模式，帮助读者更大程度地掌握技能。

本书汇集了人民网舆情数据中心（人民网舆情监测室）十余年研究成果及实践经验，并参考了大量舆情及相关领域的文献，整合了网络舆情的研究与发展、网络舆情规律与管理、舆情监测预警和数据分析、舆情报告写作、舆情研判和应对、重大突发事件网络舆情管理等知识，为读者系统掌握舆情的各项理论与技能提供参考。同时，本书引领读者从党的二十大精神中汲取砥砺奋进力量，并学以致用，以理论联系实际，推动传媒行业高质量发展。

本书拥有两条学习主线：从舆情发展史进入学习，了解产业发展脉络，洞悉发展变化与趋势，形成舆情发展的时间线；学习各项理论，在案例分析与课堂演练等实战过程中，形成知识与实践相结合的技能线。舆情课程的双线学习，将为读者建立纵横交错的网格化学习模式，更好地理解舆情知识奠定基础。本书引用大量真实的舆情案例，辅助于知识讲解与教学，深入浅出。

本书的教学课时数为 48 课时，各章的参考教学课时见以下的课时分配表。

章序	课程内容	课时分配	
		讲授	实践训练
第一章	网络舆情的研究与发展	2	—
第二章	网络舆情规律与管理	2	—
第三章	舆情监测预警和数据分析	4	4
第四章	舆情报告写作	4	4
第五章	舆情研判和应对	8	8
第六章	重大突发事件网络舆情管理	6	6
课时总计		26	22

本书由《网络舆情》杂志副总编辑、主任舆情分析师芦珊任主编。本书编写分工如下：人民网舆情数据中心副总编辑、人民网新媒体智库负责人、高级研究员刘鹏飞编写第一章；人民数据研究院副院长、研究员陈丽，人民网舆情数据中心教育舆情主编、主任舆情分析师白杨编写第二章；人民网舆情数据中心原主任舆情分析师赵丽媛及舆情分析师杨程、原舆情分析师孙雪编写第三章；人民网舆情数据中心主任舆情分析师裴梦乔编写第四章；人民网舆情数据中心舆情服务中心副主任、主任舆情分析师孟竹，《网络舆情》杂志执行总编辑、主任舆情分析师董晋之，人民数据研究院副院长、研究员陈丽，人民网舆情数据中心慕课事业部副主任、主任数据分析师罗海力编写第五章；人民网研究院副院长、舆论与公共政策研究中心主任刘志华，人民网舆情数据中心主任舆情分析师吴汉华编写第六章。本书的编写得到人民在线副总经理、人民网舆情数据中心总编辑单学刚及人民在线总经理助理、人民网舆情数据中心慕课事业部主任陈泰然，人民网新媒体智库高级研究员、舆情危机管理专家刘星星，《网络舆情》杂志副总编辑、主任舆情分析师刘聪的指导和帮助，在此表示感谢。

芦珊

2023 年 4 月

CONTENTS
目 录

第二章
网络舆情规律与管理

第三章
舆情监测预警和数据分析

第六章
重大突发事件网络舆情管理 ······························· 161

第一章
网络舆情的研究与发展

【学习目标】

通过本章的学习，读者将全面了解网络舆情在国内的发展路径，并对当前国内舆情产业的发展现状与趋势具有深入的了解，便于更好地研究舆情产业的"昨天、今天与明天"。

【本章知识结构】

本章深入分析了"舆情"在我国的发展渊源及脉络，并对舆情、舆论等基本概念分别进行了阐述，以时间顺序对舆情产业的发展进行了详细的讲解。在我国舆情研究发展史上重要的时间节点——2008年，舆情产业发展呈现巨大变化，这一年成立了诸多影响力巨大的舆情专业研究和服务机构，党和政府在互联网、新闻工作方面进行了新探索、新布局，不少高校的新闻传播学院也相继成立研究中心，从新媒体、网络舆论等角度开展研究。2008年以后，舆情信息工作已经走向了广阔的市场，开始出现专业化、职业化和产业化发展的迹象，社会各界对网络舆情服务展现了强劲的需求。专业机构开始出现并提供社会化服务，这直接催生了中国互联网行业的一个新分支。2009 年是网络舆情产品及服务的大发展之年，网络舆情分析和研究工作从此开始焕发生机，进入大发展时代。2009 年以后，企业应对舆情成为舆情研究和服务的另一个重要方向。2016 年成为政府及时回应舆情的分水岭，在时效、舆情回应上迈入新常态，全国各地政务舆情回应率大幅度提高，回应效果显著增强。

1994 年，互联网进入中国。随着互联网舆论兴起和网络舆情工作在社会层面的展开，"舆情"一词出现频率有所增长，近年来在国内迅速成为研究热点，不仅舆情专业机构取得的各类成果众多，而且学界中的研究者及研究成果也众多。在中国知网文献库以"舆情"为关键词进行检索，得到了 189 179 条结果，其中，2000 年以后搜索热度开始有所上升，在 2008 年前后进入快速上升期。

"舆情"概念本身具有本土化特征，或者说"网络舆情"研究和舆情信息服务业的兴起，产生于 20 世纪 90 年代以来扎根于我国特殊国情的社会土壤，与我国的政治、经济、文化、社会传统，以及进入 21 世纪后加速普及的互联网技术、学术界和传媒业界在互联网信息与社会舆论领域的新探索息息相关。

有研究认为，在网络信息技术迅猛发展，新媒体正深刻改变着人类社会生活的形势下，新的舆情态势和舆论格局开始形成，对党和政府决策过程产生了深度影响。这一切，使得网络舆情研究的重要性、紧迫性和独立性愈发凸显，网络舆情研究也因此迅速发展起来，不同学术领域和学科的学者广泛涉猎于此，相关研究成果不断涌现，对"网络舆情研究成果"的专题研究和计量分析也逐渐被重视和关注。我们能够从政策、学术、技术、传媒、市场、国际、智库等不同的维度观察舆情研究和业务的勃兴与发挥的重要社会作用，以及其走过的不同发展阶段。

第一节　网络舆情研究的兴起

根据中国知网文献和媒介检索的结果，过去，"舆情"一词绝大多数出现在一些历史学和政治文献中，特别是近现代以来，"舆情"的出现频率开始大幅度上升，延续和发展了我国古代新闻舆论史的传统视阈。而"舆情"和"舆论"作为两个不同的概念，其内涵及外延在一段相当长的时间内并未被社会各界严格区分与辨析，特别是涉及中外交流时，由于外语中只有"舆论"一词，所以很多情况下二者是混淆不清的。

同时，"舆情"与"民意"的概念也出现类似的情形，特别是西方世界中常见的"民意调查"本身服务于西方政治和社会，而与我国存在政治与社会体制的差异，因此其概念也存在差异。我国从 20 世纪 80 年代开始，以中国人民大学舆论研究所、北京新闻学会、中国社会科学院新闻与传播研究所等开展的调查项目为代表，其后续的影响主要发生在新闻读者调查、社会学或市场调查等领域。

读者调查，是新闻工作的优良传统之一。1982 年 6 月至 8 月，经北京新闻学会发起，中国社会科学院新闻与传播研究所，会同《人民日报》《工人日报》《中国青年报》组成调查组，采用社会统计分析方法，对北京市 13 岁以上的居民读报、听广播、看电视的情况，进行了一次抽样调查。运用科学的方法，采用现代化的统计手段，对一个地区的读者、听众、观众进行大规模的综合调查和研究，这在我国新闻史上是第一次。

根据综合考察"新闻""舆论""民意"等多个概念及相关维度的结果，我国学术界的理论探索紧跟国内政治、经济、文化和信息技术环境的变化，走在"网络舆情"服务实践和产业发展的前面。传统媒体的批评报道与舆论监督、网络媒体与网络舆论、公共领域与舆论场、突发事件中的网络舆情是过去几十年间舆论研究的四大领域，媒介技术的发展和社会环境的变迁是舆论学研究热点变化的两大推力；从学术共同体建设的角度看，国内的舆论研究共同体发育尚不成熟，稳定的合作群体依然不多，机构间的合作匮乏。

一、互联网兴起为网络舆情研究提供土壤

现代意义上的"舆情"研究最初发端于学术探索，从少数研究者的理论探索和独立创见，到走出学术圈进入传媒业界和市场服务领域，在短时间内实现了理论学科和产业的突破性发展以及规模的爆发式增长，这个过程与互联网逐步改变社会舆论格局的时间几乎同步，值得关注和思考。

对于我国网络舆论的发端，目前存在多种观点。20 世纪 90 年代末开始火爆的门户网站、论坛/BBS、博客、聊天软件等，开始逐渐改变人们的交流方式，科技部还使用了"网民"这个新生名词。互联网社交型媒体的出现，真正开启了"大众话筒"时代的序幕，一个巨大的网络舆论场开始形成。数以万计的网民言论客观地呈现在公开的互联网上，形成了大量具有可参考性的言论样本，为政府机构提供了解与测量网络舆情和网络民意的便捷渠道。

国内学者对网络舆论研究起点的观点较为多元。有研究称，1997 年中国男足冲击世界杯亚洲区预选赛失利，一位网名为"老榕"的球迷在四通利方（新浪网前身）的《体育沙龙》论坛发表了《10.31 大连金州没有眼泪》的帖子，立刻在网民中引起巨大反响，并影响了传统媒体的议程。林楚方、赵凌则认为："真正以国内网站为平

台来表达民意的标志性事件，应该是 1999 年 5 月 9 日人民网为抗议北约轰炸我国驻南联盟大使馆而开设抗议论坛一事，这是传统媒体网站开设的首个时事新闻类论坛。"这个论坛后来改为"强国论坛"，直到今天仍然是我国主要的网络讨论社区之一。

此后经历 2003 年"非典"事件，不仅让互联网加快成为更多中国人工作学习、信息交流和生活购物等的新方式，还促进了我国突发公共卫生事件应急机制、舆情应对和新闻发布制度的快速建立健全。南京市舆情调查分析中心成立于 2003 年"非典"肆虐之际，在成立之初，就针对"非典"舆情进行了两次大规模的调研活动，《人民日报》等媒体对调查结果进行了报道。

二、互联网管理和网络舆情工作机构

进入互联网时代，社情民意得以在网络平台上呈现，从而也为政府机构提供一条了解社会现状和公众舆论的快速便捷通道。相关主管部门开始建立并不断完善网络舆情监测工作的体制机制。1999 年，国务院新闻办公室行使对网络媒体及网络新闻传播的管理职责，2000 年 4 月，成立网络新闻宣传管理局，其主要任务之一是"研究网络舆情动态"；组建中国互联网新闻研究中心，作为专门的网络舆情监测、研判的机构。

2004 年 6 月，中宣部成立了舆情信息局，依托中央和地方宣传思想工作的机构，专门开展全国性舆情信息汇集、分析和报送等工作。舆情信息局下设网络舆情处、社会舆情处、舆情分析处等部门。随后大部分省（区、市）宣传部门也成立了舆情信息处、科、室或中心等，一些县（市）也设立了舆情机构。除了党的宣传系统，教育部等也构建了舆情信息汇集与报送体系。另外，政法系统以及一些科研院所等事业单位也形成自己的舆情信息汇集与报送体系。随着网络舆情监测工作的开展，相关的理论和实务问题的探讨提上日程。

党的十六届四中全会通过的《中共中央关于加强党的执政能力建设的决定》明确提出要"建立社会舆情汇集和分析机制，畅通社情民意反映渠道""高度重视互联网等新型传媒对社会舆论的影响"等。这个决定号召拓宽社情民意表达渠道，搭建多种形式的沟通平台，把群众利益诉求纳入制度化、规范化、法制化的轨道，标志舆情工作即将进入新的发展阶段。

三、早期舆情研究专业机构和成果

随着相关舆情管理机构的建立，社会舆情的变化信息得以快速上传。国内最早出现舆情研究机构的时间是 1999 年 10 月，天津社会科学院在"天津社会科学院舆情调查研究中心"的基础上正式组建舆情研究所，成为国内以舆情研究为名称、最早专门从事舆情研究的学术机构。该研究所形成了较为稳定的研究梯队，出版了国内第一本网络舆情专著，2005 年承担了国家社会科学基金项目"建立社会舆情汇集和分析机制研究"。2017 年以来，该研究所逐步形成了舆情研究所、天津市舆情研究中心、信息直报"三位一体"的工作架构。

早期的舆情研究，从过去我国舆论学、社会学、政治学和民意调查研究等领域广泛吸取营养。以舆论学为例，自 20 世纪 80 年代以来，陈力丹、喻国明、丁柏铨、童兵、刘建明、郑保卫、孙旭培、王来华等学者展开相关领域的研究，特别是对于相关研究概念的辨析和原理的探讨，对于建构网络舆情研究体系具有指导性和参考性，比如刘建明出版的《基础舆论学》《社会舆论原理》《舆论学概论》，陈力丹出版的《舆论学——舆论导向研究》，韩运荣、喻国明出版的《舆论学——原理、方法与应用》等。

现代意义上的"舆情"概念研究出现在 2002 年，王建龙提出了"社会舆情"概念，简要阐释和初步探讨了舆情的概念内涵与主客体关系，认为社会舆情作为一种社会意识，主要反映了群众的思想动态和重大实际问题，需要党政机关密切关注。2003 年 9 月，天津社会科学院舆情研究所所长王来华出版了舆情基础理论专著《舆情研究概论——理论、方法和现实热点》。2007 年 9 月，天津社会科学院舆情研究所刘毅出版《网络舆情研究概论》一书，网络舆情研究引发更广泛的关注。

目前，国内较为权威的观点认为，"舆情"是由个人以及各种社会群体构成的公众，在一定的历史阶段和社会空间内，对自己关心或与自身利益紧密相关的各种公共事务所持有的多种情绪、意愿、态度和意见的总和。天津社会科学院舆情研究所的刘毅认为："网络舆情是通过互联网表达和传播的，是公众对自己关心或与自身利益紧密相关的各种公共事务所持有的多种情绪、态度和意见交错的总和。"

舆情是人们的认知、态度、情感和行为倾向的原初表露，可以是一种零散的、非体系化的东西，也不需要得到多数人认同，是多种不同意见的简单集合。舆论是人们的认知、态度、情感和行为倾向的集聚表现，是多数人形成的一致的共同意见，是单种意见的集合，即需要持有某种认知、态度、情感和行为倾向的人数达到一定的数量，否则不能认为是一种舆论。这也是"舆情"和"舆论"最容易混淆的地方。当舆情产生聚集时就可以向舆论转化，因此对舆情的监测引导就是使舆情不转化为舆论或转化为良性舆论。

21 世纪初，国内已经出现多家舆情研究机构。2005 年 10 月， 陕西省社会舆情研究中心在西北大学挂牌成立，挂靠该校应用社会科学系。2007 年 7 月，辽宁石油化工大学舆情信息研究基地成立，挂靠该校文学院。此外较为知名的还有中国传媒大学公关舆情研究所（2005 年 12 月正式成立）、复旦大学传媒与舆情调查中心（2006 年 10 月正式成立）。

在我国舆情研究的萌芽阶段，正是互联网发展不断加快的时期，来自党政机关和企业舆情信息工作需求逐步上升，学术界探索成果逐渐丰富、渐成体系。在此情况下，舆情研究有了逐渐向高校和企业渗出的趋势，也开始出现互联网舆情信息分析的项目和机构。

媒体、高校和企业在 2007 年前后开始萌芽成为现代舆情研究与服务发展主力军。比如，中国传媒大学网络舆情研究所（北京艾利艾网络口碑咨询有限公司）就是较早成立的机构。

人民日报社下属华闻在线互联网信息增值项目研发小组就在 2006 年年初创立，自此开始在网络舆情领域做了开拓性尝试，由人民网设立舆情频道和舆情监测室，连续数年联合中国社会科学院发布《中国互联网舆情分析报告》，并率先在国内提出了"两个舆论场"研究、突发事件处置"黄金 4 小时"法则等重大舆情研究课题，及时发布研究成果，在国内外引起巨大反响。新华网舆情在线也是国内最早提供网络舆情服务的机构之一，主要从事网络舆情监测、信息分析服务。军犬、拓尔思、邦富等多家技术企业舆情业务也在这个时期快速起步。

第二节　网络舆情信息服务的发展

一、舆情工作政策条件和现实需求的形成

经过近十年的发展，国内网络舆情研究伴随互联网的普及、国内环境变化的加速、危机爆发频率的提高而深入广泛地开展起来，尤其是 2008 年汶川地震发生后，网络舆情大量涌现。2008 年，北京奥运会和火炬传递再次刷新了互联网舆论的热度。网络舆情的研究随之兴起，关注度得到快速发展，研究论文从 2003 年的 15 篇一跃增至 2011 年的 1 346 篇。

最初的"舆情"工作，大多内化于传统的政务信息报送、新闻宣传工作体系。很多媒体本身就有调查社会舆情、进行社情民意的内部汇报的工作，新闻报道和内参工作相辅相成。在很多早期舆情工作"拓荒者"的记忆中，当时不少舆情类的调查研究和报送工作，是内参部门或调查部门的重要职责。

近年来还有迹象显示,由于对新闻宣传的管理加强,调查报道(舆论监督类报道)有所萎缩,而互联网自媒体泛滥却带来新的挑战。体制内的舆情内参勃兴,舆情是新闻的 B 面,一定程度上延续了媒体人的新闻理想。舆情业的兴起,也为社会治理创新提供了重要的专业支撑。

随着网络舆情重要性的凸显,政府各系统各部门也开始在内设机构部署网络舆情监测收集的工作。建立政府部门网络舆情监测工作的机制,各地各级领导部门和负责人能够从网络舆情中及时发现问题。从这些变化看,专供领导部门和负责人参阅的网络舆情报告,除了定量分析,与传统媒体时代的"内参"非常相近。

2010 年,国务院新闻办公室指出:"加强网上舆论引导,建立和完善网上舆情研判机制,掌握网上舆情动态,及时发现苗头性、倾向性问题,增强网上突发热点的预警能力。"

党政机关舆情业务部门,主要由各级党委、政府部门自身成立,主要用于监测地方群众对本地区、本部门工作的反馈,如上海网信办、广东省网信办等。及时发现并上报信息是当地政府舆情部门的主要工作,同时兼具反映地方社情民意的职能,对于国家法律法规与相关政策把握水平较高。相关工作多由地方政府宣传部门的工作人员承担,思想政治觉悟和政策把握能力较强。

▌二、网络舆情成为综合型、交叉型热点新学科

2008 年在我国舆情研究发展史上是重要的一年。在这一年,很多在后来产生巨大影响力的舆情专业研究和服务机构如雨后春笋般先后成立,还有党和政府在互联网、新闻工作方面的新探索、新布局。不少高校的新闻传播学院也相继成立研究中心,从新媒体、网络舆论等角度开展研究。

2008 年 6 月,北京奥运会前夕,人民网舆情监测室组建,人民网开设舆情频道——这是国内第一家舆情频道。人民网舆情监测室将社内一份《政策信息》内参进行改版,并创办《网络舆情》杂志。《网络舆情》杂志创刊之际,时任人民日报社社长张研农召集了座谈会,审定了发刊词,提出杂志的定位为"帮领导干部读网"。

自 2009 年 1 月 1 日起,由正义网(《检察日报》网站)创办的《政法网络舆情》杂志正式出版,其宗旨为:"网络舆论分析,法治决策参考"。新华网舆情、中青舆情等也推出过同类产品。

2008 年 6 月,上海外国语大学中国国际舆情研究中心成立,挂靠该校新闻学院,主要开展国外舆情研究,并与教育部人文社会科学重点研究基地、复旦大学信息与传

播研究中心结成了战略合作伙伴关系。2008 年 9 月，华中科技大学与中共湖北省委宣传部共建华中科技大学舆情信息研究中心，挂靠该校公共管理学院，主要开展社会思潮和网络舆情等方面的研究。2008 年 12 月 24 日，方正集团和中国人民大学舆论研究所宣布合建"人大-方正舆情监测研究基地"，双方围绕网络舆情的预警分析系统、网络舆情的应对机制研究、网络资讯的内容整合与价值开发、舆情监测的教学与实验等开展研究。

网络舆情作为新的综合型、交叉型热点学科的特点，已经十分突出。例如，2009 年 1 月 11 日北京交通大学成立网络舆情安全研究中心，吸引了来自该校的工学、管理学、经济学、理学、文学、法学、哲学等领域的研究者联合研究开发相关技术对校园网在内的网络舆情进行分析、判断、预测结果，为公共决策等提供依据。

三、网络舆情专业机构提供社会化服务阶段

2008 年以后，舆情信息工作已经走向了广阔的市场，开始出现专业化、职业化和产业化发展的迹象。伴随"全民话筒"时代的来临，为了应对本地、本系统、本部门的危机事件，社会上出现了对网络舆情服务强劲的需求。专业机构开始出现并提供社会化服务，这直接催生了中国互联网行业的一个新分支，该分支近年来快速发展，成为业界的新生力量。

党的十七届四中全会通过了《中共中央关于加强和改进新形势下党的建设若干重大问题的决定》，提出："拓宽社情民意反映渠道，加强和改进信访工作，健全信访联席会议制度，坚持领导干部定期下访、定期接访、及时阅处群众来信，注重分析网络舆情。"

互联网平台格局的变化，也直接影响了网络舆情研究从论坛博客时代进入微博社交时期。继 2008 年引爆全网的南方雪灾、三鹿奶粉、华南虎照事件之后，"贾君鹏，妈妈喊你回家吃饭"（网络热帖）、"70 码"（杭州飙车案）、"躲猫猫"事件等都出现流行语。2010 年"我爸是李刚"造句大赛引起了网友的广泛关注。

人民网舆情监测室于 2009 年 7 月首次发布了《2009 年上半年地方应对网络舆情能力排行榜》，对 2009 年上半年 10 件地方热点舆情事件进行研判点评，就地方政府的网络舆情应对处置能力做出客观分析，作为一次开创性尝试，开启了舆情和新媒体领域社会评价评估研究。

另外，人民网舆情监测室还连续发布大量社会和企业网络舆情分析年度、月度报告和排行榜，这些富有价值的研究成果均在国内产生强烈反响，引起政府、

企业和社会各界的广泛重视。人民网舆情分析报告和排行榜内容十分广泛，如季度地方应对网络舆情能力排行榜、地方应对网络舆情能力分析报告等。

人民网舆情监测室自 2009 年起，开始对企业应对网络舆情的状况进行研究，并定期发布研究报告，如央企网络舆情应对能力分析报告、2010 年度中国企业家网络舆情声誉研究报告、2010 年中国企业舆情应对能力与声誉管理研究报告、2010 年食品企业声誉管理报告、2010 年央企正面舆情传播效果报告、十大家电企业网络声誉排行榜、2011 年第一季度 IT 行业报告等。

此外，"舆情分析师"职业是人民网舆情监测室率先于 2008 年提出的，2010 年，其国内从业者已颇具规模。2007 年至 2009 年也开始出现了专门针对舆情调查和分析方法的研究，如《网络舆论调查的方法和策略》（金兼斌，2007）、《网络舆情抽样与分析方法》（刘鹏飞，2009）等。人民网舆情监测室开发舆情监测产品的运作模式，也引发业内关注。人民网舆情监测室 2010 年编撰完成《如何应对网络舆情——网络舆情分析师手册》并于 2011 年出版，是国内较早推出的完整展现网络舆情分析实务的图书。

2011 年 6 月，《人民日报》刊发了一篇关于网络舆情分析师的新闻通讯，从而第一次在权威媒体上揭开了舆情专业人员的面纱，引发社会各界的广泛关注。同年 9 月，《中国记者》杂志针对当时"舆情分析已初具产业形态"、舆情分析师也成为"热门"职业的情况，特邀来自人民网、新华网、正义网和南京大学等机构的多位舆情分析师"现身说法"。

有专家认为，专业网络舆情监测机构的各类产品，不仅为领导部门起到了决策支持作用，为各级政府部门、企事业单位起到了预警指导作用，同时也为社会各界起到了借鉴教育作用，对于互联网时代全民媒介素养的养成发挥了重要作用。

第三节 网络舆情研究和市场的爆发

新华社原总编辑南振中在 1998 年的一次谈话中，曾谈到正确处理"两个舆论场"的关系。"两个舆论场"是指"口头舆论场"和"媒体舆论场"。"两个舆论场"重叠的部分越大，主流媒体引导社会舆论的针对性和实效性就越大，吸引力和感染力就越强；"两个舆论场"重叠的部分越小，主流媒体引导社会舆论的针对性和实效性就越小，吸引力和感染力就越差。如果"两个舆论场"根本不能吻合，那么，主流媒体就存在丧失对社会舆论影响力的危险。

2011 年 7 月，人民网舆情监测室发表一组网评"善待网民和网络舆论"，开篇就是《打通"两个舆论场"》。这篇评论获得当年的中国新闻奖。人民网对舆情业务的重视，是具有前瞻性的决策，成为媒体发挥智库功能、履行社会责任的重要方面。

网络舆论日趋成长的巨大影响力，使得网络舆情服务正在迅速成长为一个产值巨大的行业。从行业形势和增长曲线来看，我国网络舆情服务业的迅猛发展，离不开中央和地方主流媒体机构 2008 年以来的广泛参与，这对互联网舆论环境下舆情服务业的快速成长，产生了积极的作用，并在 2011 年以后形成爆发态势。

一、舆情专业机构进行舆情分析的探索

传统观点认为，官方处置突发事件有"黄金 24 小时"之说，即在事发 24 小时内发布权威消息主导舆论是平息事件的关键。

随后，新媒体崛起、渗透并深刻参与到突发事件的发展过程中。在新媒体的冲击下，传统的"黄金 24 小时"法则渐显无力。基于多年对网络舆情的分析，以及对当下媒体环境的判断，人民网舆情监测室提出了突发事件处置的"黄金 4 小时"理论，并进一步提出了突发事件中的"黄金 4 小时媒体"概念，在国内引起广泛关注和肯定。

信息发布的及时与否决定了事件不同的走向。"黄金 4 小时"强调的是新闻发布的及时性，政府要第一时间发声，要第一时间处理问题，做突发事件的"第一定义者"。事实上，"黄金 4 小时"的功夫并不只在这"4 小时"上，更在地方政府部门长效机制的建立上。

2010 年年初，人民网舆情监测室在接受媒体采访时表示："黄金 4 小时媒体"主要指能产生快速舆论传播的网络媒体，以微博、QQ 群、人气高的 BBS 论坛等为代表。网络媒体快速的传播会导致信息鱼龙混杂、泥沙俱下。每一个网络信息的接收者又可能成为信息的发布者。在数小时内，"黄金 4 小时媒体"就可能将突发事件传播、发酵为具有重大舆论影响的事件。速报事实、慎报原因、再报跟进，形成了政府与民意互动、真相与谣言赛跑的意识。

2010 年 1 月 26 日，在人民网"新媒体高端论坛"上，人民网舆情监测室建议政府部门"善用新兴媒体、提高执政能力"。中国社会科学院研究员单光鼐则指出："无论是突发事件还是公共危机，一个最主要的特点就是时间压力。一是需要在很短的时间内对事情做出判断、认识和评估；二是怎么处置，危机事件来临时，既有危险，也有机会。"他建议："第一，善待百姓，善待媒体；第二，双向沟通，良性互动。"人民网舆情监测室提出突发事件处置"黄金 4 小时"理论以后，在国内引起强烈反响，并逐渐被各级党政机关、学术机构和媒体广泛运用。

对于舆情监测工作来说，突发事件发生以后，就是要考察零星而起的网络言论会在哪些具体网站、网民群体之间迅速酝酿成为社会热点。舆情监测也要深入考察舆情压力的形成脉络与走势、网络传播特征和媒体互动特征。

与此同时，人民网舆情监测室进行互联网舆情分析研究以来，由"地方应对舆情能力排行榜"课题组，率先研发出国内领先的社会事件热度排行和应对能力评估指数体系。人民网舆情监测室从国内百余家报刊的新闻报道和评论，8 家门户网站的新闻跟帖，约 30 家论坛/BBS、300 名网络"意见领袖"博客及微博、QQ 群和播客网站中，梳理出季度或年度 10 件影响力最广泛的网络舆情热点事件。从政府响应、信息透明度、政府公信力 3 个常规指标，恢复秩序、动态反应、官员问责 3 个特殊指标，对 10 件网络舆情热点事件的政府处置能力做出评估。

第一，课题组将地方舆情应对能力评估划分为：应对总体较为得体（蓝色）、应对有待进一步加强（黄色）、应对存在明显问题（橙色）、应对严重失当（红色）等四级预警，对热点舆情事件进行整体把握，具有全局性的指导价值。

第二，研发确定"政府响应、信息透明度、政府公信力"3 个常规指标，"恢复秩序、动态反应、官员问责"3 个特殊指标，指标评估坚持定性与定量相结合，常规指标分值区域分别为-10 至 10 分，特殊指标分值区域分别为 0 至 3 分，客观全面评价政府和企业对于热点事件的舆情应对能力。

第三，排行榜从"德尔菲法"调整为"列名小组法（德比克法）"，改进了"德尔菲法"的一些缺陷，采用函询与集体讨论相结合的方式征求意见，加大了集体讨论、会商的环节，使理论体系不断提升、改进和完善。

第四，借助人民网舆情监测室已形成的一套舆情研判指标体系，在对地方政府的网络舆情应对处置能力做出客观分析的基础上，课题组邀请一批新闻舆论、公共管理、社会运动方面的知名专家参与点评，把专业舆情分析评估和专家点评相结合，对舆情应对能力排行结论进行深度解读，为政府和企业提供极具资政参考价值的指导和建议，也成为该评估体系的亮点之一。

综上所述，如何对整个网络舆情管理的信息实现精准地监测和科学分析，做好舆情危机应对咨询，为政府和企业等提供决策数据支持，提高科学决策水平，是网络舆情分析师水平整体提升的关键，是政府和企业管理迈上新台阶，实现从被动应对到主动研究和管理，从感性决策到理性决策的坚实基础。

▌二、我国网络舆情研究和服务市场结构

从现实情况来看，在政府和企事业单位强烈需求的推动下，媒体、科研部门、软

件商和公关公司等积极涉足舆情服务，产业格局基本形成。党政机关和企事业单位的宣传系统，下设专职部门购买舆情分析软件或服务，进行舆情信息汇集和分析。

舆情信息服务机构往往在舆情监测、预警、分析、研判、应对、处置、培训、公关、修复等方面，通过对外提供网络舆情信息监测预警、舆情分析报告、舆情软件平台系统开发、信息数据库建设与平台运维、舆情课题调研、舆情培训、信息咨询、技术开发、舆情会展等产品和服务，开拓市场空间。

2011 年以后，我国市场中的舆情信息服务机构，不少已拥有基本的网络舆情工作方法和技术，可以对传统媒体的网络版、微博、博客等进行实时监测和专业的统计分析，形成网络舆情分析报告、技术平台或软件、口碑与危机公关咨询等。据人民网舆情监测室的行业调研，我国网络舆情信息服务市场已经初步形成五类机构，产品服务构成与优势各有侧重。

（1）媒体舆情信息服务机构：如人民网舆情监测室、新华网舆情分析中心、正义网传媒研究院、南方舆情研究院、中电传媒、天涯舆情、凯迪云情报等。此类机构的工作人员具备较高的新闻素养，对社会、行业认识深刻，对社会矛盾有较强的洞察力，舆情服务时效性较强，常常辅助事件处置和舆论引导。在媒体转型与融合发展的背景下，媒体舆情信息服务机构已遍地开花。

（2）高校与科研院所：如中国传媒大学网络舆情研究所、中国人民大学舆论研究所、天津社会科学院舆情研究所等。此类单位学科背景多元，有比较浓厚的学术传统和较高理论水平。

（3）舆情技术公司：如拓尔思、邦富软件、清博、方正智思、军犬、红麦、美亚柏科、谷尼、优讯等技术类公司。此类公司整体业务偏向于大数据和舆情监测分析。

（4）公关咨询公司：如蓝色光标、易观国际、新榜等公司主要提供数据报告、咨询、新媒体运营和危机公关服务。

（5）党政机关下设的舆情机构：如上海市互联网信息办公室、广东省互联网信息办公室等下设舆情处室或业务部门，及时发现并上报当地政务舆情，反映社情民意，政策法规把握水平高。

据 2014 年 8 月主管部门权威统计，全国明确以"舆情"冠名、注册舆情服务或经营范围包含"舆情"的企业总数近 40 多家。但是，全国信息服务类企业共计 210 893 户，咨询服务类企业高达 1 021 577 户。据北京邮电大学研究团队统计，我国舆情市场总规模在百亿至千亿元左右，大小专兼职舆情服务商至少有 800 多家，主要提供舆情监测平台、杂志、报告、咨询和培训等。收费从几万元、几十万元到几百万元不等。

就地区而言，东部地区发展水平高，经济实力强，与中西部地区相比，互联网普及率高,因而,网络舆情监测与分析的市场要比中西部地区成熟;在应用网络舆情监测与监测服务程度上,北京、广东、江苏、上海、山东、云南、浙江、四川、辽宁等一级行政地区位居前列。

据"企查查"检索数据,截至 2019 年 11 月 15 日,以"舆情"为关键词能够检索到 1 841 家公司,分别分布于北京(184)、广东 (116)、江苏(51)、上海(41)、浙江(45)等地;行业门类主要包括信息传输、软件和信息技术服务业(217)、租赁和商务服务业(191)、科学研究和技术服务业(140)、批发和零售业(67)等。

如果以"信息"为关键词,能够检索到 13 346 027 家符合条件的企业,分布于广东(2 153 567)、北京(657 433)、江苏(1 014 517)、上海(1 099 565)、浙江(694 008)等地;行业门类主要包括租赁和商务服务业(4 121 768)、批发和零售业(3 029 801)、信息传输、软件和信息技术服务业(1 493 398)等。

三、网络舆情研究成果的快速增长趋势

研究和行业发展热潮的到来,使网络舆情成果大量涌现。根据河南理工大学张玉亮的研究,在中国知网文献库检索"突发事件网络舆情、网络舆情、网络舆论、互联网舆情、网络舆论暴力、互联网暴力"等关键词,在 2000 年之前,只有 1 篇相关论文,说明国内对于突发事件网络舆情研究尚未引起足够的重视。自 2004 年之后,相关文献迅速增加。以"网络舆情"为关键词,在中国知网文献库中进行"全文"检索,找到 66 730 条结果,从 2008 年开始进入快速上升期,如图 1-1 所示。

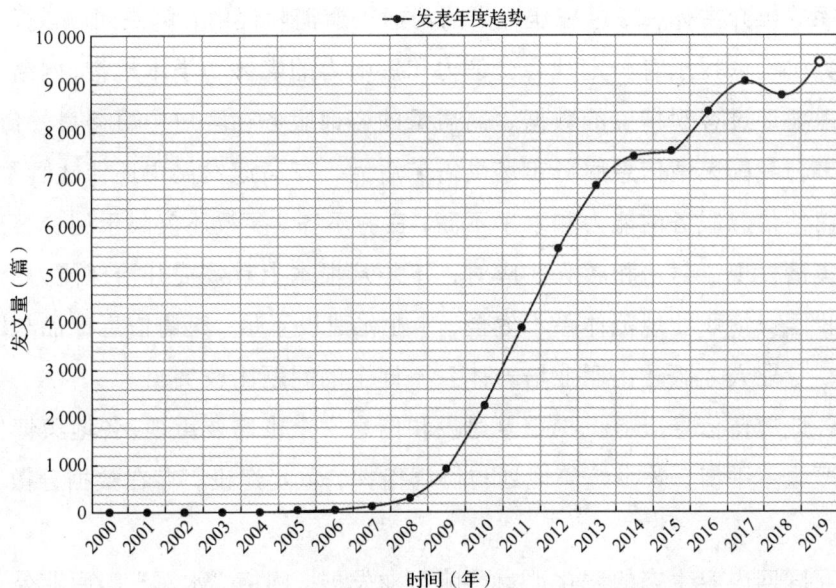

图 1-1 | 2000—2019 年中国知网中含有"网络舆情"一词文献数量年度增长趋势

第四节 网络舆情信息服务行业的规范

随着网络传播的日趋碎片化和网络生态的复杂化,在保障公众表达和社会监督的积极功能之外,网络舆论潜在的负面效应也越来越明显地表现出来。网络低俗、网络暴力、网络诽谤、网络敲诈、虚假信息等扰乱互联网和市场,因此,加强互联网空间依法治理和行业规范化发展被提上日程。

一、网络舆情信息服务发展中面临的问题

中国社会处于转型期,各类社会信息和矛盾通过便捷的互联网渠道传播。新媒体技术的发展使社会进入人人拥有"话筒"的时代,网络舆情监测也就成为了解民意的重要手段。网络舆情信息服务行业从发展之初就承担着反映民意,为政府和企业实施公共事务管理提供参考的责任。

另外,公众对于网络舆情监测行业和机构的认识存在两个误区。一是认为网络舆情服务,重在"监测"。其实,网络舆情信息服务重要的不只在于数据的抓取和搜集,更重要的是在突发事件发生后,对网络民意的有效数据进行科学筛选、量化统计和分析研判,并就如何应对提出科学的咨询和建议,这才是网络舆情信息服务的更大价值所在。二是将网络舆情监测误认为"网络监控"。网络舆情信息服务机构其实是以第三方的身份进行观察,提供客观、中立的意见,希望成为客户的智囊和顾问,而不是也不可能对网络民意形成干预或控制,这违反了常识和真实性原则。另外,应将事件各方视为平等媒介主体,通过搭建适当的沟通渠道消除误解,解决问题。很多网络舆情信息服务机构依托于有一定社会公信力和影响力的媒体和学术机构,网络舆情信息服务机构需要通过客观精确的数据、高质量的咨询服务在客户中赢得良好口碑。

近年来,我国舆情信息服务市场供需矛盾大,在高速发展中还伴随着不少问题。

一是舆情信息服务的能力和水平不高,良莠不齐。多数还仅限于迎合客户浅层次需求,如舆情发现、封堵和救火式应对,不能从根本上有效提升治理能力。

二是我国舆情职业规范体系不健全,专业化建设不足。舆情信息产品与服务标准规范缺失,专业人才匮乏,职业培养体系不健全的问题比较突出。

三是各地舆情信息服务机构重复建设和信息安全也需要重视。各地舆情信息服务市场发展严重不平衡,缺少统筹规划与协调指挥,重复建设,存在数据分散、安全隐患等情况。

四是互联网内容生态的恶化严重影响行业发展。网络"水军"等商业公关和删帖公司的搅局,严重干扰和影响了正常的网络舆论生态秩序,一定程度上也影响了舆情

信息行业的形象。因此，如何提升舆情监测软件的准确性与及时性，如何提升舆情分析的科学性，如何打击非法网络公关服务、提升舆情服务的规范性等，都是亟待解决的现实课题。

二、主管部门加强依法治网的力度

党的十八大以来，互联网和意识形态工作有了新的发展。2013年8月19日，习近平总书记在全国宣传思想工作会议上强调了意识形态工作的极端重要性，指出互联网是我们面临的最大变量，互联网已经成为今天意识形态斗争的主战场，要把网上舆论工作作为宣传思想工作的重中之重来抓。

自2013年8月开始，政府加大互联网管理力度。多部委部署专项行动，集中打击网络上有组织制造、传播谣言等违法行为。

回顾我国2013年以来打击网络谣言等一系列依法治网举措，通过严厉打击网络"水军"、网络谣言、违规删帖、网络敲诈等严重的市场乱象，净化网络空间，扫清阴霾。互联网治理的加强、网络空间的清朗和舆论环境的改善，也成为改善舆论环境、推动舆情信息服务行业不断发展和提升的重要节点。

三、推动网络舆情信息服务行业健康规范发展

从舆情监测分析到研判、预警，再到提出应对策略，网络舆情信息服务行业不断向精细化、专业化发展，当前正处于转型升级的关键时期。"无线舆论场"勃兴带来舆论生态变化，行业内部良莠不齐，大数据在舆情研究中的应用创新迫在眉睫……打造一个市场更规范、服务更专业、技术更先进的网络舆情行业2.0版，面临挑战。

为推动网络舆情信息服务行业健康规范发展，2014年2月26日，人民网舆情监测室、中国社会科学院新闻与传播研究所中国舆情调查实验室、复旦大学传媒与舆情调查中心联合发布《网络舆情研究阳光共识》，倡议把舆情监测做成"阳光产业"，方法科学，实事求是，秉持建设性立场，发掘社会正能量。

一方面为了培养合格人才，满足工作需求；另一方面为了提升网络舆情分析师职业素养和规范，人才队伍和职业体系建设工作也应提上日程。2013年9月5日，人民网舆情监测室受人力资源和社会保障部委托，承办了"CETIC网络舆情分析师职业培训项目"。

2014年9月5日，由人民网舆情监测室主办的"第一届网络舆情分析师年会"在北京举行。据年会上透露的数据，在全国各地共举办职业培训班12期，培训学员

1 050人次，其中有860人通过考试获得证书。第二届年会于2017年12月8日在浙江传媒学院桐乡校区举办。截至2019年10月，人民网舆情监测室开展网络舆情分析师证书班、专项培训等各种类型的舆情培训，累计培养网络舆情专业人才逾10万人次。

▌四、学术研究和学科体系建设的加强

2013年以后，移动互联网快速兴起，微信、微博、客户端、短视频、直播等开始流行。在互联网新业态、新媒介和新应用环境下，推动传统媒体和新媒体的媒体融合发展进程成为国家战略。网络舆情的研究和应用，在学术提升和学科体系建设方面也有很大推进。

在研究视野和方法方面，网络舆情也有很大拓展。比如，大数据方法和社会网络分析等也被应用到舆论学研究中，并出现了很多高影响力论文，如喻国明等人的《传播学研究：大数据时代的新范式》，沈浩、黄晓兰的《大数据助力社会科学研究：挑战与创新》，兰月新、曾润喜的《突发事件网络舆情传播规律与预警阶段研究》等。

国内出现多部涉及舆情研究的蓝皮书，如中国社会科学院的新媒体蓝皮书，喻国明主编的《中国社会舆情年度报告》蓝皮书，谢耘耕主编的《中国社会舆情与危机管理报告》蓝皮书等，行业关注度都比较高。

中国人民大学、中国传媒大学、复旦大学、上海交通大学、清华大学、北京大学、华中科技大学、厦门大学、武汉大学、重庆大学、河北大学、安徽大学等所属新闻学院也都开设了舆论学专业方向、网络舆情研究基地（实验室）或网络舆情专业课程等，科研队伍壮大，研究成果和研究实力大幅度上升，学科体系建设有很大的发展。

2015年12月18日至20日，中国新闻史学会舆论学研究委员会成立大会暨首届中国舆论学论坛于在上海交通大学召开，来自全国60多家新闻传播学院的代表参加会议。中国新闻史学会会长、清华大学新闻与传播学院副院长陈昌凤教授认为，中国新闻史学会舆论学研究委员会的成立在我国舆论学发展史上具有里程碑意义。该委员会先后在上海、北京、广州、兰州等地连续举办中国舆论学论坛等。

第五节　党政机关舆情工作政策体系

网络舆情监测成为一个新兴的行业，呈现出以下特点：（1）不同主体主办的提供网络舆情信息服务的机构越来越多；（2）这些专业机构为用户和社会提供的网络舆情产品及研究成果越来越丰富；（3）这些机构自身产生的经济效益越来越大；（4）网络舆情监测的对象或范围不断扩展，如从网络媒体到社交媒体，从境内到境外等，监测

手段和研究方法也不断得到开发和提升;(5)网络舆情专业人才队伍形成且素质不断提高;(6)不论是舆情信息产品的供给,还是专业人员的培训,抑或是监测系统(含软硬件)的集成及销售,都已出现市场激烈竞争的局面;(7)近年来,网络舆情信息服务行业正从以往单一监测业务向以大数据为主的企业品牌形象监测、推广及企业用户挖掘的业务方向转型;(8)在全国智库建设的热潮中,一些专业机构明确提出了将自身建设成"第三方智库"的愿景目标。

一、党和政府对网络舆情工作加强布局

党的十八大以来,中共中央、国务院在各项工作中发布的政策文件和指导性意见,提到舆情工作的有百余件,并具有从局部性、突发性、临时性向整体性、常规性、体系化方向发展的态势。从政策和执政实践来看,党和政府对于互联网和网络舆情工作的重视,对于舆情监测分析和研判工作的科学全面和规范有序的开展,具有基础性、指导性和重要性,更有研究价值和现实意义。

党的十九大报告提出:"坚持正确舆论导向,高度重视传播手段建设和创新,提高新闻舆论传播力、引导力、影响力、公信力。加强互联网内容建设,建立网络综合治理体系,营造清朗的网络空间。落实意识形态工作责任制,加强阵地建设和管理,注意区分政治原则问题、思想认识问题、学术观点问题,旗帜鲜明反对和抵制各种错误观点。"

党的十九届四中全会也提到:"改进和创新正面宣传,完善舆论监督制度,健全重大舆情和突发事件舆论引导机制。"网络舆情信息工作受到重视,舆情工作者需要不断努力,继续推进国家治理体系和治理能力现代化建设。

二、政务公开和政务舆情回应政策突破

经过多年努力,我国网络舆情行业取得诸多发展成果。而在新的历史阶段,网络舆情工作也有了新的使命和动力,实现了新的提升。随着互联网的迅猛发展,新型传播方式不断涌现,政府的施政环境发生深刻变化,加强政务公开、做好政务舆情回应日益成为政府提升治理能力的内在要求。

为进一步做好政务舆情回应工作,2016 年,国务院办公厅先后印发《关于在政务公开工作中进一步做好政务舆情回应的通知》(国办发〔2016〕61 号)和《〈关于全面推进政务公开工作的意见〉实施细则的通知》(国办发〔2016〕80 号),为下一阶段工作指明了方向,标志着政务公开与政务舆情回应在政策领域取得集中突破。

2016 年政府回应舆情在时效、方式、态度上迈入新常态。《2016 年全国政务舆情回应指数评估报告》显示，全国各地政务舆情回应率和回应效果在 2016 年大幅度提升，我国已经初步形成了全面、精细和具有指导性的政务舆情信息工作体系。

▌三、网络舆情研究体系不断完善和深化

目前，网络舆情研究体系不断完善，逐渐向更加全面科学深入的方向发展。比如，自 2013 年人民网舆情监测室提出舆情风险评估（简称"舆评"）理念以来，包括 11 个省市在内的 20 个地区公开发布了舆情风险评估制度。2018 年，人民网推出"舆评"项目，在舆情领域开创先河，推动"舆评"成为"环评""稳评"之后另一项作为前置程序首次被纳入政府重大事项评估的重要环节，促进决策科学化、高效化，拓展了网络理政触角的向度。

2018 年以来浙江省温州市、山东省烟台市、云南省富宁县、山东省青岛市、安徽省六安市、安徽省滁州市等地区相继开展基础性的"舆评"工作；重庆市、浙江省温州市、河南省新乡市等地还建立了"舆情咨询委员会"等。

第六节　趋势：网络舆情研究进阶的多维路径

党的十八届三中全会提出："加强中国特色新型智库建设，建立健全决策咨询制度。"2015 年 1 月 20 日，中共中央办公厅、国务院办公厅印发《关于加强中国特色新型智库建设的意见》，指出"健全舆论引导机制。着眼于壮大主流舆论、凝聚社会共识，发挥智库阐释党的理论、解读公共政策、研判社会舆情、引导社会热点、疏导公众情绪的积极作用。"

在我国，智库有党政机关、社科院所、党校（行政学院）、高校、军队、科技和企业、社会多个运作主体。新型智库的建设，需要在市场需求、研究氛围、技术支撑、团队建设等多方面创造条件。

在全媒体时代，媒体融合是大势所趋。2019 年 1 月 25 日，中共中央政治局在人民日报社就全媒体时代和媒体融合发展举行第十二次集体学习。以习近平同志为核心的党中央审时度势，把握媒体格局、舆论生态和传播方式的深刻变化，不断推动传统媒体和新兴媒体融合发展。

▌一、建设新型智库推动国家治理现代化

在新形势下，需要努力研究网络舆论环境下的公共治理，第一时间把握舆论与信

息脉搏，在某种程度上已经成为党和政府治国理政、社情民意上传下达，实现国家治理能力和治理体系现代化的重要部分。及时准确把握舆论脉搏和关键数据，成为有效管理的先决条件。

舆情信息服务以强大的搜索引擎技术为支撑，横跨新闻传播学、舆论学、社会学、心理学、公共管理、数理统计等学科。舆情监测业务让政府部门和企业变得耳聪目明，对外界舆论环境变化的反应变得身手矫捷。舆情监测也是国家治理能力现代化的重要推手。

有专家分析，舆情研究从诞生之初就肩负学术开拓与实际应用的双重使命，加之自身具有的传播思想、影响政策、汇聚人才和引导舆论的独特作用，其智库功能渐显。

二、因地制宜探索舆情智库建设新方向

总体来看，无论是学界专家、重要机构还是行业人士，都提到智库建设成为网络舆情研究重要的发展方向之一。各地高校和舆情研究机构提出智库建设的例子更是不胜枚举。

作为媒体型舆情研究机构，人民网舆情监测室曾主张以体制内的建设性立场，为党和政府立场解读民意，帮助政府修正和完善决策，全力向具有较大影响力和知名度的信息科技公司与高端智库发展。

此外，各地媒体舆情机构也纷纷开始因地制宜地开展智库建设方面的探索。比如，南方舆情研究院（隶属于南方报业传媒集团）以助推"国家治理体系和治理能力现代化"为中心，提出建设新型智库，专注"治理现代化"研究领域，重塑媒体价值，努力探索传统媒体融合、转型的"南方经验"。舆情是南方报业传媒集团智库当前的主营业务，自 2014 年以来，连续举办五届"粤治——治理现代化"优秀案例推介活动，凝聚广东各地探索治理现代化的经验。以"传媒+数据"的跨界思维，整合各方优势资源，建设专注于数据治理与精准服务的新型智库，打造南方舆情 3.0 版本。仅 2017 年，南方报业传媒集团智库舆情业务销售收入突破 3 000 万元，舆情业务连续第四年突破 3 000 万元营收大关。

2019 年 10 月 30 日，天津社会科学院召开舆情研究所成立 20 周年座谈会，以争创全国一流舆情研究和信息工作智库基地为主题，共同聚焦舆情研究和未来发展趋势，探讨不断提高舆情理论研究水平、充分发挥高端智库作用的路径。

荆楚网也提出，随着舆情市场的发展，附加更高智力因素的产品形态和服务形态将会出现。比如，运用大数据手段对政经动向新闻信息进行深入分析，为投资者提供

经济决策参考，或者帮地方政府准备实施的重大项目进行舆情风险评估等，都将成为舆情信息服务的重要内容。从简单应对向深度研判转变，从被动的引导处置向主动的策划宣传跨越，舆情信息服务在升级换代的过程中逐渐呈现出"智库趋势"。

结语

回顾我国网络舆情研究和发展的历程，需要认清网络舆情工作的重要性和紧迫性。一是提高对网络舆情研究和信息服务业发展的重视，完善舆情信息工作制度；二是大力提升舆情研究服务水平，扶持发展一批一流的舆情智库；三是尽快开展、完善舆情人才培训教育体系，建设专业可靠的队伍；四是编制总体规划方案，避免重复建设，提高信息安全；五是结合国情，借鉴政府监管与行业自律相结合的国际管理经验。

【习题与思考】

请根据本章内容的学习，谈谈你对网络舆情的理解，并尝试分析、归纳、总结一名合格的舆情分析师需要具备哪些技能与素养。

第二章
网络舆情规律与管理

【学习目标】

通过本章的学习，读者可全面了解网络舆情的基本规律、网络舆情相关的政策法规，以及在网络舆情经营和管理方面行业、产业的发展，以便更好地了解如何进行网络舆情管理。

【本章知识结构】

本章包括网络舆情基本规律、网络舆情相关的政策法规以及网络舆情经营和管理三节。第一节是对网络舆情基本规律的认知，从媒介传播层面、舆论生态层面、话语主导权层面展开说明网络舆情的发展、变化和特点，呈现其基本规律。第二节主要介绍网络舆情管理的相关政策法规，从政务公开与舆情回应、政务新媒体、关于网络安全的重要立法三个方面进行归纳梳理。第三节是通过网络舆情职业化、产业化的发展来呈现网络舆情管理的实践。因网络舆情基本规律比较抽象，故本章将结合案例进行说明。

第一节　网络舆情基本规律

一、舆情传播渠道的转变

（一）全媒体舆论场的崛起

2019 年 1 月 25 日，习近平总书记在主持中共中央政治局第十二次集体学习时强调，"全媒体不断发展，出现了全程媒体、全息媒体、全员媒体、全效媒体，信息无处不在、无所不及、无人不用，导致舆论生态、媒体格局、传播方式发生深刻变化，新闻舆论工作面临新的挑战。"全媒体时代，舆论格局也发生了深刻的变化。本节按照传播渠道的不同将网络舆论的传播方式分为三个时代，下面按照三个时代具体分析传播情况。

1. 门户网站、论坛时代的舆情传播

门户网站、论坛的出现，使报纸、杂志、电视等传统媒体的舆论传播能力进一步下降。此前，热点事件更多地通过主流媒体进行传播，以新浪、搜狐、网易、腾讯为代表的门户网站和天涯论坛等崛起之后，来自网络的实时信息成为公众新宠。部分事件由地方论坛发起，通过互联网进入人们视野，直至发展为全国性舆情事件，这初步展现了网络舆论的强大传播力和影响力。

2. "两微一端"时代的舆情传播

随着互联网的普及和发展，人们对信息的接收习惯发生了改变。以微博、微信、客户端为主要渠道的"两微一端"成为了解新闻时事的第一信息源，进而成为社会舆论形成与发酵的新引擎。传统媒体"你说我听"的一对多传播方式变成"你说我也说"的人人表达模式。此时，公众的话语权得到了空前的增强与释放，无形中促进了舆情事件的进一步发酵。

突发事件发生后，人们可以通过微信、微博发出自己的声音，及时参与舆论事件的讨论。微博作为公开的信息平台与公共话语平台，面对突发性重大事件的快速反应和开放传播功能仍然难以替代。微信成为网民表达观点和交流思想的主要渠道。

3. 视听时代的舆情传播

互联网进入下半场，信息以"社交+图文""智能+视频"的模式冲击着舆论场。公开数据显示，2018 年，各类 App 应用使用时长中，网络视频、网络音乐、短视频、网络音频、网络直播等网络视听类应用共占据了网民 43% 的使用时长，远远超过以文字传播为主的网络新闻和网络文学。以抖音和快手为代表的直播网站和短视频平台受

众基数大，活跃度高，逐渐演变为移动网络舆论阵地。随之而来的变化是舆情传播速度更快、监测难度更大、冲击力也更强。

（二）新媒体环境下网络舆情的作用

新媒体平台为网民参与热点提供了意见表达的场域，也为政府进行有效的社会管理提供了渠道。

（1）**反映社情民意**。党和政府可以通过网上各种信息和议论，了解社会情况、公众情绪和公众对公共事务的各种意见和建议。

（2）**进行舆论监督**。一些腐败案件最先在网络上曝光，一些干部的不当言行在网络上遭受猛烈批评，各级干部则从中受到尊重民意、重视舆论监督的教育。

（3）**参与公共事务**。公众通过网络关注国家大事，议论国计民生，实现政治参与，培养公民意识。

（4）**疏解不满情绪**。任何社会都会有部分人群对现实不满，这种不满情绪需要有一个宣泄的渠道，宣泄出去比压制它更有利于社会的稳定，网络提供了这样一个宣泄渠道和疏解方式。

（三）网络舆情传播特征

全媒体传播语境下，网络舆情整体呈现出四个方面特征。

（1）**舆情事件的传播速度越来越快**。随着 5G、区块链等新技术在信息传播中的应用，热点事件的舆情传播速度正在不断加快。关于舆情回应的"黄金时间"也多次被刷新，从过去的 24 小时缩短到黄金 4 小时，如今，还有机构提出黄金 2 小时、黄金 1 小时。加之，在新技术的推动下，图片、视频等内容的传播更加便利，可读性更高、冲击力更强也促使舆情传播加快提速。

（2）**舆情事件的传播领域进一步加大**。互联网的普及打破了人们的时空限制，只要有网络就能共享信息。因此，无论新闻事件发生在何处，人们均能够通过互联网了解事件的来龙去脉。除地域上的概念外，舆情事件的传播还超越了行业和领域的限制，无论是风口上的新兴产业还是远离风口的传统产业，都离不开网络传播与舆论监督。

（3）**网络舆情传播的交互性越来越强**。自媒体的发展促使公众自我意识的觉醒。公众习惯通过点赞、评论、发布朋友圈等方式表达自己的意见、观点和情绪，以表示对某个议题的关注。同时，公众之间、公众与主流媒体、主流媒体与意见领袖、社交媒体与公众等会存在信息的交流与传递，以点带面，具有较强的交互性。

（4）**舆情事件的传播隐蔽性趋势凸显**。随着网络治理的强化，近几年，在线上公开讨论而爆发的重大舆情事件有所减少。不可忽视的是，圈群、组群内舆情传播易引发舆情风险。微信、QQ群、朋友圈、豆瓣兴趣小组等，这些半开放的公共平台承担了部分讨论功能，隐形舆情风险增加。这些群组内大部分都是熟人关系，互动密切，氛围宽松。群内成员因为某种原因结合到一起，具有高度的黏性，一旦利益受损，更容易抱团取暖，促发舆情传播，从而引发舆情。

二、社会转型期的舆论生态

（一）社会转型期舆论由关注低收入群体到关注中等收入群体

从地域和人群来看，舆论存在由关注低收入群体到关注中等收入群体的趋势。前几年，网络舆情更多发生在经济不发达的偏远地区，如湖北石首事件、贵州瓮安事件等；或者常常涉及弱势群体，如小贩、农民工、拆迁居民等。公众对弱势群体的关注更高，习惯在新闻热点中寄托正义感。近年来，一系列舆情事件更多地反映了中等收入群体的诉求——希望有高品质的发展、高品质的生活。相关事件涉及教育、医疗、规范执法等问题，特别是幼儿园、学区房、高考等话题，关系到下一代人群的社会流动，更能牵动中等收入群体的关注和情感。这部分人群包括知识分子、职场人群、公职人员，他们热衷表达也能向外界传递声音，更容易获得舆论关注、引发共鸣。

从各领域舆情热点来看，舆论由关注乡镇转到关注城市的情况也比较突出。以环保领域舆情为例，舆情早年常常表现为乡镇企业、矿区所在地农民与企业的冲突，近年来开始向城市转移，城市居民对环境安全、生活品质容易产生"集体焦虑"。

（二）社会转型期网民表达由感性到克制

由于我国网民基数大且日益低龄化，部分网民情绪化现象突出，所以新媒体为公众参与舆情事件提供了平台，但也使得事件的燃点变低、网络低俗语言多发、刻板印象明显，具体表现在以下三方面。

（1）网络语言低俗化现象日益突出。2014年由人民网舆情监测室发布的《网络低俗语言调查报告》指出，一些生活中的脏话经由网络得到广泛传播，一些网络用语由公众自创，具有自我矮化、讽刺挖苦的情感表达元素。

（2）恶意中伤心态明显。部分公众将自己的现实压力和不满情绪转化为恶意中伤，在网络语言空间上进行抹黑，存在贴标签、刻板印象。

（3）整体心理比较脆弱。任何与公众利益息息相关的话题均有可能点燃情绪，使议题呈现井喷式传播。公共事件中，公众有时表现出以情绪发泄为目的的网络谩骂、语言暴力等行为。

这些情绪扰乱舆论场，也对社会整体情绪产生负面影响，不利于舆情事件的平息与营造清朗的网络空间。截止到 2019 年 6 月，中国网民规模达 8.54 亿人，其中本科以下学历（不含本科）网民占比为 90.4%。数据显示，本科以下学历占比持续下降。随着网民学历的逐步提升以及网民心理逐渐成熟，近年来，在突发事件中网民情绪体现出高度的克制和理性，有力地促进突发舆情事件的解决。

（三）社会转型期的舆情处置日益凸显以人民为中心的理念

近年来，政务舆情回应政策规定密集出台，形成了一整套及时有效的制度参照。2016 年 11 月，国务院办公厅发布《〈关于全面推进政务公开工作的意见〉实施细则》，要求涉及特别重大、重大突发事件的政务舆情，最迟要在 5 小时内发布权威信息，24 小时内召开发布会。强调尽早发声、主动发声，满足群众的知情权。同时在突发舆情处置的实践中，兼顾"法理情"的有机统一。

三、话语主导权的变更

（一）意见领袖的崛起

网络意见领袖也被称作"网络大 V"，他们的言谈往往具有导向性、深刻性、独特性和启发性等特点，在一定程度上切合了网络舆论的需要，具有很强的吸附力，发挥着舆论引导的重要作用。他们活跃在网络舆论空间，借助粉丝效应发挥着舆论引领作用，有时也直接推动舆情事件的发展。但因强大的影响力，部分意见领袖发布的不良信息也会破坏网络舆论空间的生态。2013 年 4 月，国家相关部门开展了打击网络谣言专项行动，关闭了一批造谣传谣的微博账号和网站，查处了一批利用互联网制造和故意传播谣言的人员。意见领袖群体影响力下降，互动频率下降，处于极其重要地位的微博意见领袖越来越少，核心意见领袖在互动关系网中的中心地位也在降低，传播力下降。

（二）自媒体意见表达

关于舆论热点的讨论中，不少普通网民创造的表达方式被社会主流人群接受，甚至超过意见领袖的话语权。在 2015 年的东方之星沉船事件中，普通网友@动脉影关于"三峡主动蓄水降水位"的微博一天之内被转发 10 万多次，获得 11 300 多条评论，成为该事件中转发最多的微博。

随着自媒体的崛起，移动网络空间去中心化的趋势更加明显，微信公众号的内容发挥着不可忽视的作用。比如，教育类公众号"芥末堆"的一篇《求职少年李文星之死》直接推动全国掀起打击传销的浪潮；个人公众号"兽楼处"发表的《疫苗之王》揭开了长春长生生物科技有限责任公司疫苗造假的内幕。自媒体的兴起，呈现人人传播、多向传播、海量传播的特征，在庞杂而多元的舆论场与突发事件中，时常发挥定义者的角色。

（三）舆情"国家队"建立

在人人拥有"话筒"的时代，如何于众声喧哗中"手把旗帜"，考验执政者在互联网舆论场上的"指挥能力"。2013 年 10 月，《国务院办公厅关于进一步加强政府信息公开回应社会关切提升政府公信力的意见》（国办发〔2013〕100 号）指出了政务微博、微信的作用，并明确提倡对政务微博、微信的应用。截至 2019 年 6 月，经过新浪平台认证的政务机构微博为 13.9 万个。舆情传播进入音视频时代，各级党政机关分别入驻抖音和喜马拉雅。截至 2019 年 9 月 11 日，全国已有 2 795 家党政机关入驻抖音平台开通政务抖音号，发布视频近 10 万条，播放总量超过 500 亿次。经过全媒体渠道的搭建，舆情"国家队"的阵地不断扩容，成为官方声音的有力发声器。

第二节　网络舆情相关的政策法规

一、政务公开与舆情回应

随着信息技术的不断迭代，舆情传播也发生了巨大变化，网络舆论风起云涌，不断发生的热点事件考验政府部门的政务舆情回应能力。

2016 年 2 月，中共中央办公厅、国务院办公厅印发《关于全面推进政务公开工作的意见》（以下简称《意见》）。《意见》指出，公开透明是法治政府的基本特征。全面推进政务公开，要坚持以公开为常态、不公开为例外，推进行政决策公开、执行公开、管理公开、服务公开和结果公开，推动简政放权、放管结合、优化服务改革，激发市场活力和社会创造力，打造法治政府、创新政府、廉洁政府和服务型政府。《意见》要求推进政务阳光透明，扩大政务开放参与，提升政务公开能力。《意见》还要求，加强政务公开工作的组织领导，建立健全协调机制；强化激励和问责，把政务公开工作纳入绩效考核体系，确保各项工作任务落到实处。

2016 年 8 月，国务院办公厅印发《关于在政务公开工作中进一步做好政务舆情回应的通知》（以下简称《通知》），《通知》指出，随着互联网的迅猛发展，新型传播方式不断涌现，政府的施政环境发生深刻变化，舆情事件频发多发，加强政务公开、做好政务舆情回应日益成为政府提升治理能力的内在要求。《通知》聚焦以下四个方面。

（1）**进一步明确政务舆情回应责任**。《通知》要求，涉及国务院重大政策、重要决策部署的政务舆情，国务院相关部门是第一责任主体。对涉及地方的政务舆情，按照属地管理、分级负责、谁主管谁负责的原则进行回应，涉事责任部门是第一责任主体。对特别重大的政务舆情，本级政府主要负责同志要切实负起领导责任，指导、协调、督促相关部门做好舆情回应工作。

（2）**把握需重点回应的政务舆情标准**。《通知》要求各地区各部门需重点回应的政务舆情是：对政府及其部门重大政策措施存在误解误读的、涉及公众切身利益且产生较大影响的、涉及民生领域严重冲击社会道德底线的、涉及突发事件处置和自然灾害应对的、上级政府要求下级政府主动回应的政务舆情等。舆情监测过程中，如发现严重危害社会秩序和国家利益的造谣传谣行为，相关部门在及时回应的同时，应将有关情况和线索移交公安机关、网络监管部门依法依规进行查处。

（3）**提高政务舆情回应实效**。《通知》明确，对涉及特别重大、重大突发事件的政务舆情，要快速反应、及时发声，最迟应在 24 小时内举行新闻发布会，对其他政务舆情应在 48 小时内予以回应，并根据工作进展情况，持续发布权威信息。回应内容应围绕舆论关注的焦点、热点和关键问题，实事求是、言之有据、有的放矢。通过召开新闻发布会或吹风会进行回应的，相关部门负责人或新闻发言人应当出席。对出面回应的政府工作人员，要给予一定的自主空间，宽容失误。

（4）**加强督促检查和业务培训**。各地区各部门要以政务舆情回应制度、回应机制、回应效果为重点，定期开展督查。进一步加大业务培训力度，利用两年时间，对国务院各部门、县级以上地方各政府分管负责同志和新闻发言人轮训一遍。切实增强公开意识，转变理念，提升发布信息、解读政策、回应关切的能力。

政务公开是建设法治政府的一项重要制度，也是转变政府职能的关键。但在实际工作中，政务公开仍然存在不到位、不完善、不理想的情况。2016 年 11 月，《关于全面推进政务公开工作的意见〉实施细则》（以下简称《细则》）发布。《细则》针对症结，有的放矢。《细则》从政务公开工作全链条出发，对决策、执行、管理、服务、结果"五公开"工作机制，以及解读、回应、传播平台、参与等环节进行细化，重点在于建立推进"五公开"和重点领域信息公开的工作机制。

2019 年 4 月，国务院办公厅印发《2019 年政务公开工作要点》（以下简称《要点》），重点从加强政策解读和回应关切、深入推进决策和执行公开、深化重点领域信息公开、加强公开平台建设、完善公开制度规范五个方面，提出 18 项政务公开工作要点，对2019 年政务公开工作进行全面部署。与往年相比，《要点》中政务舆情回应的要求更加细化，更强调主动性、针对性及有效性，显示出中央对政务公开更新、更高的要求。

《要点》更加突出政策解读和回应关切的主动性，如要求"在重要政策出台、重点工作推进、重大事件发生时，相关部门主要负责同志要履行好信息发布、权威定调、自觉把关等职责，带头解读政策，主动引导预期""对群众关切和社会热点，要主动快速引导、释放权威信号、正面回应疑虑，推动解决实际问题，赢得群众理解和支持"等。此次《要点》对涉及群众切身利益、容易引起社会关注事件的政务舆情回应，强调要主动快速引导，回应关切。舆论普遍认为，此举能有效避免舆情应对中反应迟缓、被动应对等问题。

《要点》更加强调对舆情风险研判与预防。如"对政府出台的重要改革措施和涉及群众切身利益、容易引起社会关注的政策文件，牵头起草部门要认真做好舆情风险评估研判，制定应对处置预案""加强重大突发事件舆情风险源头研判，增强回应的针对性，坚持正确的舆论导向"等要求。加强舆情风险评估与研判，有助于提升政务舆情回应的针对性和有效性，为实现对舆情风险的防范与化解提供支撑。

二、政务新媒体

2018 年 12 月，《国务院办公厅关于推进政务新媒体健康有序发展的意见》（以下简称《意见》）印发，针对政务新媒体存在的功能定位不清晰、信息发布不严谨、建设运维不规范、监督管理不到位等突出问题，以及"僵尸""睡眠""雷人雷语""不互动无服务"等现象提出了意见。《意见》称，政务新媒体，是指各级行政机关、承担行政职能的事业单位及其内设机构在微博、微信等第三方平台上开设的政务账号或应用，以及自行开发建设的移动客户端等；进一步明确了"政务微博、微信"的官方认定平台的法定地位。《意见》主要聚焦以下三个方面。

（1）**推进政务公开，强化解读回应。**做准做精做细解读工作，注重运用生动活泼、通俗易懂的语言以及图表图解、音频视频等公众喜闻乐见的形式提升解读效果。要把政务新媒体作为突发公共事件信息发布和政务舆情回应、引导的重要平台。对政策措施出台实施过程中出现的误解误读和质疑，要迅速澄清、解疑释惑，正确引导、凝聚共识。

（2）**加强政民互动，创新社会治理。**认真做好公众留言审看发布、处理反馈工作，回复留言要依法依规、态度诚恳、严谨周到，杜绝答非所问、空洞说教、生硬冷漠。加强与业务部门沟通协作，对于群众诉求要限时办结、及时反馈，确保合理诉求得到有效解决。注重结合重大活动、重要节日及纪念日、主题日等设置话题、策划活动，探索政民互动新方式。

（3）**突出民生事项，优化掌上服务。**强化政务新媒体办事服务功能，围绕利企便民，聚合办事入口，优化用户体验，推动更多事项"掌上办"。重点推动与群众日常生产生活密切相关的民生事项向政务新媒体延伸。着力做好办事入口的汇聚整合和优化，统筹推进政务新媒体、政府网站、实体政务大厅的线上线下联通、数据互联共享，简化操作环节，为公众提供优质便捷的办事指引，实现数据同源、服务同根、一次认证、一网通办。

中国传媒大学媒介与公共事务研究院高级研究员、政务新媒体实验室主任侯锷对《2019年政务公开工作要点》进行了如下解读。

（1）**"理顺"政务新媒体管理机制和工作制度建设。**对于政务新媒体发展，国务院办公厅多次发文强调"管好才能用好"。关于"政务新媒体"的"政务"轴心功能与"新媒体"的基础平台属性，国务院办公厅曾连续出台三份文件进行规范，政务新媒体也不断得到了正本清源和归位认知。2018年12月，国务院办公厅公布的《关于推进政务新媒体健康有序发展的意见》，首次明确了"政务新媒体"的概念与定位。2019年4月，国务院办公厅再次发布《政府网站与政务新媒体检查指标》《政府网站与政务新媒体监管工作年度考核指标》，政务新媒体逐步步入规范化发展轨道。2019年政务新媒体在"理顺"思路逻辑的基础上，必然进入符合公众期待的良性而积极的高质量发展进程。

（2）**强调政务新媒体的"矩阵"体系建设。**"矩阵"是一个组织概念、管理模式概念，文件明确不仅要加强新媒体平台上的政务主体之间的业务协同，还要更注重统筹政务新媒体与"政府网站"的协同联动、与"县级融媒体中心"的沟通协调。同时，文件重申了政务新媒体的组织活力和运营水准的要求——"整体协同、响应迅速"。

（3）**对政务新媒体在信息链上的表现行为和运行功能做出了系统性的要求，**即"信息发布—解读回应—政民互动—办事服务"。同时，这一系列表述也是一次进阶性的网络政务行为规范：既要自己"说"，也要"听"公众"说"，更要"应"（解读回应），"互动"是基本政务行为，最终实现以能"办事服务"为价值归口。

▌三、关于网络安全的重要立法

《中华人民共和国网络安全法》（以下简称《网络安全法》）由全国人民代表大会常务委员会于2016年11月7日发布，2017年6月1日开始施行，这是我国建立严格的网络治理指导方针的一个重要里程碑。该法明确了对个人信息的保护，打击网络诈骗，相当于一部"个人信息保护法"。《网络安全法》有五大亮点：一是明确对公民个人信息安全进行保护；二是个人信息被冒用有权要求网络运营者删除；三是个人和组织有权对危害网络安全的行为进行举报;四是网络运营者应当加强对其用户发布的信息的管理;五是对未成年人上网有特殊保护。

2017 年 6 月 1 日,同样是聚焦网络的《互联网新闻信息服务管理规定》《网络产品和服务安全审查办法(试行)》也正式施行。这些法律法规为微博、微信、论坛、网络直播新媒体等戴上了"紧箍咒"。

《互联网新闻信息服务管理规定》(以下简称《管理规定》)提出,通过互联网站、应用程序、论坛、博客、微博客、公众账号、即时通信工具、网络直播等形式向社会公众提供互联网新闻信息服务,应当取得互联网新闻信息服务许可,禁止未经许可或超越许可范围开展互联网新闻信息服务活动。《管理规定》与《网络安全法》一同生效,同时在具体内容中特别明确地强调了国家和地方互联网信息办公室的执法权,充分体现了《管理规定》是我国网络基本法——《网络安全法》在互联网内容管理领域的落地与细化,为网信部门依法对网络新闻信息内容进行管理提供了有力支撑。

《网络产品和服务安全审查办法(试行)》(以下简称《办法》)旨在提高网络产品和服务安全可控水平,防范网络安全风险,维护国家安全。《办法》指出,关系国家安全的网络和信息系统采购的重要网络产品和服务,应当经过网络安全审查。《办法》作为第一部国家层面的安全审查规则,对为什么审查、如何审查以及谁来审查提出了明确的意见。

2019 年 12 月,国家互联网信息办公室发布了《网络信息内容生态治理规定》(以下简称《治理规定》),自 2020 年 3 月 1 日起施行。《治理规定》明确,网络信息内容服务使用者和生产者、平台不得开展网络暴力、"人肉搜索"、深度伪造、流量造假、操纵账号等违法活动。

四、打击网络谣言相关的政策法规

网络空间不是法外之地,治网之道,法治为本。近年来,《互联网直播服务管理规定》《互联网跟帖评论服务管理规定》《互联网群组信息服务管理规定》等规范性文件相继出台,针对网络谣言乱象提出治理之道,同时也对互联网平台服务资质、人员配备、技术能力等运营条件提出要求,为用户的使用行为制定基本规范。

《互联网直播服务管理规定》由国家互联网信息办公室于 2016 年 11 月 4 日印发,自 2016 年 12 月 1 日起正式施行。《互联网直播服务管理规定》提出,互联网直播服务提供者应配备与服务规模相适应的专业人员,具备与其服务相适应的技术条件,应当具备即时阻断互联网直播的技术能力。对于违反该规定及其他法律法规的互联网直播服务使用者,互联网直播服务提供者应当将其纳入"黑名单",禁止重新注册账号。

随着《互联网直播服务管理规定》的执行落实，靠低俗内容打"擦边球"的网络直播平台会逐渐被淘汰，整个行业会更加规范。

《互联网跟帖评论服务管理规定》由国家互联网信息办公室于 2017 年 8 月 25 日印发，自 2017 年 10 月 1 日起正式施行。该规定明确了跟帖评论服务提供者应当严格落实主体责任，建立注册用户进行真实身份认证制度、"先审后发"制度、用户信息保护制度以及信息安全管理制度等。这项新规的出台，为治理网络跟帖评论中的乱象提供了法律支撑和保障。

《互联网群组信息服务管理规定》由国家互联网信息办公室于 2017 年 9 月 7 日印发，自 2017 年 10 月 8 日起施行。该规定的亮点一是要求平台接受社会监督同时要以信用为基础建立黑名单制度，除了组员和群主管理者，还要接受整个社会的监督，而且一定要畅通相关举报渠道。亮点二是相关服务者应当按照信用体系建立黑名单制度，对屡次违规的管理者、群组或者组员要适时地进行列入黑名单处理，限制他们的功能甚至向有关机关备案报告。亮点三是明确互联网群组建立者、管理者应履行管理责任，更将"谁建群谁负责"正式写入规定。

第三节　网络舆情经营和管理

一、网络舆情职业化进程

从 2008 年开始，国内网络舆情研究机构大量出现，与之伴生的网络舆情分析师、舆情数据分析师走入大众视野。以人民网舆情监测室为例，2008 年根据舆情工作特点，逐步建立舆情职业定位和舆情人才培养与管理机制。网络舆情分析师成为研究社会舆情，考察分析社会民意的研究者，成为连接政府与群众、企业和消费者之间的桥梁与纽带。网络舆情分析师的工作举足轻重，一般的舆情应对模型和技巧也有可能遭遇"水土不服"。网络舆情分析师更像医生一样需要对具体的社会热点"把脉问诊""望闻问切"，在事件处置和舆论引导方面开出"药方"，不仅要给政府和企业"消炎止痛"，还要在长效机制上"治病除根"。新闻无小事，舆情更无小事。作为为政府和企业"把脉问诊"的网络舆情分析师需要具备以下多种素质。

（1）扎实的舆情分析理论基础。在基本理论知识方面，网络舆情分析师需要掌握新闻传播学、社会学、统计学、公共管理学、法学、经济学、计算机等学科知识。这些学科理论和技能在日常的工作中运用较多。与此同时，对于相关专业领域的网络舆情服务，网络舆情分析师还需要掌握相应的专业知识与技能，如科技、环保、法律等。

（2）良好的语言表达能力。一方面是书面表达水平，网络舆情分析师的日常工作以撰写各类报告为主，文风简洁、表达流畅，格式规范、观点深刻、态度明确是基本素质；另一方面，口头表达能力也不可或缺，网络舆情分析师需要经常和客户沟通，应掌握良好的沟通技巧，在舆情会商时，面对轻重缓急的各种局面均能灵活驾驭。

（3）具备一定的媒体工作经验。网络舆情分析师应具备基本的媒体工作经验，熟悉新闻和舆论传播规律，熟悉党政机关宣传工作，对舆论分析及新闻宣传游刃有余。网络舆情分析师还应是网络人文地图专家、职业"网虫"和意见领袖，要精通网络传播特点和网络人文概况，对热点事件的发展背景有充分的了解，能够根据政法背景、股权结构、产生机制、运营机制、技术特点、言论特色等不同，分清网站特点和网民群体特征；应十分熟悉相关领域关键意见领袖，经常关注关键意见领袖的微博等言论动态，能够在最短时间内找出本地区、本领域的热点舆情，确定舆情选题和重点舆情信息及传播路径。

（4）具备强大的网络信息收集分析能力。网络舆情分析师要具备网络信息收集、挖掘、聚类、归纳、判断和推理等分析能力。从助理分析师开始，必须锻炼信息辨别和情报分析的技能，了解统计学，熟练掌握互联网搜索引擎、探索关键词设置技巧，熟悉网络舆情抽样、统计与分析的工具和模型，具备对社会心理、网络语言文化的长期观察研究的经验等。

在大数据时代，网络舆情报告日益通过数据化解析科学精准地呈现。这就需要数据分析师参与其中，特别是在数据模块设计、数据挖掘、算法设计等方面，数据分析师扮演的角色更为重要。与传统的数据分析师相比，互联网时代的舆情数据分析师面临的不是数据匮乏，而是数据过剩。因此，舆情数据分析师必须学会借助技术手段进行高效的数据处理。就舆情产业来说，更为关键的是，舆情数据分析师可以发挥内容数据分析的职能，这是支撑舆情研究、改善客户服务的关键职能。舆情数据分析师需要具备以下多种素质。

（1）懂业务。从事数据分析工作的前提就是懂业务，即熟悉行业知识、公司业务及流程，有自己独到的见解，若脱离行业认知和公司业务背景，分析的结果将没有太大的使用价值。

（2）懂管理。一方面体现搭建数据分析框架的要求，比如确定分析思路就需要用到营销、管理等理论知识来指导，如果舆情数据分析师不熟悉管理理论，就很难搭建数据分析的框架，后续的数据分析也很难进行。另一方面能够针对数据分析结论提出有指导意义的分析建议。

（3）懂分析。这就要求舆情数据分析师掌握数据分析基本原理与一些有效的数据分析方法，并能灵活运用到实践工作中，以便有效地开展数据分析。基本的分析方法有对比分析法、分组分析法、交叉分析法、结构分析法、漏斗图分析法、综合评价分析法、因素分析法、矩阵关联分析法等。高级的分析方法有相关分析法、回归分析法、聚类分析法、判别分析法、主成分分析法、因子分析法、对应分析法、时间序列分析法等。

（4）懂工具。这就要求舆情数据分析师掌握数据分析相关的常用工具。数据分析方法是理论，而数据分析工具就是实现数据分析方法理论的工具。面对越来越庞大的数据，舆情数据分析师不能只依靠计算器进行分析，必须依靠强大的数据分析工具完成数据分析工作。

（5）懂设计。这就要求舆情数据分析师运用图表有效表达观点，使分析结果一目了然。如图形的选择、版式的设计、颜色的搭配等均在图表设计的范畴之内，需要舆情数据分析师掌握一定的设计原则。

二、网络舆情管理机制的变化

（一）网络舆情管理主体变化

在移动互联网时代，互联网已经成为思想文化信息的集散地和社会舆论的放大器，网络已从虚拟走入现实，实现大众化、媒体化与现实化，它不仅深刻地影响着普通大众的生活与交往，甚至影响着国家的稳定。随着移动社交媒体的蓬勃发展，传播权力的去中心化，普通个人传播权的回归，网络舆论场众声喧哗，相应网络舆情管理主体也在不断发生变化。网络舆情管理主体从党政机关到企业，并逐渐扩充到社会团体和社会知名人士。以中国儿童少年基金会为例，近年涉及儿童及少年的舆情逐渐走高。2019 年 12 月 17 日，有网友质疑中国儿童少年基金会在某公益平台上线的"春蕾一帮一助学"项目中资助对象性别问题，并附上项目进展截图。对此，同日 19 时，中国儿童少年基金会发出声明，该项目本批次资助的 1 267 名高中生中，有 453 名为男生，并解释项目在筹款之初，资金全部资助贫困女生。但在 2019 年项目执行过程中，有部分极度贫困地区学校老师向该会反馈，当地贫困家庭男生也亟须帮助，希望该项目施以援手。综合考虑为儿童谋福祉的宗旨，以及助力 2020 年决胜脱贫攻坚的目标，该项目在保证大多数受助者为女生的前提下，开始资助部分男生，并晒出部分受助学生情况。此外，中国儿童少年基金会还表示，"春蕾计划"在未来的执行中，将始终以女生作为资助对象，如确有需要资助男生的情况，将在筹款文案显著位置特别提示。

新媒体场景下，舆情关乎每个人，社会知名人士如企业家、专家学者和文娱影星等也不能独善其身，需要进行舆情管理。

（二）政企舆情管理机制的发展

政企舆情管理机制的发展表现在以下四个方面。

（1）**人财物支撑加大，独设机构以加强精细化舆情管理趋势明显。** 以政务为例，2011年5月，国家互联网信息办公室成立，主要职责包括落实互联网信息传播方针政策和推动互联网信息传播法制建设，指导、协调、督促有关部门加强互联网信息内容管理，依法查处违法违规网站等。随后各地"网信办"相继挂牌成立，舆情管理精细化趋势明显。2014年年初，中纪委内部做了机构调整，在干部室基础上组建了组织部，在宣传教育室基础上组建了宣传部。宣传部内设的处室之一舆情处，将负责收集研判党风廉政建设和反腐败斗争信息，并关注网上动态，关注群众呼声，及时回应社会关切。

（2）**"垂直+协同"、跨地域跨系统跨层级的舆情管理思维明显，不再是单打独斗。** 2018年10月28日，重庆万州公交车坠江事故发生后，应急管理部立即启动指挥调度，由副部长牵头，迅速组成由公安部、交通运输部等部门相关负责人参加的部际联合工作组，于当日赶到事故现场，指导协助地方做好人员搜救等应急处置工作。联合工作组通过应急管理部官方微博及新华社、中央广播电视总台等主流媒体及时动态发布权威信息，回应社会关切，对事故舆情走向平稳起到了重要作用。

（3）**完善组织机制，加强队伍建设。** 由于互联网的信息发布具有开放性、虚拟性、隐蔽性、发散性和随意性等特点，越来越多的公众通过这个平台来表达自己的看法和诉求。甚至有一部分人借助互联网发布虚假信息，散发谣言，混淆视听。这就需要加强网上舆情信息的监管和引导，有效掌握网上舆论的话语权和主动权，营造良好的舆论环境，维护社会稳定和形象。一是建立网评员队伍。针对日益复杂的网络舆论环境，建立一支政治素质过硬、敏锐度高、责任心强、业务本领好的网评员队伍，定时定向掌握网上动态，开展网上宣传、网上评论，进行网上舆论引导。特别是针对重大突发事件、重大典型案件，尤其是负面、歪曲报道和恶意炒作，撰写、发布网评文章澄清事实真相，矫正视听，引导舆论，维护形象。二是建立网络发言人制度。在党政机关、企事业单位等全面设立网络发言人，主要职责是发现网络舆情，立即展开调查，再实名发帖公开调查结果，回复网民相关疑问。三是健全新闻发言人制度。新闻发言人制度已经成为政府管理和服务的必要和有效方式，在政府与公众沟通中体现了其实际价值和效能。例如在面对各种突发事件、国际局势、国内外事务等方面，政府新闻发言人基本能够迅速及时地做出反应,为媒体提供权威性的信息,保持与公众的信息通畅,满足公众的知情权,引导社会舆论,促进社会稳定。

（4）创新管理机制,科学应对舆情。依据国家《互联网信息服务管理办法》,互联网信息服务的审批、备案和监管职责由国务院信息产业主管部门和省、自治区、直辖市电信管理机构履行。互联网管理在地市一级没有明确的规定,而随着互联网的快速发展,民间网站、论坛、博客、微博等网络媒体迅速涌起,给属地管理的互联网主管部门带来了很大困难和压力。在互联网管理中,宣传、公安、文化等部门都有一定的职权,但在工作协调上存在比较大的问题。破解互联网管理中的机构、机制、职权三大难题,就需要建立起一套科学、及时、有效、正确的网络舆情应对管理办法。一是要建立网络舆情监测机制。发展建立起一批由各部门组成的网评员队伍,拓展网络收集渠道,加强与各网站、媒体的联系和沟通。二是要建立网络舆情研判机制。建立和落实舆情研判联席会议制度,网络舆情管理部门协同具体职能部门共同开展网上舆情研判工作,及时发现热点、难点、敏感、倾向性等问题,提出应对对策及建议。三是要建立网络舆情预警机制。针对各类重大、突发事件,各相关部门要相互协作、相互沟通,制定比较详尽的判断标准和预警方案。四是要建立网络舆情应对机制。建立网络舆情突发事件应急中心,确保在出现重大突发事件的网络舆情时,短时间内能调动和整合各种力量,科学有效地应对处置。

结语

新技术的快速发展推动传播介质不断迭代,网络舆情也随之产生变化。在此背景下,网络舆情的规律也处于裂变之中——从互联网兴起到互联网普及,再到移动互联网改变公众的上网习惯,最后到 5G 时代的各类信息飞速传播,掌握网络舆情的基本规律是学习本门课程的基础。

网络舆情管理离不开政策法律的制定,一系列顶层设计的相关文件出台推动政务公开制度建设迈上新阶段。在网络舆情经营和管理方面,本章主要介绍了网络舆情职业化进程和网络舆情管理机制的变化两个方面。

【习题与思考】

通过本章节的学习,读者已对网络舆情的基本规律有深入了解,请尝试分析一下移动互联网的网络舆情基本规律和特征。

第三章
舆情监测预警和数据分析

【学习目标】

通过本章学习，读者可全面了解舆情监测预警机制，认识网络谣言的监测预警，掌握舆情数据获取和分析的基础方法。

【本章知识结构】

本章包括舆情监测预警机制、网络谣言的监测预警、舆情数据分析的基本方法和舆情数据分析的实际应用，按照舆情"监测—预警—分析"的逻辑顺序展开。第一节对舆情监测预警机制的概念及发展、渠道、周期、分发报送等进行介绍，让读者全面了解网络舆情监测预警机制的基本内涵。网络谣言因其特殊危害性，成为舆情监测的重点、难点，第二节对网络谣言的监测预警进行重点阐述，涵盖网络谣言和网络"水军"的定义及生成原因、网络谣言的危害性及网络谣言监测预警的必要性、网络谣言的类型、网络谣言监测预警的方法等内容。舆情监测也是舆情数据获取的过程，一名合格的舆情分析师，能够从舆情数据中挖掘有效信息、掌握舆情肌理、指导舆情研判，第三节详细讲解了舆情数据获取、筛选、分析和可视化的多种方法。"纸上谈兵终觉浅"，第四节列举了舆情数据分析的实际应用场景，并对可视化大数据工具进行介绍。

第一节　舆情监测预警机制的基本内涵

构建科学合理的舆情监测预警机制，是应对舆情危机一道强有力的屏障，有利于"未雨绸缪"、防患于未然，可为进一步的有效应对与舆论疏导赢得宝贵时间，会将舆情危机最大的隐患降低在最小限度的危害范围内。

一、概念及发展

舆情监测预警，是指对舆情生成、发展、高峰、回落等具有重要影响的节点进行持续不间断的信息采集、监测、追踪、分析、研判，从而对当前舆情总体态势做出判断并预测其走向趋势的过程。同时，根据舆情事件的影响力与预先制定的预警指标体系进行对比确定等级，再根据不同等级选择对应的预案并及时向相关部门报告（送）。"机制"一词最早源于希腊文，原指机器的构造和工作原理，后引申为各要素之间的结构关系和运行方式。舆情监测预警机制，就是与上述监测预警中各环节相关的工作体系和运行程序的总和。

早期阶段的舆情监测，是以数理统计学和社会学等相关学科为基础的社会调查法，并辅以互联网技术手段，即通过互联网进行问卷调查和人工定向检索等，以此了解与掌握某一领域舆论情况或具体舆情事件的最新动态。随着互联网技术的不断发展与加速普及，海量、复杂的网络民意为传统的民意调查机制带来挑战，舆情服务行业开始兴起。与此同时，国内诞生了多家从事舆情监测系统开发的软件技术公司以及提供舆情应对处置服务的公关公司，舆情监测预警机制进入升级阶段。近年来，伴随着大数据计算和人工智能技术的飞速发展，早期单纯依靠人工浏览查询转变为大数据技术辅助加持下的新舆情监测预警模式。

简单而言，这一模式主要根据舆情事件本身的话语特征、所涉群体和诉求重点，借助关键词的设定和检索，通过计算机信息采集技术、语义分析识别处理技术等，实现全天候不间断地对各传播渠道的海量信息进行自动分类聚集，及时高效精准地完成舆情事件的自动摘要、主题追踪、数据统计以及图表分析等多项需求，对互联网中广泛存在的舆情信息进行最大化的挖掘与预处理。目前，已实现热点实时感知、多周期动态追踪、自动预警提示、观点倾向性以及网民情绪分析等多项功能，舆情监测预警各流程相互连接形成闭环，技术和产品正在不断创新完善。

当前，5G时代已经到来，以物联网、区块链、云计算等为代表的新型技术手段将对更为庞大的互联网数据进行全面接入和深度挖掘，从而创造更大的社会价值和商业利益。可以预见的是，这将为整个舆情行业带来新的机遇与挑战，舆情监测预警系统也必将走向更加智能化的道路。

二、渠道

日新月异的互联网创新应用层出不穷，舆情传播渠道也在不断更新演变。

目前，舆情监测预警的渠道主要是网络媒体、报刊、"两微一端"（微博、微信及客户端）、论坛博客、高校网站的BBS，也包括电视栏目、广播节目以及豆瓣、知乎等社区网站。此外，随着短视频、直播行业崛起，抖音、快手、西瓜视频等平台也纳入舆情监测范围。其中，需要重点关注舆情事件的首发渠道和传播媒介自身的影响力，以此分析判断其下一步的传播走势。

三、周期

通常情况下，舆情监测预警通用周期分类法，即根据舆情发生、发酵、发展、高涨、回落、反馈等不同阶段的传播特点开展有针对性、有侧重的监测、分析和研判。

（1）发生期。及时发现捕捉具有苗头性、敏感性的舆情信息，了解舆情事件的初步情况、爆料者的主要诉求，整理网民参与讨论跟帖的主要观点和倾向性意见，启动舆情信息动态追踪机制并第一时间通知有关职能部门共同做好应对舆情危机的准备。同时，确定统计传播数据的时间节点。

（2）发酵期。在此阶段，各大媒体积极参与传播，易出现信息源较多、事件发展多元化、舆论导向转变概率增加等情况，舆情监测预警的重要工作集中在全面搜集舆情的最新发展动态，对舆情传播细节进行地毯式收集、汇总。

（3）发展期。重点了解舆情事件发酵后的总体情况，全力做好舆情反馈分析工作。观察有无重点媒体介入报道、意见领袖或活跃网民的积极推动，及时快速展开舆论场各方观点的搜集整理工作，并进行理性客观、相对科学的分析，特别要收集参与评论者的发声平台、身份特征、粉丝量、地理分布等方面特征，绘制舆情事件参与群体的画像。

（4）高涨期。聚焦舆情事件主体与客体的回应内容和方式，全面展开涉事各方回应效果评估。因为舆情事件本身具有较强的不确定性，所以此阶段应重点关注舆情事件本身的传播焦点是否发生转移、促成转移焦点的原因以及各方所持观点有无倾向变化、是否存在新的关联话题，多维度、多视角挖掘影响舆情走势的关键推动因素，回顾舆情事件的演变过程，深入探究其出现的历史、政治、经济、文化和社会等各方面原因。

（5）回落期。重点关注有无引发次生舆情的可能，对涉事各方存在的潜在风险进行辨别评估。

（6）反馈期。舆情态势整体平稳后，应"趁热打铁"对事情进行复盘分析，总结应对得失，尽早开展形象修复等工作。

▌四、分发报送

在舆情监测预警工作中，分发和报送是两个不同的概念。

分发是指各级人民政府及其有关部门、专业机构、监测网（站）点以及法人或其他组织，运用专业的网络舆情分析工具，对网络舆情信息经过监测、搜集、分析、研判、撰写报告等环节后，将加工处理完成的舆情信息服务产品发送给相关党政部门、新闻媒体、社会组织、研究机构、法人等网络舆情信息需求者。

报送是指各级人民政府及其有关部门、专业机构、监测网（站）点、企事业单位以及公民、法人或其他组织，向上级人民政府或有关部门传递报告网络舆情信息的活动。

在这两种方式中，可选择通过文件、电话、传真、电子邮件等有效途径向上级人民政府报送重要的网络舆情信息；也可选择通过手机短信、电子邮件、QQ或微信平台等方式向特定对象分发相关网络舆情信息。

第二节　网络谣言和网络"水军"的辨别与监测

时下网络中流传这样一句话，"造谣一张嘴，辟谣跑断腿"，一语道破造谣之简单与谣言治理之艰难。与此同时，随着网络"水军"现象的泛滥，"沉默的螺旋"效应也再次凸显。在人人都有"话筒"的全媒体时代，网络谣言与网络"水军"现象的影响范围在持续拓宽，从影响社会秩序到影响社会信任或企业品牌形象，甚至可能波及意识形态安全，对社会治理形成了严峻挑战。那么，网络谣言和网络"水军"到底应当如何定义？它们因何而生又会对网络生态造成何种危害？网络谣言及网络"水军"的常见类型有哪些，开展舆情工作时应当如何辨别并对其进行有效监测呢？

一、网络谣言的定义、类型及监测方法

（一）网络谣言的定义

网络谣言是网络舆论的一种畸变形态，与传统谣言既有相关性又不完全相同。综合美国社会学家特·希布塔尼、法国学者让·诺埃尔·卡普费雷及国内学者刘建明、郭庆光、姜胜洪等人的观点，广义的谣言是指"社会中出现并流传的未经官方公开证实或者已经被官方证伪了的信息"，涵盖了传闻、流言及小道消息等多个概念，在事后有时也会被证明是与事实相符的；相对而言，狭义的谣言是指没有事实根据的或凭空虚构的虚假信息。网络谣言作为谣言的一种新型传播形式，在当前网络谣言治理的语境中，我们可在狭义的谣言定义基础上，将网络谣言定义为"在互联网中传播的、没有事实根据或凭空捏造的虚假信息"。与传统谣言相比，网络谣言的传播速度更快、周期更短、波及范围更广、表现形式更多样、隐蔽性更强，相应带来的社会风险及危害也更大，治理难度也有所上升。

（二）网络谣言的类型

根据网络谣言内容所涉及的领域，主要体现为政治谣言、经济谣言、军事谣言、社会民生谣言和自然现象谣言五个类别。

1. 政治谣言

政治谣言是指个人或集团出于政治目的在没有事实依据或信息失真的情况下恶意编造、歪曲事实，并在互联网中大量散播，以此来诬陷、诽谤、攻击政治人物或政治体制的谣言。此类谣言多为政治集团利益斗争的产物，常常具备以下特征：一是其攻击对象往往具备重要性；二是此类谣言习惯运用"内幕""黑幕""揭露""震惊"等字眼来博人眼球，具备一定的蛊惑性和煽动性；三是此类谣言易与民族矛盾、宗教冲突、社会焦虑情绪等叠加，进而引发群体愤怒，严重危害政治安全和社会稳定。

2. 经济谣言

经济谣言是指针对经济政策或者经济实体的不实信息，造谣者试图以此干扰经济秩序或企业经营，并达到为己方牟利的目的的谣言。随着市场经济的快速发展，此类谣言常见于企业恶意竞争中，网络的可匿名特征为此类谣言的传播提供了可乘之机。

3. 军事谣言

军事谣言是指针对军事活动的谣言，造谣者通常带有一定的政治目的。

4. 社会民生谣言

社会民生谣言是指与社会民生息息相关的谣言，在公共安全领域较为多发。此类谣言较于其他类型谣言，具备爆发频率更高、欺骗性更强、更易反复、更难治理等特征，是日常生活中最常见的谣言类型。

5. 自然现象谣言

自然现象谣言是指与自然界或自然规律有关的谣言，如"15亿光年外的神秘信号来自外星人"这一信息就是典型的自然现象谣言。

在实际舆情工作中，上述五种谣言类型并非都是单一出现的，各领域之间时有交叉，这也使得网络谣言的危害性更大，带来的社会风险更高。

（三）网络谣言的生成原因及危害

网络谣言的成因十分复杂，与外部环境、媒体行业规范、公民素养等因素密不可分，其造成的危害也不一而足。

就外部环境而言，一是国际局势错综复杂，政治谣言作为各方博弈的"攻心利器"，在舆论场上屡见不鲜。政治谣言的泛滥极大地增加了政治风险，政治谣言经互联网快速传播扩散，不明真相的群众一旦受到煽动和蛊惑会使舆情激化，相关风险将更易蔓延到线下，诱发更大的危机。二是社会治理中也不可避免地出现了某些诸如"落实依法行政不力"等公共管理失范现象。在此阶段，群体焦虑情绪易被放大。这种因周遭环境带来的焦虑情绪及对公权力的不信任感，都为谣言的滋生提供了空间。此外，在一些重大舆情事件中，涉事主体因舆情素养不足，在应对时未能做到信息公开、直面质疑、主动回应，也可能导致谣言滋生。三是在市场经济高速发展的今天，商业竞争激烈，部分谣言制造者和传播者为了攫取更多的经济利益，不惜触犯法律利用谣言进行恶意竞争，扰乱社会及市场秩序，甚至可能引发社会恐慌。

就媒体行业规范而言，一是在人人皆有"话筒"的全媒体时代，信息发布主体门槛进一步降低。二是互联网时代对新闻报道的时效性提出了更大的挑战，部分媒体为在市场竞争中取得优势，未能严守新闻职业操守及行业规范，导致报道失实，更有甚者受到利益驱使刻意捏造新闻，为自己牟利。三是部分新闻记者业务能力素养不足，致使新闻失实、谣言滋生。与前面几点相比，新闻工作者因为掌握着大众传播媒介，拥有更加权威的发声渠道，一旦出现新闻失实等情况，其负面影响将更为深远。

除上述因素外，传播学者克罗斯曾在著名谣言传播公式"$R=I \times A$"的基础上，将其发展为"$R=I \times A/C$"，即谣言的强度=事件的重要性×事件信息的模糊性÷公众批判能力。由此可见，公民素养也是决定网络谣言产生及发酵程度的重要原因之一，即涉事主体信息公开程度越高，公民素养越高（识别信息真实性的能力越强），谣言产生的可能性就越小，谣言强度越弱。

【案例1】重庆公交车坠江事件

事件概述

2018年10月28日,"重庆公交车坠江事件"致十余人死亡,这一重大事故迅速引发舆论关注。事发后,多家媒体迅速报道称该事故系"私家车女司机逆行所致",一时间网络上掀起对"涉事女司机"的集体声讨,更有甚者对女司机进行了"人肉搜索"。当晚,重庆市公安局万州区分局官方微博发布警情通报称:"经初步调查事故现场,系公交客车在行驶中突然越过中心实线,撞击对向正常行驶的小轿车后冲上路沿,撞断护栏,坠入江中。"至此,"女司机逆行"谣言得以澄清。

谣言发酵原因解析

该事件系突发公共安全事故,具有重大性和话题性,自发生即牵引舆论神经。在该事件的传播过程中,多家媒体、商业网站以及部分网民在事发后迅速捕捉到"女司机"这一信息,并将事件标签化来博取舆论关注。此外,部分媒体在报道时将"万州区应急办值班人员"的回应内容作为信源进行报道,却并未向掌握一手信息的交警部门做进一步的核实,致使网络谣言爆发。在此过程中,商业利益驱使、新闻记者专业素养不过关都是谣言产生的主因。此外,部分网民未能对模糊信源提出质疑,对谣言的进一步发酵也起到了推波助澜的作用。值得肯定的是,官方在事发后迅速做出回应,及时公布真相,从源头上斩断了谣言继续发酵的可能。

(四)网络谣言的辨别与监测方法

如何准确识别和监测谣言并及时予以处置,是舆情工作中非常重要的一环,对于助力保障社会稳定、维持经济秩序具有重要意义。具体而言,谣言识别可从以下几点来进行。

1. 从发布主体层面进行分析

在信息传播过程中,一条信息被"转手"的次数越多,越容易失真,因此我们在识别一条信息是否真实时,一手信源往往更有助于辨析真伪。一手信源通常涵盖某一事件中的当事人或目击者,某信息、文章、图片、视频的最早发布者及原始作者,以及各机构中的官方网站、账号或者新闻发言人。找到一手信源后,我们需要做出进一步的思考——一个事件中,当事人是否具备独立思考能力,是否与事件利益相关?一条信息的原始发布者是否具备一定的专业性,其过往的信息发布立场是相对中立还是长期对某对象持固有态度?显然,如果事件当事人是无法独立思考的障碍人士,或者是利益相关方,或者其专业程度比较低,再或者长期抹黑某一客体,那么当事人所阐述的信息可信度将大打折扣。除此之外,在实际舆情工作中,我们接触到的信源多为二手信源，由新闻媒体报道或自媒体曝光，是对某一事件或事实的加工转述。那么，什么样的二手信源更可信呢？通常来讲，中央媒体由国务院、中宣部等部门直管，其权威性、公信力要远高于其他类型媒体；其次是具有采编报道资质、采编人员经过专业培训的市场化媒体；最后是支持用户生产内容的各类自媒体。总体来说，中央媒体可信度>市场化媒体可信度>自媒体可信度。

2．从信息内容层面进行分析

（1）发生时间、发生地点、人物是否清晰具体且具备可回溯性

部分媒体在报道时常使用"据悉""据了解""记者从有关部门了解到""有关人士表示"等匿名信源，此方式虽在一定程度上有助于保护、尊重新闻线人，但也给捏造虚假信源的不法分子提供了可乘之机。部分媒体在报道时使用"日前""近日""某地"等模糊信息也会对信息真实性造成干扰，对于此类消息，公众还需多加警惕，并结合文章中其他信息来仔细甄别真伪。此外，如果文章中包含的发生时间、发生地点、人物等信息清晰、具体且可回溯，可通过多方核查来证实相关信息的真实性。

（2）信源是否多元、均衡

在新闻报道工作中，我们时常提到要注意"平衡原则"，即为确保报道的客观真实性，要求新闻记者要尽可能保障当事各方均享有同样的话语权，以免报道出现偏颇或者失实。由此可倒推，一篇文章中，如果信源比较单一，那么涉及利益冲突或者出现认知偏差的可能性较大，那么信息失衡、失真的概率将大幅增加。

（3）核查物证

在辨别信息真伪时，除了核查信源，还可通过对文章中出现的图片、视频、语音等信息进行反查来达到辨别信息真实性的目的。比如我们可以通过谷歌、百度等搜索引擎实现对图片的反向搜索，或通过 EXIF 查看器查看有无图片的处理痕迹信息，也可将照片、视频中的地标（建筑物上字符、街道名、车牌号）与谷歌、百度街景进行对比，检查照片及视频中的行人衣着和口音、季节、当地习俗、方言等信息是否矛盾。

（4）内容是否具备逻辑性、有无前后矛盾

一条信息，如果明显违反认知逻辑或与常识存在矛盾之处，那么该信息是谣言的可能性较大。2018 年 8 月，"×××市场制售卫生纸馒头"的视频在网络上疯狂传播，视频显示，馒头经溶解搅拌后产生疑似卫生纸的残留物。然而稍有常识的人都会知道，卫生纸和馒头的口感相差非常大，用掺了卫生纸的面粉做馒头，从技术层面上来讲几乎没有可行性。除此之外，馒头的成本相对低廉，而市售纸浆价格、制假所需的化学制剂等物品的价格远高于馒头本身的成本，这就明显不符合市场逻辑和生活常识，

因此也可以由此辨别出其"谣言"的本质。

二、网络"水军"的定义、运作模式及监测方法

（一）网络"水军"的定义

通常来讲，传统的网络"水军"是指以获取收益为主要诉求，受雇于公关公司或者营销公司，在短时间内通过大量发帖、转帖、回帖等方式满足雇佣者建构舆论、制造荣誉或恶意抹黑的特定需求，是互联网时代背景与商业需求结合的产物，也是网络营销的常用手段之一。该群体组织结构较为松散，按需而来，事尽而散。该特性也为网络"水军"的治理带来了一定难度。随着人工智能等计算机技术的发展，机器人"水军"也应运而生，"僵尸粉"就是其中最为典型的代表。对比传统"水军"，机器人"水军"扩散速度更高、传播量更大、覆盖面更广，具有病毒性传播的特质，对我国网络空间治理构成了一定的挑战。

（二）网络"水军"的运作模式及危害

1. 网络"水军"的运作模式

网络"水军"的运作模式并不复杂，需求方、中介方和服务提供方共同构成了一条完整的产业链。企业、电商等利益主体需求方提出品牌炒作、产品营销、口碑维护、危机公关、捏造负面新闻、诋毁竞争对手等需求，公关公司、网络推广公司等中介方承接需求后按照客户意图制作帖子，并大批量雇佣"水军"。社会上的闲散人员接受雇佣后，根据公关公司安排多人为一组，利用空余时间密集发帖、转帖、点赞、投票等，在自己负责的信息渠道疯狂传播，以此干扰舆论场导向，试图在舆论场上形成"沉默的螺旋"。互联网时代背景下诞生的机器人"水军"运作，则省去了雇佣人工的环节。需求方提出需求后，拥有技术手段的公关公司作为需求承接方和服务提供方，会直接通过技术手段进行运作，也有部分公关公司外包给其他技术公司来执行。

2. 网络"水军"的危害

网络"水军"作为虚假信息的传播者和操纵者，对于舆论生态的危害不可小觑，主要体现在以下几个方面：一是助推谣言滋生，易煽动网民负面情绪，进而对社会稳定构成威胁；二是制造大量网络噪声，干扰正常的舆论秩序，易触发"沉默的螺旋"形成网络暴力，使得持相反观点的网民畏惧发声，进而侵蚀网民的言论自由；三是大量利用网络"水军"进行不公平竞争会干扰正常的社会生产秩序，进而导致社会经济受损；四是可能会由此产生敲诈勒索等犯罪行为。

"沉默的螺旋"是由知名学者伊丽莎白·诺尔-诺依曼提出的著名大众传播理论，

指人们在表达自己想法和观点的时候，如果看到自己赞同的观点受到广泛欢迎，就会积极参与进来，这类观点就会越发大胆地发表和扩散；而发觉某一观点无人或很少有人理会（有时会有群起而攻之的遭遇），即使自己赞同它，也会保持沉默。意见一方的沉默造成另一方意见的增势，如此循环往复，便形成一方越来越强大，另一方越来越沉默的螺旋发展过程。

（三）网络"水军"的类型与监测方法

根据网络"水军"运作的目的，可将网络"水军"细分为营销类"水军"、公关类"水军"以及抹黑类"水军"。营销类"水军"指出于营销目的，反复传播有利于提升需求方及需求方产品美誉度和影响力信息的行为。此类"水军"传播的信息中，通常正向词汇较多，传播频次也较高。公关类"水军"指在危机事件发生后，部分涉事主体组织人员到舆论场中对一些有损其形象的言论进行驳斥、攻击甚至恶意举报诱导社交平台删帖等行为。此类"水军"传播的信息内容同质化程度较高，攻击性也相对更强。抹黑类"水军"则指出于攻击竞争对手的目的，造谣诽谤、恶意攻击抹黑竞品企业或商家等。此类水军传播的信息中，负面情感倾向的语言居多。

根据网络"水军"的类型及特征，无论是何种"水军"，在其运作过程中都有迹可循，公众可从文本内容特征、账号信息特征及用户关系特征三个维度来识别网络"水军"。

1．文本内容特征

网络"水军"在运作过程中发布的文本内容多具备以下特征。

（1）"水军"群体发布的信息往往具有强烈的情感倾向，以期对受众产生直接干扰。

（2）出于控制成本、寻求商业利益最大化的目的，"水军"群体活动多以评论、转发、点赞为主，主动发布的原创帖文数量并不多，一般文本同质化程度较高。

（3）部分"水军"群体发布的信息中包含大量商业广告或者垃圾信息，诱导受众行为进而攫取商业价值。

2．账号信息特征

"水军"群体在账号信息上通常具备以下几个特征。

（1）账号创建时间通常较短，性别、学历、地域等深层次用户信息通常处于空白状态。

（2）账号名称较为随机，账号名称中包含"无意义字符串"等情况在一些典型案例中较为常见。

（3）账号活动时间通常较为集中，如某些账号在几天内突然密集发布大量雷同信息，在其他时间段则相对沉寂，那么该账号就存在是"水军"账号的可能性。

3．用户关系特征

用户关系也是区别"水军"账号和正常账号的一个重要特征。通常来讲，正常用户的账号多用于常规社交活动，与家属、亲朋、同事之间的"互关"概率、互动频次等要远高于"水军"账号。相对而言，"水军"账号往往会大范围关注正常账号，正常状态的账号"回关"概率则比较低，因此"水军"账号与其他用户之间的关系紧密度会远低于正常账号。

尽管"水军"在运作过程中会暴露出诸多痕迹和特征，但随着技术升级，"水军"运作的隐蔽性和复杂性均有所增加。在实际舆情工作中，要想准确识别"水军"，还应更大程度地依靠技术力量，同时结合上述特征和实际语境综合分析，以提升判断的准确性。

第三节　舆情数据分析的基本方法

一、舆情数据获取

（一）舆情数据的抽样收集法

1．抽样的基本概念

抽样是一种选择调查对象的程序和方法，是指从全部研究对象中抽取一部分对象。这种方法在舆情研究中的使用率较高，如网民观点抽样。热点舆情事件的网民评论往往数量庞大，动辄上万条，逐一收集所有评论无疑将耗费大量时间精力。此时，利用抽样方法选取部分网民评论，更为便捷省力。

要了解抽样，还需厘清总体、样本、抽样单元、抽样框等概念。总体，是指全部研究对象。样本，是指从总体中抽取并进行研究的部分单位所组成的集合体；样本中包含个体或部分的数量，就是样本量。抽样单元，是指一次直接抽样所使用的基本单位。抽样框，又称抽样范围，是指一次直接抽样时总体中所有抽样单位的名单。

2．抽样的基本过程

抽样的第一步是界定总体，就是给研究对象下一个明确的定义，使研究对象与非研究对象可以清晰地加以区分。第二步是建立抽样框，即确定抽样范围，抽样框中的元素必须具备两个特点：一是完备性；二是所有元素必须具有同等的代表性。第三步是根据研究的目的、研究对象总体特点、时间限制等条件确定抽样方法。第四步是计算最小样本量。最后一步是选择样本，确定研究对象是在现有抽样框基础上，按照抽样要求，逐一抽取构成样本的单元。抽样的基本过程如图 3-1 所示。

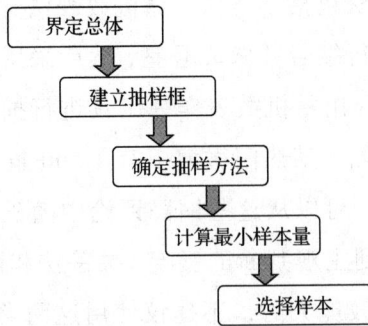

```
界定总体
   ↓
建立抽样框
   ↓
确定抽样方法
   ↓
计算最小样本量
   ↓
选择样本
```

图 3-1 | 抽样的基本过程

3. 抽样的基本方法

抽样按照是否遵循随机性的原则，分为随机抽样（概率抽样）和非随机抽样（非概率抽样）两类。随机抽样的特点是总体中的每一个个体都有被抽到的可能性，抽样误差可以事先确定，并加以控制；而使用非随机抽样，研究对象被抽取的概率是未知的，样本的代表性差、抽样误差较大，利用调查结果推断总体的风险也比较大。抽样的基本方法如图 3-2 所示，随机抽样包括简单随机抽样、系统抽样、分层抽样、整群抽样，非随机抽样包括方便抽样、判断抽样、配额抽样、滚雪球抽样。

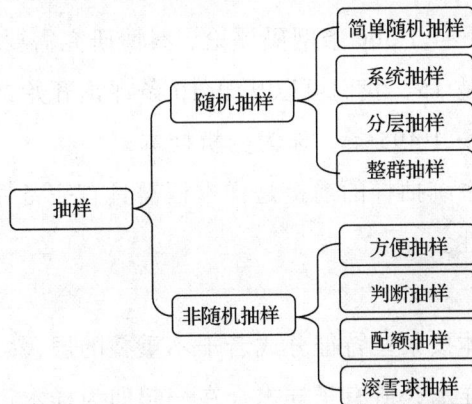

```
            ┌── 随机抽样 ──┬── 简单随机抽样
            │              ├── 系统抽样
            │              ├── 分层抽样
            │              └── 整群抽样
抽样 ───────┤
            │              ┌── 方便抽样
            └── 非随机抽样 ─┼── 判断抽样
                           ├── 配额抽样
                           └── 滚雪球抽样
```

图 3-2 | 抽样的基本方法

（1）简单随机抽样

简单随机抽样是指从总体中任意抽取数个个体作为样本，使每个可能的样本被抽中的概率相等的一种抽样方式。简单随机抽样是最基本的抽样方法，分为重复抽样（放回抽样）和不重复抽样（不放回抽样）。在重复抽样中，每次抽中的单位仍放回总体，样本中的单位被抽中可能不止一次。在不重复抽样中，抽中的单位不再放回总体，样本中的单位只能被抽中一次。舆情研究采用不重复抽样。

简单随机抽样的具体方法包括抽签法、随机数表法、直接抽选法等。抽签法需要将调查总体中的每个个体进行编号并做成号签，然后采用随机的方法抽取号签，直到抽足样本。随机数表法，即利用随机数表作为工具进行抽样。直接抽选法，是指从总体中直接随机抽选样本。例如，某热门微博下有1 500条网民评论，舆情研究需要抽取100条评论进行观点分析，可以从这些网民评论中随机抽取100条作为样本。在使用直接抽选法时，往往易受到主观判断的影响。抽签法和随机数表法都需要明确总体的数量，因此在总体数量比较庞大时，不建议使用这两类方法。

（2）系统抽样

系统抽样也称作等距抽样或机械抽样，是从总体中等距离地抽取样本，其过程如下。

第一步，将总体中每一个个体按顺序排列并加以编号。

第二步，计算抽样距离。抽样距离等于总体的数量除以样本的数量。

第三步，抽取第一个样本。根据确定的抽样距离，从第一个抽样距离单位内的单元中采用简单随机抽样方法抽取第一个单元作为第一个样本。

第四步，抽取所有样本。确定了第一个样本后，每隔一个抽样距离抽取一个样本，从而将所有样本一一抽取出来。

例如，某热门微博下有1 500条网民评论，舆情研究需要抽取100条评论进行观点分析。那么抽样距离是15，我们可以从第10条评论开始，每隔15条抽取一条评论，即抽取第10,25,40,…,1 495条，作为分析样本。

应注意的是，采取系统抽样的前提是样本框需具有完备性，总体不能有周期性，否则会影响样本的代表性。

（3）分层抽样

分层抽样是先将总体按某些特征分成若干不重叠的层，然后从各层中按照相同或不同的比例随机抽取子样本，所有子样本合在一起即为样本。

使用分层抽样，要求对总体结构有明确的把握。分层的特征可以是任何变量，如年龄、性别等，选择分层其实是在选择关键变量。分层抽样要求层内同质性要高，层之间的差异性要大。

分层抽样种类较多，包括按比例分层抽样法、纽曼分层抽样法、德明分层抽样法等。按比例分层抽样法较容易操作，在舆情研究中便于使用，因此下面主要对该方法进行介绍。

按比例分层抽样法，即按各层子总体数量多少为比例抽取各层的样本数。例如，关于某热点事件的报道总量 1 000 篇，需从中抽取 100 篇报道作为样本分析媒体报道的观点，样本比例为 0.1。因不同类型媒体对事件报道的视角不同，所以按媒体类型对总体进行分层，分为财经媒体和行业媒体；在财经媒体和行业媒体子总体中，又可以按照媒体层级进行第二次分层，分为中央媒体和地方媒体。图 3-3 中，用各层子总体数量乘以抽样比例即可得出需要在各层内抽取的样本量，即中央财经媒体 40 篇，地方财经媒体 20 篇，中央行业媒体 30 篇，地方行业媒体 10 篇。最后再用随机抽样方法抽取样本即可。

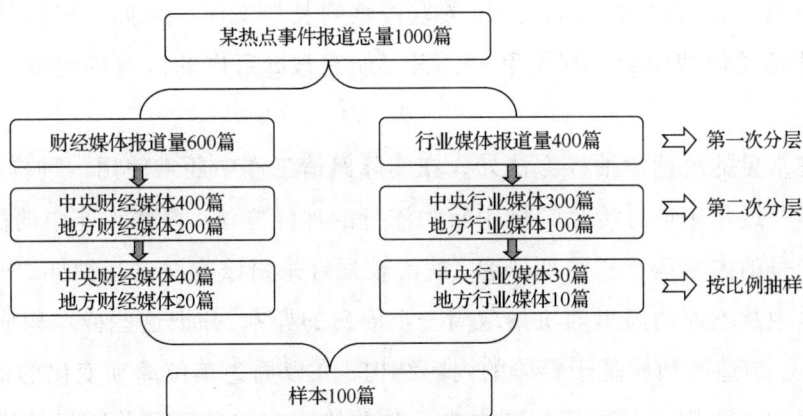

图 3-3 | 分层抽样示例

（4）整群抽样

在实际工作中的某些情况下，我们无法获得完整的抽样框，避免这一问题的办法之一就是采用整群抽样方法。整群抽样是先将总体分为若干互不重叠的群，然后在所有的群中，随机地抽取一部分，对抽中的这些群内的所有单元进行调查。

为了减少抽样误差，提高抽样精度，在抽样时，要尽量缩小群之间的差异，增加群数。整群抽样方法，要求群内各单位具有较高的异质性，但群之间应差异较小。

（5）方便抽样

方便抽样又称任意抽样，由舆情分析师及舆情工作者按最方便的途径来选择样本，实施起来节省时间精力，较为快捷。但抽样的误差大，结构的可靠性差，价值有限。

（6）判断抽样

判断抽样又称作目的抽样，舆情分析师及舆情工作者根据自己的经验和判断，从研究对象中选取最适于研究的样本。判断抽样选取的样本常常是比较典型的。该方法一般适合于样本较小的情况。

（7）配额抽样

配额抽样与分层抽样对应，实质上是一种分层判断抽样，即先依据一定标准规定各群体的样本配额，然后由舆情分析师及舆情工作者主观抽取配额内群体的样本。

（8）滚雪球抽样

在研究对象总体难以找到时，适合采用滚雪球抽样。该方法的抽样程序是先搜集目标对象少数单位的资料，然后再根据这些资料找出其他目标对象。例如，在关于某舆情事件的网络公开信息极少的情况下，可根据已掌握的一篇文章，重新设定更多搜索信息点，放大搜索范围，通过关联搜索到其他文章。再如，根据某一微博用户所发事件相关微博中@的其他用户，很可能在被@用户的微博中也能搜集到事件相关信息。

除上述常见的统计学抽样方法外，在实际舆情工作中还常使用一种构造周抽样。构造周抽样是近年来信息传播领域中较为流行的抽样方法，舆情工作中的微博、微信等新媒体账号的内容运营长周期研究，就比较适合采用该方法进行抽样。构造周抽样是指在总体中从不同的周里随机抽取周一至周日的样本，并把这些样本构成"一个周"（即构造周）。构造周抽样基于媒体的内容结构，在以周为单位周期变化的前提下，通过在不同周中抽取周一至周日的样本来反映总体，它避免了简单随机抽样中产生的"周期性偏差"，同时考虑了时间因素。有关的研究成果表明，一年抽取两个构造周的样本便能可靠地反映总体。

例如，研究某大型央企官方微信公众号 2020 年上半年的内容运营情况，上半年共 26 周，可抽取一个构造周作为研究样本。26 不能被 7 均分，因此，可以在前 20 周中抽取周一至周五，即从每 4 周中，随机依次抽取周一至周五的样本；在剩余 6 周中抽取周六和周日，即从每 3 周中随机依次抽取周六和周日。依此，构造出一个完整的"周"样本。

4．确定样本量的方法

（1）计算样本量的几个相关要素

样本量的计算，与总体规模、抽样误差、置信度、置信区间等相关，了解这些概念，可以帮助我们理解样本量计算的逻辑。

样本量与总体规模有关，通常的观点是总体规模越大，样本量越大，这样才能保证一定的精确度。

抽样误差是指样本统计值与被推断的总体参数出现的偏差。

置信度，即样本统计值的精确度，指的是样本统计值落在参数值某一正负区间内的概率。例如，置信度为 95%，表示抽样调查的结果反映总体情况的可信度为 95%。

置信区间是在一定的置信度下，统计值与参数值之间的误差范围，它反映抽样的精确程度。在其他条件一定的情况下，置信区间越小，则样本统计值与总体参数值之间的误差范围就越小。

置信度和置信区间是说明样本量与抽样的可靠性及精确性之间关系的两个概念。在其他条件不变的情况下，置信度越高，所要求的样本量越大，如99%的置信度所要求的样本量比95%的置信度所要求的样本量要大；在其他条件不变的情况下，置信区间越小，所要求的样本量越小。

（2）样本量公式的简化推导

随机抽样的样本量是根据抽样精度计算的，计算公式如下：

$$n = \frac{t^2 PQ / d^2}{1 + (1 / N)(t^2 PQ / d^2 - 1)}$$ （式1）

式中，n为样本量；t为概率度，即标准正态数值表中的t值；d为允许的最大抽样误差；P、Q为概率值，表示某一事件的两种可能性，P、Q相加等于1；N为总体规模。

当研究对象的总体规模N趋向于无穷大时，式1可简化为：

$$n = t^2 PQ / d^2$$ （式2）

根据式2，当$P=Q=0.5$时，样本量最大，因此样本量计算可最终简化为由置信度和允许最大抽样误差两个要素决定的公式：

$$n = t^2 / 4d^2$$ （式3）

根据标准正态数值表，当置信度为90%，置信水平为0.1时，t值为1.65；当置信度为95%，置信水平为0.05时，t值为1.96；当置信度为99%，置信水平为0.01时，t值为2.576。

例如，对新中国成立以来与北京相关的报道进行研究，采用简单随机抽样，新中国成立以来涉及北京的报道数量庞大，因此采用式3计算需要抽取的样本量。如果设定允许的最大抽样误差为5%，置信度90%，对应的t值为1.65，则可以计算出需要抽取的样本量为272.25篇，因此选取272篇报道进行分析研究即可；如果设定允许的最大抽样误差为3%，置信度95%，对应的t值为1.96，则可以计算出需要抽取的样本量为1 067.11篇，因此选取1 067篇报道进行分析研究即可；如果设定允许的最大抽样误差为2%，置信度99%，对应的t值为2.576，则可以计算出需要抽取的样本量为4 147.36篇，因此选取4 147篇报道进行分析研究。

（二）舆情数据的技术抓取法

近年来，随着大数据时代的到来，越来越多的舆情机构着力开发自主的舆情监测技术平台，以期实现海量舆情数据的挖掘和运用。以人民网舆情数据中心为例，其开发的人民在线综合管理系统、人民在线网络舆情监测平台、众云大数据平台等一系列技术平台，具有舆情信息抓取、预警、分析等多项功能；同时，还可为客户开发个性化舆情监测技术平台，以满足其个性化需求。

1. 人民在线综合管理系统

人民在线综合管理系统（见图 3-4）不仅具有基本的定时和关键词的全网舆情信息搜索功能，还能实现热点舆情信息统计、舆情传播趋势分析、舆情传播渠道分布、热点媒体排行、网民评论抓取等。此外，该系统还可将舆情数据生成可视化分析图，如图 3-5 所示。

图 3-4 ｜ 人民在线综合管理系统登录页

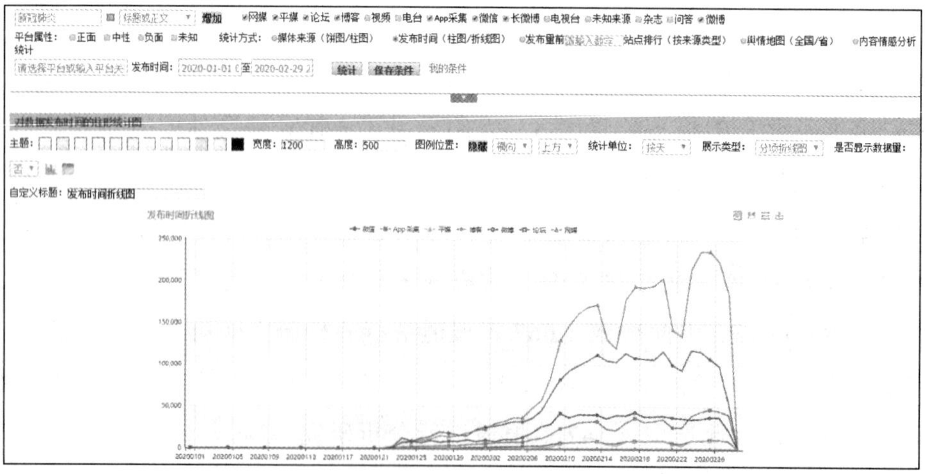

图 3-5 ｜ 人民在线综合管理系统可视化分析图

2．人民在线网络舆情监测平台

人民网舆情数据中心自主研发了集网上时政信息、社会热点、网民言论、地方舆情、行业舆情、外媒报道等于一体的大型综合网络舆情信息平台——人民在线网络舆情监测平台，如图3-6所示。该平台全面分析网络舆情传播规律，及时、准确、全面地监测新闻媒体、App、微博、微信、论坛、博客、问答等平台，并在此基础上结合不同客户的个性化需求，进行数据的抽取、挖掘、聚类和分析等数据整合，为平台使用者及时提供直观、全面的舆情信息；即时梳理网络热点事件、言论和观点，方便平台使用者迅速获取舆情，提高其舆论引导的水平。

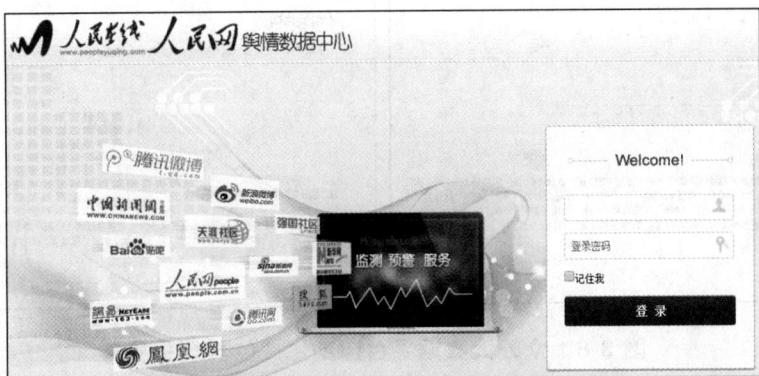

图 3-6 | 人民在线网络舆情监测平台登录页

3．众云大数据平台

众云大数据平台是人民网舆情数据中心以多年舆情服务工作经验为基础,打造的一款集监测、预警、分析等功能于一体的自助式开放大数据工具型平台，如图3-7所示。其全网信息收集与舆情监测、竞品动态对比、行业情报采集分析、自动生成舆情报告等几十种功能模块，可以帮助平台使用者实现数据驱动，快速应对负面舆论，提高信息监管能力，增加品牌竞争力，塑造公信力及良好形象，自动生成的舆情报告如图3-8所示。

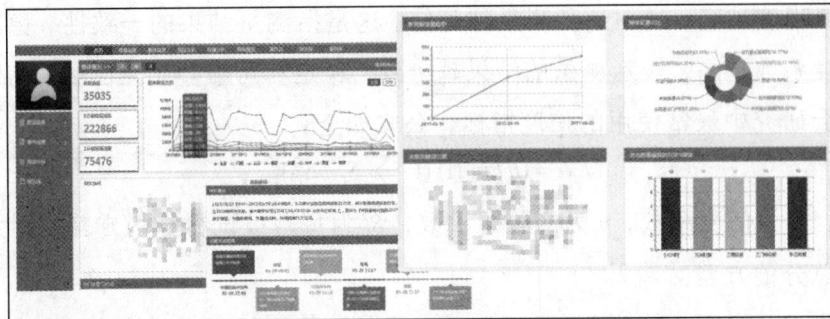

图 3-7 | 众云大数据平台页面

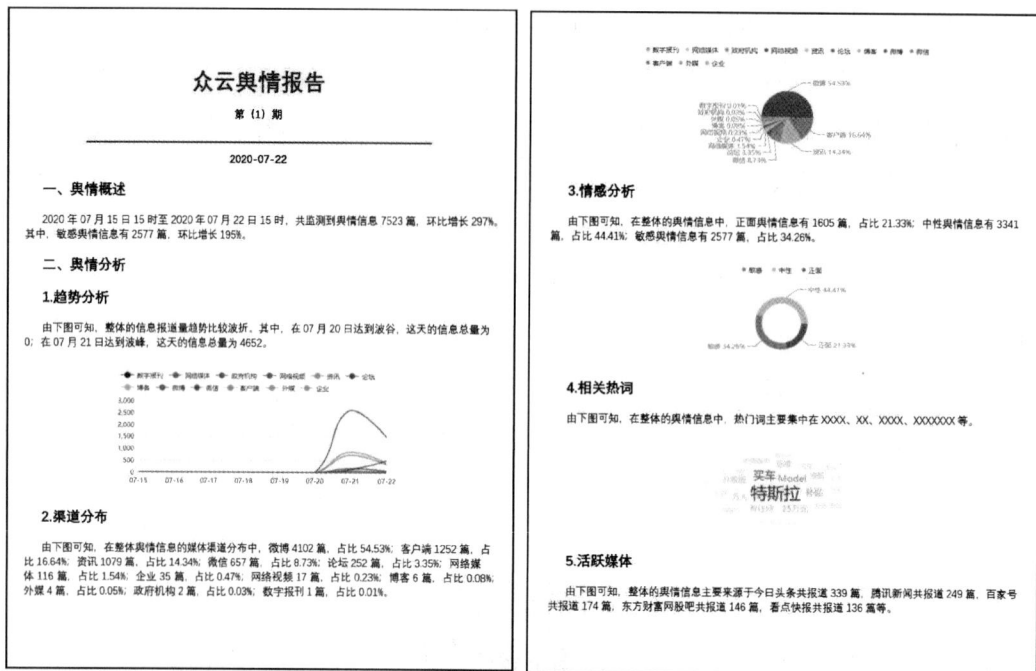

图 3-8 ｜ 众云大数据平台自动生成的舆情报告

二、认识舆情数据

（一）数据的信度与效度

在对传播现象进行测量时,研究者对测量质量的评估主要以测量的信度和效度两项技术指标作为依据。在舆情数据分析中,可结合这两项要求对数据进行判断和清洗,从而遴选出有价值的舆情数据。

1. 信度

信度是指采用相同的研究技术重复测量同一对象或相似对象,所得到结果的相似程度。相似程度越高,说明这种测量越可信。这是指测量结果的一致性、稳定性或可靠性,信度系数越高,表示测量的结果越一致、稳定和可靠。克隆巴赫（信度）系数是目前社会研究中最常使用的信度指标,公式如下:

$$\alpha = (n/n-1)(1-\sum S_i^2/S_t^2) \tag{式4}$$

式中, α 为信度系数, n 为测验题目数, S_i^2 为每题被试得分的方差, S_t^2 为所有题被试所得总分的方差。

一般来说,信度系数越高,表示测量工具的可信度越高。在基础研究中,信度至少应达到 0.80 才可接受；在探索性研究中，信度只要达到 0.70 就可以接受，达到 0.70～0.98 均属于高信度，而低于 0.35 则为低信度，必须予以拒绝。

2．效度

效度即有效度或准确度，是指测量工具或测量手段能够准确测出所要测量对象的程度，也指能够准确、真实地度量事物属性的程度。效度越高，表示测量结果越能显示出所要测量对象的真正特征。

信度和效度是有效的测验工具必须具备的两项主要条件。信度和效度之间存在一定的关系：信度是效度的必要条件，但不是充分条件。因此，两者的关系如下。

❖ 信度低，效度不可能高。因为测量的数据如果不准确，就不能有效地说明所研究的对象。

❖ 信度高，效度也未必高。

❖ 效度低，信度有可能高。

❖ 效度高，信度通常也高。

在舆情工作中，信度和效度的应用场景很多。例如，在抽取网民评论观点时，可分几次采用不同方法，如果所得结果近似，说明所抽取的舆情研究数据较为可靠；如果几次结果相差很大，则说明所抽取的数据存在问题，不可采用。再如，在借助大数据平台抓取关于某事件的信息时，可同时设置多组关键词分别搜索抓取，保障所得数据可信。在保障数据效度的基础上，还要剔除数据中的无用信息、干扰信息，使最后用于分析的舆情数据具有较高的准确度。

（二）数据的分类

在社会研究中，一般将数据分为定类数据、定序数据、定距数据、定比数据，如表 3-1 所示。了解数据的分类、掌握每类数据的功能和特点，能够帮助我们更清晰地使用数据、分析数据。

表 3-1　数据的分类

分类	描述	应用举例
定类数据	用数字识别物体、个人、事件或群体	归类
定序数据	除识别外，可判断大小	排序或打分
定距数据	除分类排序外，可判断相邻点的距离	温度、智商、气压测量
定比数据	除上述特点外，还有绝对零点	可精确测量

1. 定类数据

定类数据是由定类尺度计量形成的数据，是最低级别的数据，表示事物在属性类别上的不同。定类数据中的数字仅用于判断类别，无实际意义，不能排序，不能进行四则运算。

例如，舆情主要传播渠道分为网络媒体、报纸、App、微信、微博、论坛、博客，分别编码为"1、2、3、4、5、6、7"。这里的"1、2、3、4、5、6、7"仅为分类，不能用来排序和计算。

2. 定序数据

定序数据中的取值可按照某种逻辑顺序将研究对象排列出等级，其数字不能进行四则运算。例如，舆情研究中的媒体层级可简单划分为地方媒体、中央媒体，分别编码为"1、2"；再如对舆论认同度的划分，依次为非常认同、比较认同、一般、不太认同、非常不认同，分别编码为"5、4、3、2、1"。上述媒体层级"1、2"和舆论认同度"5、4、3、2、1"，均具备顺序意义，不能用来计算。

3. 定距数据

定距数据的层次较为高级，它不仅可以将社会现象或事物分为不同类别、不同等级，还可以确定它们不同等级之间的间隔距离和数量差别。定距数据可以进行加减运算，但不能进行乘除运算，其 0 值不代表没有。例如，温度数据的 0℃ 并不代表没有的意思。此类数据在舆情研究中较为少见。

4. 定比数据

定比数据是最高层次的数据，与定距层次相比，它具有一个绝对的零点，即 0 值代表没有，四类数据的数学特征如表 3-2 所示。定比数据可以进行四则运算。例如，关于某事件微信渠道的信息量是 100 条，微博渠道的信息量是 50 条，那么可以简单计算出关于某事件微信渠道的信息量是微博的两倍。

表 3-2　四类数据的数学特征

区分	定类数据	定序数据	定距数据	定比数据
类别区分（=，≠）	√	√	√	√
次序区分（>，<）		√	√	√
距离区分（+，−）			√	√
比例区分（×，÷）				√

一般而言，数据等级越高，其应用范围越广；数据等级越低，其应用范围越

窄。不同级别的数据，分析方法也不同。高级数据兼具低级数据的功能，但低级数据不具备高级数据的功能。在舆情研究中，定类数据、定序数据、定比数据都较为常见。

（三）数据的集中与离散趋势

集中趋势是指一组数据向某一中心靠拢的程度，它反映了一组数据中心点的位置。在舆情数据分析中，用来表现集中趋势的指标主要有平均数、中位数、众数等。离散趋势是各个取值之间的差异程度。描述一组数据离散趋势的常用指标有极差、四分位数间距、方差、标准差、变异系数等。

如果两组数据的平均数相同，但一组数据的分布比较集中，差异较小，则其平均数的代表性较好；另一组数据的分布比较分散，差异较大，则其平均数的代表性就较差。结合集中和离散趋势，我们可以更全面地把握一组舆情数据，研究其背后反映的问题。

三、舆情数据分析

在舆情研究过程中，数据关系一般可分为大小比较关系、趋势变化关系、占比构成关系、相关关系等。通常情况下，舆情数据的大小比较关系、趋势变化关系和占比构成关系可以直接通过表格、图形来展示，能够清晰、直观地反映舆情状况、特征，如表3-3所示。舆情数据的相关关系，则需通过统计学的相关方法进行计算和验证，并配以表格、图形进行分析。此外，有时也会使用图示来说明和呈现舆情态势，例如事件发展过程等。在舆情数据分析中，舆情工作者需要先判定舆情数据所属关系类型，再确定选用哪种图表和分析模型，如表3-4所示。

（一）比较分析

通过对不同对象的舆情数据进行比较分析，我们可以找到舆情工作的重点、难点。舆情数据比较分析的常见维度包括传播渠道、媒体报道量、不同对象关注度、地区舆情热度、热词等。

1．传播渠道信息量比较

在分析某一舆情事件/话题时，可以通过比较网络媒体、报刊、微博、微信、App（客户端）、论坛、博客、问答等不同传播渠道的舆情信息量，以判断舆情信息的主要传播渠道，从而为负面舆情事件回应以及正面舆论宣传的渠道选择提供一定的参考。传播渠道信息量比较分析多以柱形图、条形图、雷达图等图表来呈现，图3-9所示为长征五号B运载火箭发射成功各渠道信息量的柱形图。

表 3-3　图表、表格和图示比较

类型	图形	表格	图示
图例	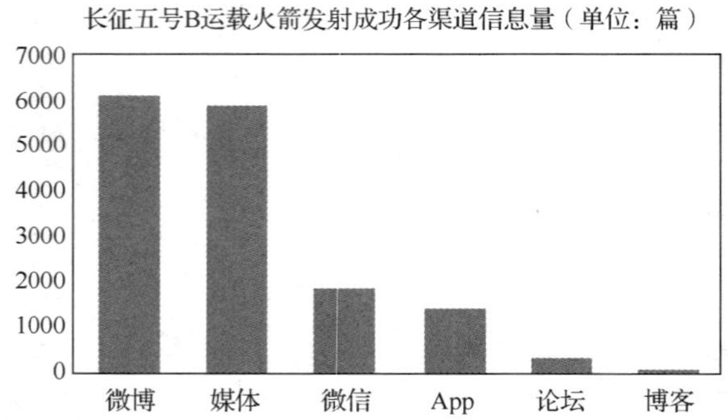	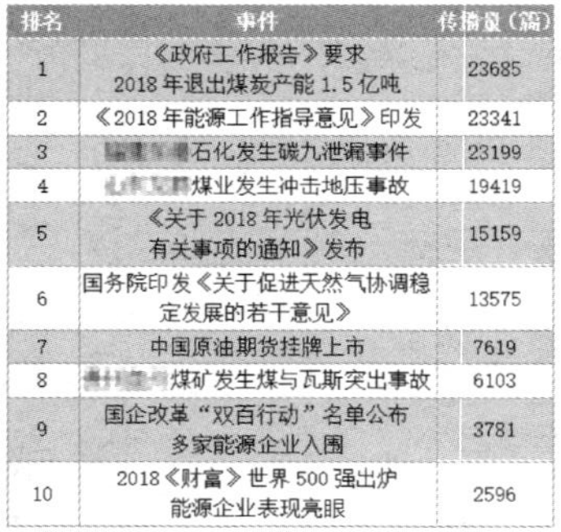	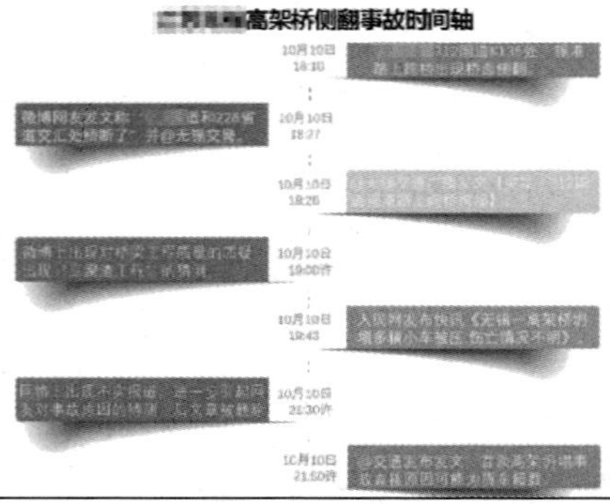
基本定义	图形化方式呈现数据	由行和列组成的二维平面	由各种形状组合在一起，形成一种特定关系的结构
适用场合	需呈现整体数据的样貌	需精确表达每个数据；可保存无大小关系的数据，并分析有大小关系的数据	直观展示文本概念关系
特性	易于看出数据的整体趋势与差异值	适合细部数据的单个比较	较为灵活

长征五号B运载火箭发射成功各渠道信息量（单位：篇）
7000
6000
5000
4000
3000
2000
1000
0
微博
媒体
微信
App
论坛
博客

排名	事件	传播量（篇）
1	《政府工作报告》要求 2018 年退出煤炭产能 1.5 亿吨	23685
2	《2018 年能源工作指导意见》印发	23341
3	[illegible]石化发生碳九泄漏事件	23199
4	[illegible]煤业发生冲击地压事故	19419
5	《关于 2018 年光伏发电有关事项的通知》发布	15159
6	国务院印发《关于促进天然气协调稳定发展的若干意见》	13575
7	中国原油期货挂牌上市	7619
8	[illegible]煤矿发生煤与瓦斯突出事故	6103
9	国企改革“双百行动”名单公布 多家能源企业入围	3781
10	2018《财富》世界 500 强出炉 能源企业表现亮眼	2596

高架桥侧翻事故时间轴

表 3-4　舆情数据关系、应用场景及适用图表类型

数据关系	应用场景	适用类型
大小比较关系	不同传播渠道信息量比较； 不同类型媒体信息量比较； 事件/话题关注度比较； 不同地区舆情热度比较； 热词盘点等	柱形图、条形图、雷达图、地图、词云图、表格等
趋势变化关系	不同时段事件/话题的信息量变化趋势	折线图、面积图、柱形图等
占比构成关系	事件/话题相关信息的倾向性分析； 网民观点类型分析； 传播渠道类型分析； 媒体类型分析； 传播议题类型分析等	饼图、圆环图、南丁格尔玫瑰图、条形图、柱形图等
相关关系	舆情危机应对效果分析； 传播效果评估分析等	散点图、折线图、气泡图等

长征五号B运载火箭发射成功各渠道信息量（单位：篇）

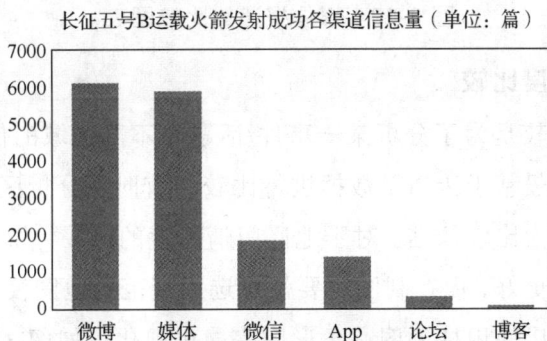

图 3-9｜传播渠道信息量比较柱形图

2. 媒体报道量比较

媒体报道量比较是对传播渠道信息量比较的细分分析维度，是指对不同类型媒体、不同层级媒体或不同媒体关于同一事件/话题的报道量进行比较。媒体报道量比较分析的可视化图表多为柱形图、条形图、雷达图等，如图 3-10 所示。

3. 不同对象关注度比较

不同对象关注度比较是指不同热点事件、不同话题、不同机构、不同企业、不同产品等对象之间舆论关注情况的比较。这类比较数据可采用直观的信息数据，也可以是在信息量基础上计算的关注度指数、热度指数等。不同对象关注度比较可通过柱形图、条形图、雷达图等图表呈现，也可以借助排行榜等表格加以呈现。

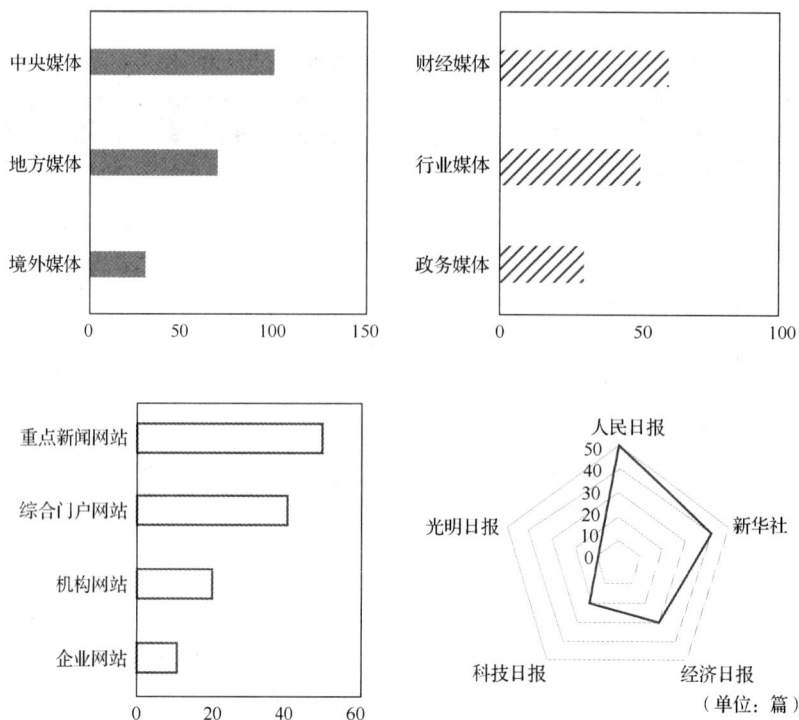

图 3-10 | 媒体报道量比较图表

4. 地区舆情热度比较

地区舆情热度比较是为了分析某一事件/话题在不同区域的传播情况、关注情况进行的分析方式，一般基于传播量数据进行比较，有时在分析区域负面舆情压力时，也会使用事件数量作为比较依据。对于地区舆情热度的比较，如果涉及地区广泛，地图类图表可视化效果更好，但在制图时要注意选用规范的地图模板；如果进行比较的地区数量不多，也可以使用柱形图、条形图完成可视化，如图 3-11 所示。

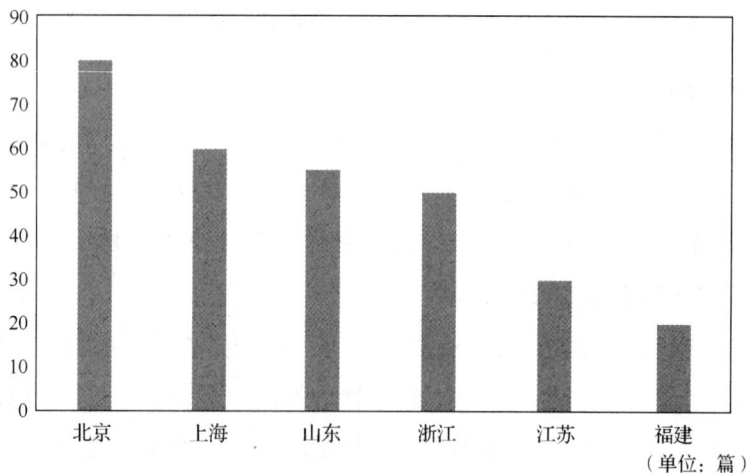

图 3-11 | 地区舆情热度比较柱形图

5．热词盘点

传播热词多用来反映舆论对于特定事件/话题的延伸关注内容，或者用来呈现特定时期、特定领域中舆论关注的热点内容。热词盘点可通过两种方法实现，一种是舆情工作者有数个确定的词汇，依据这些词汇的相关信息量区分热度；另一种是舆情工作者初步选定热门报道、文章、评论等作为分析文本，借助词频分析软件，计算出高频词。热词盘点多以词云图形式呈现，如图3-12所示，有时也会使用条形图和表格等。

图 3-12 │ 词云图

（二）趋势分析

舆情数据的趋势分析，通常以时间作为维度，分析信息量的变化情况，反映舆情发展态势。这是舆情监测非常重要的工作内容和舆情研判的参考依据。

1．信息量传播走势

信息量传播走势，可以理解为在特定时段内各传播渠道中关于某一事件、话题、对象等的信息量随时间推移而发生的变化情况。观察的时间周期可以为时、日、周、月、季、年等，视监测周期的长短而定。通常情况下，月、季、年更利于观察宏观态势，时、日、周更便于反映微观变化，如图3-13和图3-14所示。在舆情分析中，可以将几个传播渠道的信息量同时呈现在一幅图中，分别观察不同渠道的信息量变化；

也可以先对多个传播渠道的信息量进行加和，在图表中呈现整体的信息量变化。一般多采用折线图、柱形图、面积图等呈现信息量传播走势。

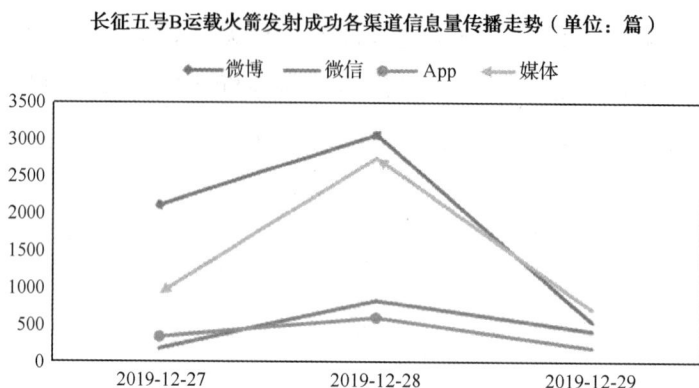

长征五号B运载火箭发射成功各渠道信息量传播走势（单位：篇）

图 3-13 | 信息量按日传播走势图

长征五号B运载火箭发射成功各渠道信息量传播走势（单位：篇）

图 3-14 | 信息量分时传播走势图

2．情绪变化趋势

情绪变化趋势是对信息量传播走势分析的细化，按照情绪倾向将信息分为正面、中性、负面三类；可同时观察三类信息在同一时段内的变化情况，也可以单独分析某类信息在特定时段内的变化情况。此外，通过对信息量数据的进一步计算，还可以呈现正面率、负面率等随时间变化的情况。情绪变化趋势多采用折线图、柱形图、面积图等可视化方式。

（三）结构分析

舆情数据的结构分析是指观察和比较舆情数据的部分与整体、部分与部分之间的关系。这一分析方法多用来分析舆情议题构成、网民观点构成、传播渠道构成和传播媒体构成等。

1．舆情议题构成

舆情工作者对舆情传播内容按照议题类型加以分析，可以更为清晰地观察舆论关切点。尤其是在常态化、周期性报告中，分析比较正面舆情议题类型，对于明确舆论宣传工作的发力方向有一定参考价值；分析比较负面舆情议题类型，便于发现舆情应对的压力面，抓住主要矛盾。对于舆情议题构成的可视化，多通过饼图、圆环图等方式实现，一般议题类型不超过 10 项，如图 3-15 所示。

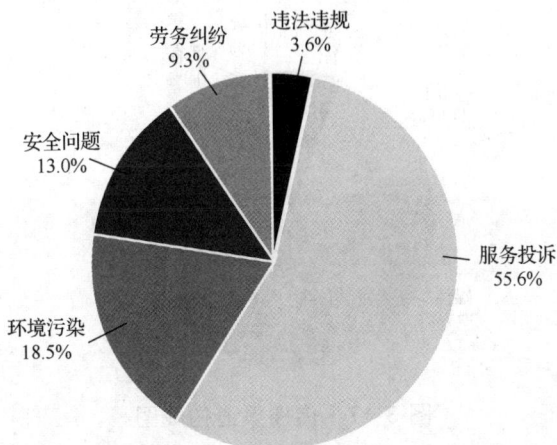

图 3-15 | 舆情议题构成饼图

2．网民观点构成

通过分析网民观点，舆情工作者可以更为清晰地观察舆论意见构成、掌握舆论诉求，尤其是对于负面舆情回应、处置，更便于找准核心关切、找到处置"抓手"。对于网民观点构成的可视化一般通过饼图、圆环图等方式实现，如果观点类型较多，可使用复合饼图、复合条饼图，如图 3-16 所示，有时也使用词云图呈现网民观点。

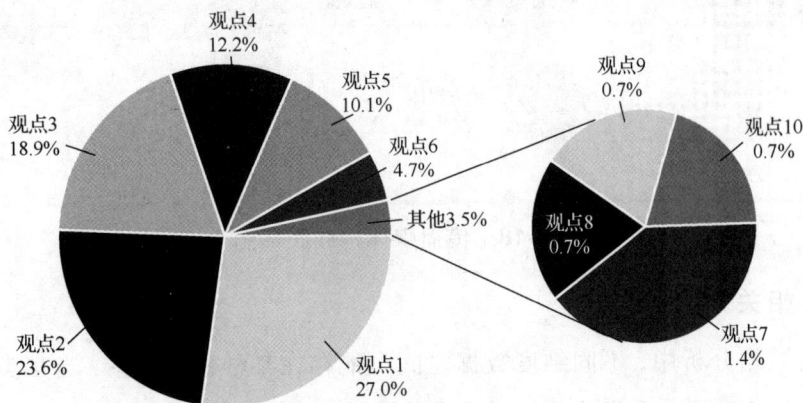

图 3-16 | 网民观点构成复合饼图

3. 传播渠道构成

传播渠道构成分析可以与比较分析中的传播渠道信息量比较配合使用,传播渠道信息量比较侧重关注每个渠道的信息量多少,传播渠道构成分析侧重于关注每个渠道信息量在总体信息量中的占比情况。传播渠道信息量比较往往通过柱形图、条形图呈现,而传播渠道构成分析则多使用饼图、圆环图等,如图 3-17 所示。

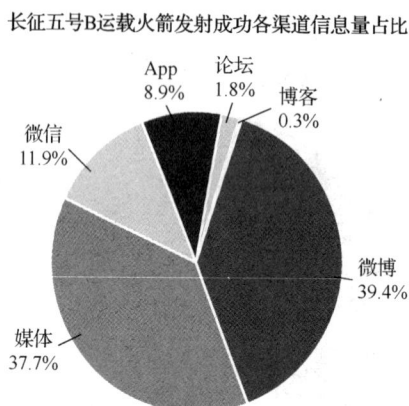

图 3-17 | 传播渠道构成图

4. 传播媒体构成

传播媒体构成常见的分析维度包括媒体类型、媒体性质,在信息量的基础上计算出不同媒体信息量所占总量的比重,如图 3-18 所示。

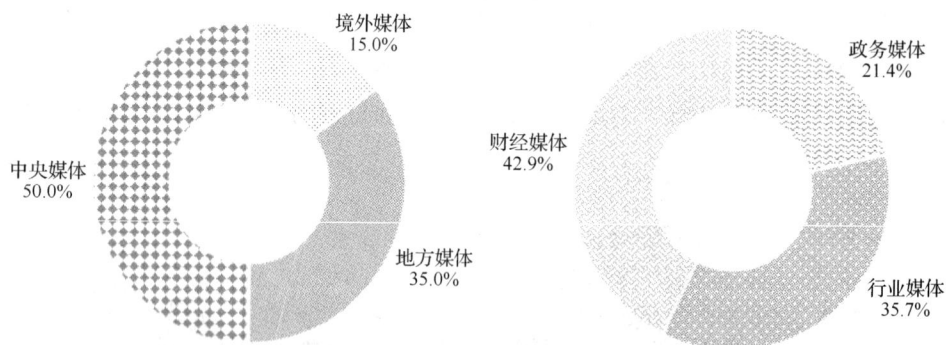

图 3-18 | 传播媒体构成圆环图

(四)相关分析

在舆情数据分析中,不同维度数据之间可能存在某种影响关系,当某类数据变化时,其他相关的数据也会发生相应的变化。统计学中将此种关系称为相关关系,其分类方式和种类大致如图 3-19 所示。

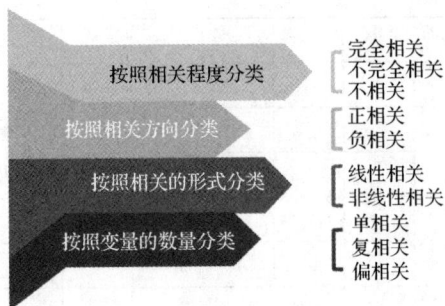

图 3-19 │ 相关关系分类方式和种类

在对舆情数据进行相关性分析时,可借助图表观察数据之间的变化和趋势,直观、简单地判定数据之间的相关性;更为严谨、科学的方式是利用统计分析方法进行相关性验证,明确数据之间的影响关系和密切程度。其中,简单线性相关分析可以看到两组数据间的相关性;回归分析则可对相关关系进一步提炼,从而生成模型,可用于趋势预测;信息熵及互信息可以对文本类特征之间的相关性进行度量。

1. 图表趋势观察

图表相关分析是将数据进行可视化处理,即绘制图表。在分析数据时,如果单纯从数据的角度观察规律,一般难以发现其中的趋势和联系;将数据绘制成图表,更利于观察数据的分布规律和趋势联系。

（1）散点图

一般来说,一幅关系图表中比较的数据最好不超过三组。在图表的选择上,如果需要对比观察两组数据的关系,可以借助散点图判断数据之间是否存在相关关系及关系的紧密程度,如果散点图的点呈现从左下角到右上角的形态分布,即一组舆情数据的值由小变大时,另一组舆情数据的值也近似地由小变大,则说明两组数据存在一定程度的正相关关系;如果散点图的点呈现从左上角到右下角的形态分布,即一组舆情数据的值由小变大时,另一组舆情数据的值近似地由大变小,说明两组数据存在一定程度的负相关关系。正相关关系散点图如图 3-20 所示,负相关关系散点图如图 3-21 所示。

图 3-20 中,X 轴为热点舆情事件应对效果指数,Y 轴为处置技巧指数。当处置技巧指数增大时,应对效果指数相应增大,二者存在一定的正相关关系。

图 3-21 中,X 轴为热点舆情事件应对中的信息不透明指数,Y 轴为应对效果指数。当信息不透明指数增大时,应对效果指数相应减小,二者存在一定的负相关关系。

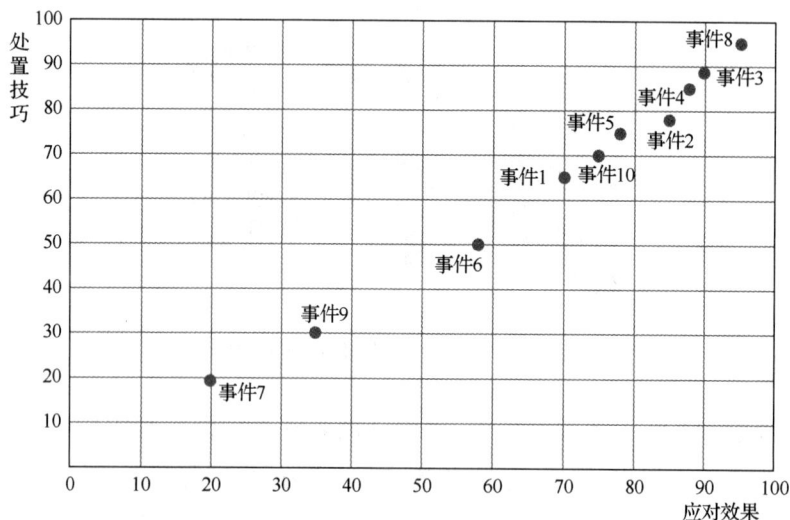

图 3-20｜正相关关系散点图

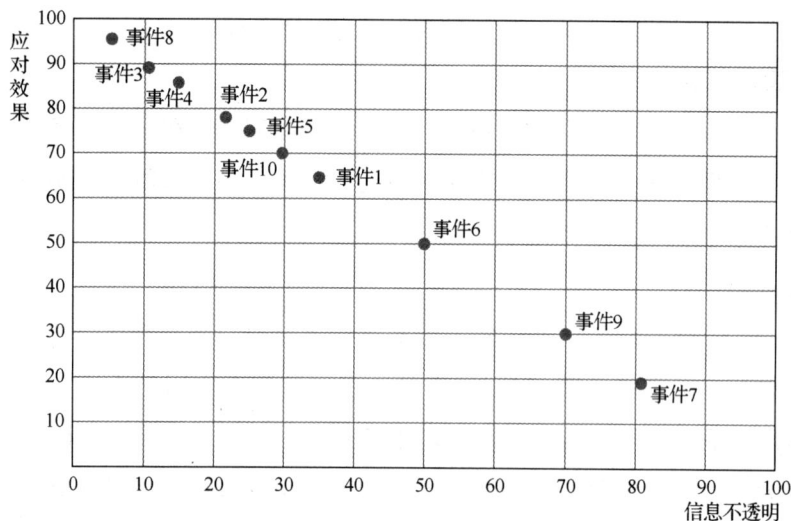

图 3-21｜负相关关系散点图

（2）折线图

对于包含明显时间维度的两组舆情数据,也可以借助折线图来观察不同维度数据之间的联系。如果两组舆情数据的折线图走势一致,则反映两组数据存在一定程度的正相关关系;如果两组舆情数据的折线图走势相反,则反映两组数据存在一定程度的负相关关系,如图 3-22 所示。

图 3-22 中,当负面信息量攀升时,舆论友好度呈下降趋势;当负面信息量回落时,舆论友好度则呈现高涨态势。因此,可以简单判断得出,负面信息量和舆论友好度这两组数据呈现一定的负相关关系。

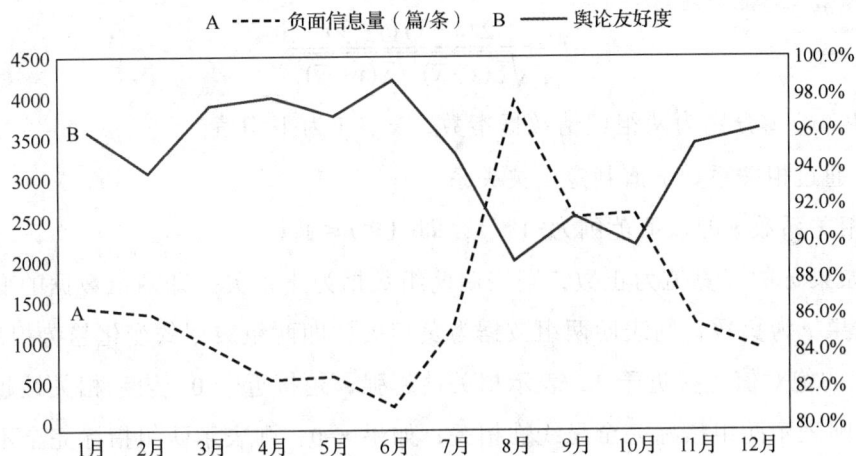

A ┈┈ 负面信息量（篇/条）　　B ── 舆论友好度

图 3-22｜负相关关系折线图

（3）气泡图

如果需要对比观察三组数据的关系，可以选择气泡图，借助气泡大小来判断该组数据对另一组数据的影响。

图 3-23 中，X 轴为应对效果指数，Y 轴为处置技巧指数，气泡的体积为信息不透明指数。通过一幅图，我们可以同时观察热点舆情事件处置技巧指数和信息不透明指数分别对应对效果指数产生的影响。

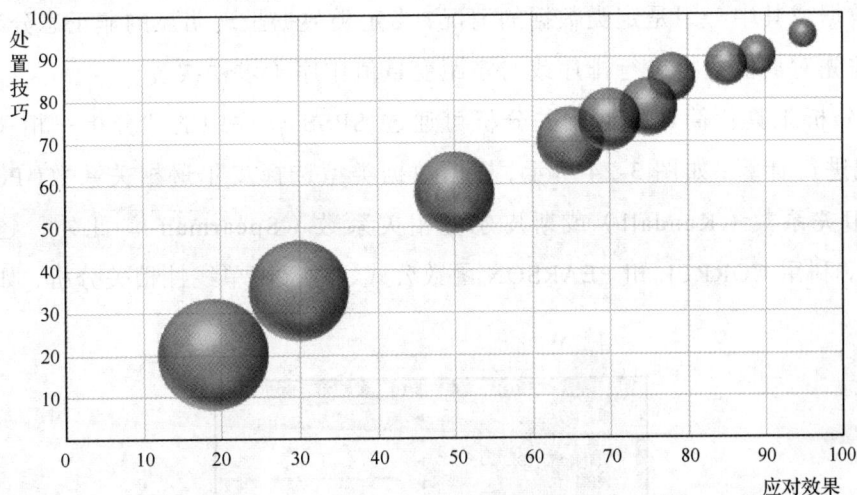

图 3-23｜相关关系气泡图

2. 简单线性相关分析

简单线性相关分析，用以研究两组舆情数据之间线性关系的密切程度和相关方向。线性相关程度，用相关系数 r 来描述，计算公式如下：

$$r = \frac{\sum(x-\bar{x})(y-\bar{y})}{\sqrt{\sum(x-\bar{x})^2 \cdot \sum(y-\bar{y})^2}}$$

（式5）

式中，x，y分别为两组舆情数据指数，$\bar{x}$、$\bar{y}$为平均值。

（1）通过相关系数 r 值判定相关关系

① 相关系数 r 的取值范围为 $-1\sim 1$，即 $-1\leqslant r\leqslant 1$。

② 如果 r 的计算值为正数，则表明两组数据为正相关，即两组数据的变化趋势一致；如果 r 为负数，则表明两组数据为负相关，即两组数据的变化趋势相反。

③ r 的绝对值越接近于 1，表示相关性越强；越接近于 0，表示相关性越弱。如果 $|r|=1$，则表示两组指标完全呈线性相关；如果 $r=0$，则表示两组指标完全不存在线性相关。

④ 判断两组数据线性相关密切程度的具体标准如下：

❖ 微弱相关：$0\leqslant|r|<0.3$；

❖ 低度相关：$0.3\leqslant|r|<0.5$；

❖ 显著相关：$0.5\leqslant|r|<0.8$；

❖ 高度相关：$0.8\leqslant|r|<1$。

⑤ 根据数据类型的不同，r 的计算方式也有所区别。皮尔逊相关系数适用于对连续定距数据进行计算；斯皮尔曼相关系数、肯德尔相关系数适合用于两组数据都属于定类数据或其中一组是定类数据的情况，当定类数据呈现明显的非正态分布时，在计算前需先对离散数据进行排序或对定距变量值排序（求秩次）。

⑥ 分析工具：简单线性相关分析可通过 SPSS 软件中的"分析—相关—双变量"功能进行计算，如图3-24所示，根据数据类型选择皮尔逊相关系数（Pearson）、肯德尔相关系数（Kendall）或斯皮尔曼相关系数（Spearman）。此外，还可以在 Excel 中，利用 CORREL 和 PEARSON 函数公式，进行简单线性相关分析，如图3-25所示。

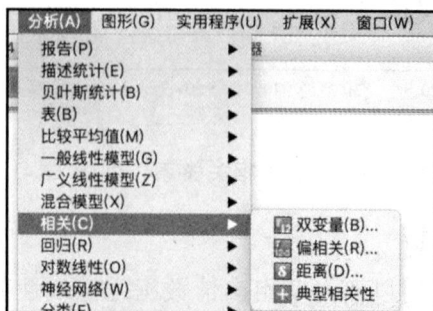

图 3-24 | SPSS 软件简单线性相关分析功能窗口

C2		@ _fx_ =PEARSON(A2:A7, B2:B7)	
	A	B	C
1	舆论宣传中参与报道的媒体数量（家）	信息传播量（篇）	Pearson相关系数
2	20	100	
3	15	80	
4	12	75	0.987561883
5	10	70	
6	8	65	
7	5	50	

图 3-25 | 使用 Excel 中的 PEARSON 函数公式进行简单线性相关分析

（2）相关系数 r 的检验

判定相关关系是否密切时,要把样本量大小与相关系数取值大小综合起来进行考虑。如果样本量较小时，受取样偶然因素的影响较大，很可能本来无关的两类事物，却计算出较大的相关系数,一般要经过统计检验方能确定变量之间是否存在显著的相关关系。另外，若两组数据是非线性相关关系，用简单线性相关计算出的 r 值可能很小，但不能说两个变量关系不密切。

除了易操作的图表相关分析和简单线性相关分析，还可以通过回归分析对数据间的关系进行提炼和固化，形成模型，从而对数据进行科学预测。此外，还可通过信息熵及互信息，对文本类特征间的相关关系进行度量。上述几类方法对统计学、信息技术等专业知识的要求相对较高，目前在舆情数据分析中较少使用，在此不再赘述。

第四节　舆情数据分析的实际应用

一、常见的数据分析维度

舆情数据分析维度解析如图 3-26 所示。

（一）舆情数据比较分析维度的应用

1. 传播渠道信息量比较应用实例

在特定时段内，关于某一舆情事件或某一热点话题，在网络媒体、报刊、微博、微信、App（客户端）、论坛、博客、问答等各平台的信息传播量情况，是舆情研究中的常用分析指标。以 2018 年新能源领域"两微一端"流量池作用显著为例。

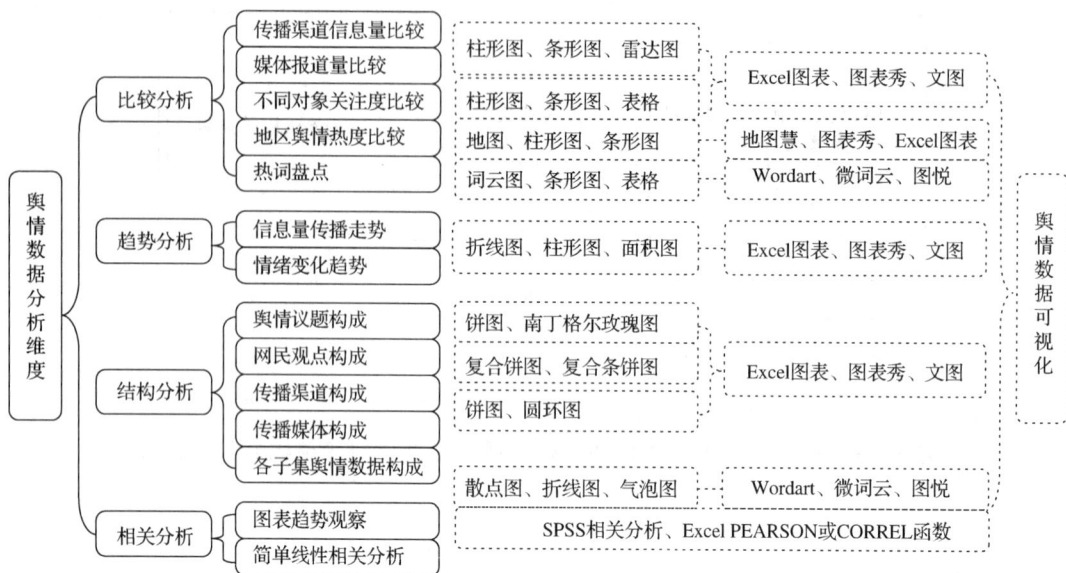

图 3-26 ｜舆情数据分析维度解析

【案例 2】2018 年新能源领域"两微一端"流量池作用显著（见图 3-27）

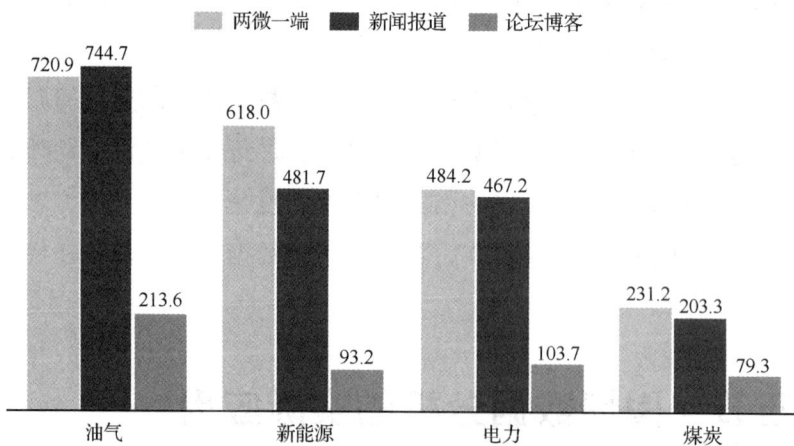

图 3-27 ｜2018 年能源舆情信息量传播渠道分布（单位：万篇/条）

【解读】就传播渠道来看，能源领域各细分行业舆情信息主要聚集于"两微一端"与新闻媒体中。值得注意的是，在新能源、电力与煤炭领域，"两微一端"流量池作用显著，相关信息量已超越新闻媒体，新能源行业"两微一端"与新闻媒体信息量差距尤为明显，一定程度上说明网民对新能源话题的关注欲望较强。

2. 媒体报道量比较应用实例

新闻媒体作为信息发布的主流渠道，对舆情传播发挥着重要作用。不同层级媒体、不同类型媒体就同一事件或话题所发布的信息量，往往会表现出一定差异。这些差异，成为总结分析舆情传播源特点的有效"抓手"。此外，媒体技术日新月异，微信、微博、短视频平台等新媒体已深入社会生活，成为舆情研究中值得特别注意的方面。以2018年涉"军人荣誉感"媒体报道量比较为例。

【案例3】2018年涉"军人荣誉感"媒体报道量比较（见图3-28～图3-32）

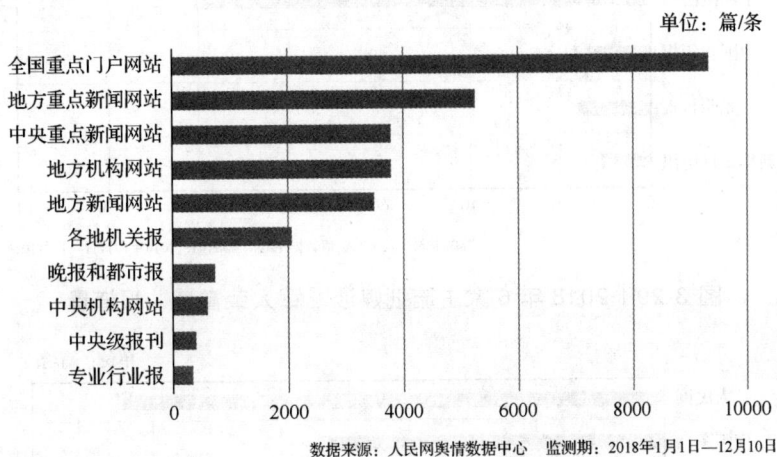

单位：篇/条

数据来源：人民网舆情数据中心　监测期：2018年1月1日—12月10日

图 3-28 | 2018 年涉"军人荣誉感"媒体报道量

【解读】依不同的媒体类型来看，新浪、网易等全国重点门户网站中"军人荣誉感"相关信息量最高，超过9 000篇；地方重点新闻网站相关报道量超过5 000篇；中央重点新闻网站、地方机构网站及地方新闻网站各自的报道量均接近4 000篇；各地机关报的新闻发稿量超过2 000篇。值得注意的是，中央级报刊共刊发约400篇报道，量级虽不高，但因其极具权威性，其舆论影响力也不容小觑。地方重点新闻网站、地方机构网站、地方新闻网站、各地机关报、晚报和都市报等地方渠道发稿量总数达1.5万余篇，传播声量庞大，内容也更凸显落地性。

本部分（见图3-29）选取军事类纸媒和中央级纸媒共计6家单位作为观察对象，其中，《解放军报》发稿量最多，为129篇；其次为《人民日报》，相关报道为109篇；《中国国防报》刊发相关新闻101篇。

本部分（见图3-30）选取军事类网媒和中央级网媒共计8家作为观察对象，其中，人民网发布的相关报道数量最多，为850篇；其次为中国军网，发稿量为541篇；新华网和中国新闻网也发布了较多相关文章，分别为237篇和222篇。

本部分（见图3-31）共选取了7家商业门户网站作为观察对象，其发文量呈阶梯状分布。其中，今日头条相关文章最多，达6 800余篇；搜狐网居次位，文章数量约为5 320篇；一点资讯网以2 648篇的发文量位列第三位。另外，新浪网、凤凰网发文量均超过1 000篇；网易网、腾讯网发文量为500篇左右。

单位：篇/条

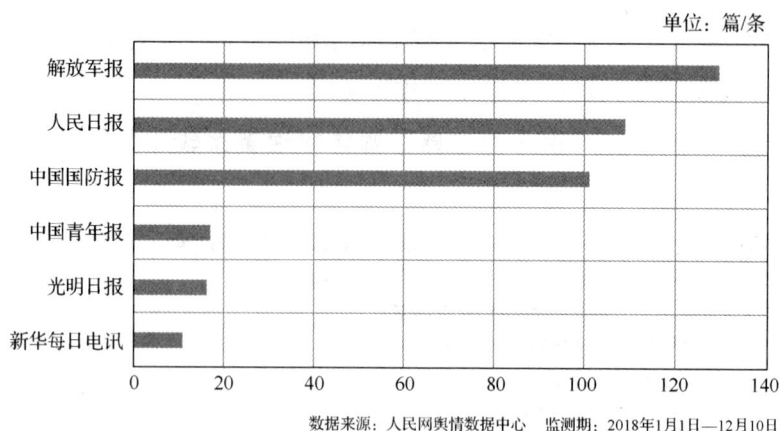

数据来源：人民网舆情数据中心　监测期：2018年1月1日—12月10日

图 3-29 | 2018 年 6 家主流纸媒涉"军人荣誉感"报道量

单位：篇/条

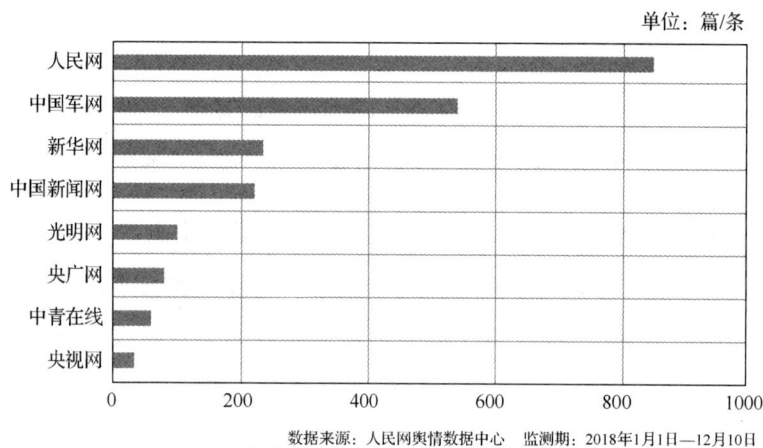

数据来源：人民网舆情数据中心　监测期：2018年1月1日—12月10日

图 3-30 | 2018 年 8 家主流网媒涉"军人荣誉感"报道量

单位：篇/条

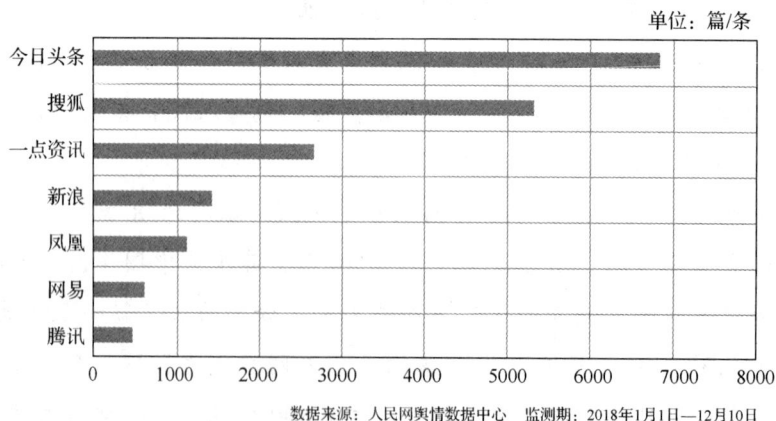

数据来源：人民网舆情数据中心　监测期：2018年1月1日—12月10日

图 3-31 | 7 家主要商业门户网站涉"军人荣誉感"信息量

本部分（见图 3-32）共选取了 14 个主流媒体和军事类微信公众号作为观察对象，整体而言，军事类微信公众号推送关于"军人荣誉感"的文章数量较为可观。其中，"中国军网""军报记者""中国军视网"位列前三，分别推送 100 篇、99 篇和 90 篇相关文章。另外，"人民日报"在入选的主流媒体微信公众号中发文数量最多，并出现多篇阅读量达"10 万+"的文章，舆论影响力可见一斑。

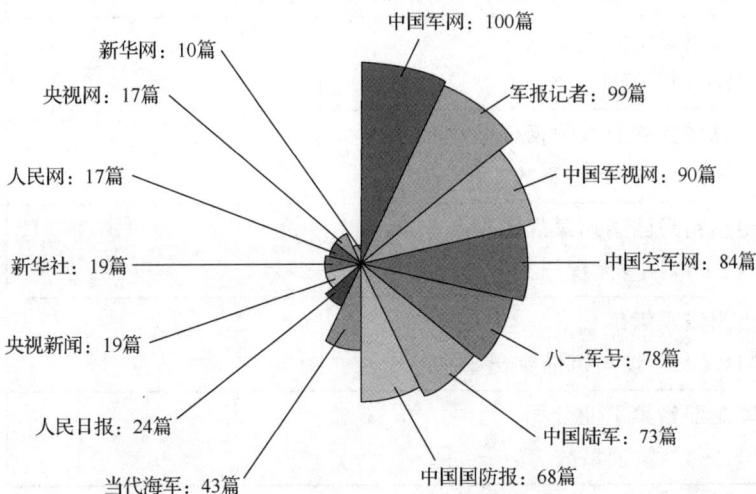

图 3-32｜主流媒体微信公众号、军事类微信公众号涉"军人荣誉感"文章量

3．不同对象关注度比较应用实例

在周期较长的舆情研究工作中，常常会引入对不同对象传播热度的分析比较，多用传播量衡量传播热度，或以传播量数值为基础、依据设计的指标体系计算出关注度值、热度值。所谓的不同对象，是按照研究主题而定的，可以是不同热点事件、不同话题、不同机构、不同企业、不同产品等。以 2019 年能源领域生产事故关注度 TOP10 和 2019 年涉能央企信息量排行榜 TOP10 为例。

【案例 4】2019 年能源领域生产事故关注度 TOP10（见表 3-5）

表 3-5　2019 年能源领域生产事故关注度 TOP10（篇）

序号	事件	关注度
1	江苏省某化工有限公司"3·21"特别重大爆炸事故	81.27
2	内蒙古锡林郭勒盟西乌珠穆沁旗某矿业有限责任公司"2·23"井下车辆伤害重大生产安全事故	39.53
3	河南省某气化厂"7·19"重大爆炸事故	35.80

续表

序号	事件	关注度
4	山西省平遥某煤业有限公司 "11·18"重大瓦斯爆炸事故	24.16
5	陕西省某油田 "10·27"车载试验装置爆炸事故	22.67
6	四川省某集团煤矿 "12·14"透水事故	19.94
7	吉林省某矿业有限责任公司 "6·9"冲击地压事故	16.77
8	贵州省黔西南州某煤矿 "12·17"重大煤与瓦斯突出事故	14.41
9	贵州省某煤矿 "11·25"煤与瓦斯突出事故	13.86
10	黑龙江省某矿业公司 "11·4"冒顶事故	11.28

说明：①关注度=0.4×网媒信息量指数+0.1×纸媒信息量指数+0.1×微信信息量指数+0.1×论坛信息量指数+0.1×博客信息量指数+0.1×微博信息量指数+0.1×App（客户端）信息量指数，网媒、纸媒、论坛、博客、微博、微信、App（客户端）指数均为功能指数；②数据来源于人民网舆情数据中心。

【解读】2019 年上半年，化工事故频发，江苏省某化工有限公司"3·21"特别重大爆炸事故牵动社会关注。第四季度，煤炭行业接连发生多起安全事故，再次为安全生产敲响警钟。

【案例 5】2019 年涉能央企信息量排行榜 TOP10（见图 3-33）

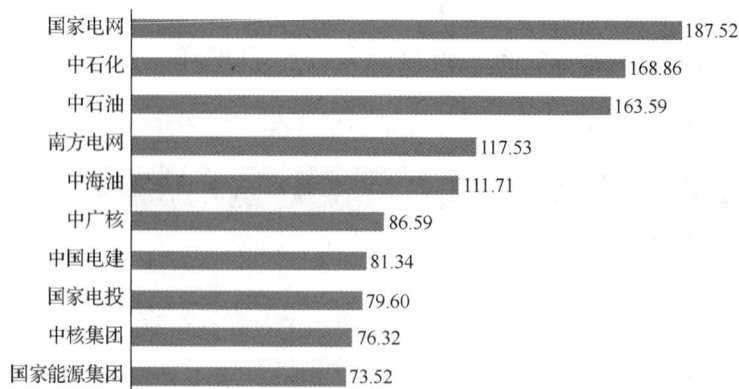

图 3-33 ｜2019 年涉能央企信息量排行榜 TOP10（单位：万篇/条）

【解读】2019年，在涉及能源领域的中央企业中，国家电网舆情声量最高，中石化、中石油分列第二位和第三位。

4.地区舆情热度比较应用实例

地区舆情热度比较是舆情数据分析的常用方法，在一定程度上能反映出该地区的民众对某一事件或话题的关注情况，并能直观呈现出地区差异。一般多用传播量来衡量传播热度，有时也以各地区出现的负面事件或话题数量作为衡量标准。以2019年某企业负面舆情事件地区分布比较为例。

【案例6】2019年某企业负面舆情事件地区分布比较（见图3-34）

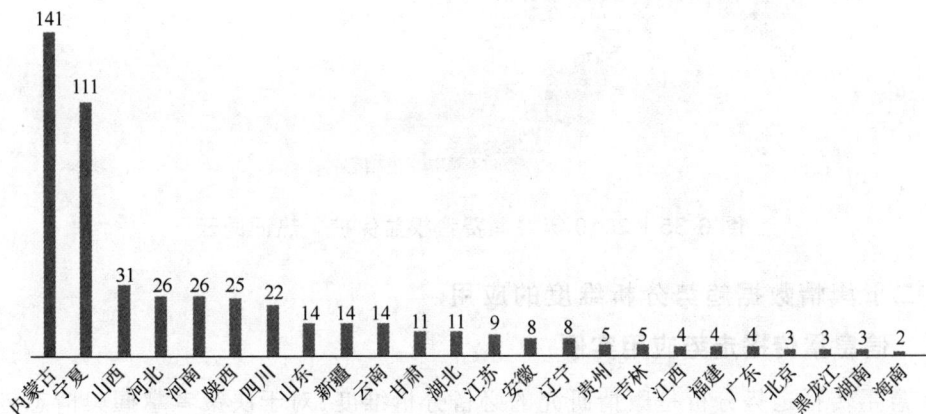

图3-34｜2019年某企业负面舆情事件地区分布（单位：起）

【解读】2019年，某企业负面舆情事件主要滋生地为内蒙古、宁夏，年内分别出现141起、111起事件；山西、河北、河南、陕西、四川也均出现20起以上事件。上述地区与某企业的业务分布主要地区呈现高度契合。

5.热词盘点应用实例

相较于热点文章，热词分析更能明确显示出舆论关注的焦点和关键信息。以2019年"消费者权益保护"热词词云为例。

【案例7】2019年"消费者权益保护"热词词云（见图3-35）

【解读】观察"消费者权益保护"热词词云，"加强""消费者权益保护""放心消费""天下少假""维护市场秩序"等官方表态承诺成为热词，汇聚了公众的殷切期待；"电子商务法""法律武器"等法律法规相关词汇也获得了舆论的较高关注，消费维权有法可依将给民众带来更多安全感；"严厉惩罚""黑榜"等词汇掷地有声，此类语境也给问题企业形成震慑，提振消费者信心。

图 3-35｜2019 年"消费者权益保护"热词词云

（二）舆情数据趋势分析维度的应用

1. 信息量传播走势应用实例

信息量传播走势分析是舆情研究的必备分析维度,对于决策者掌握舆情态势有重要的参考价值。以 2019 年消费者权益保护相关舆情传播趋势、2019 年能源舆情信息量月度走势、2018 年涉及"军人荣誉感"信息量走势与月度分布为例。

【案例 8】2019 年消费者权益保护相关舆情传播趋势（见图 3-36）

图 3-36｜2019 年消费者权益保护相关舆情传播趋势（单位：篇/条）

【解读】从舆情走势来看，关于"消费者权益保护"的相关信息在 3 月初"两会"初始阶段迎来传播小高峰，2019 年《政府工作报告》中明确要求加强消费者权益保护，国家市场监督管理总局局长、国家发改委副主任等也在记者会等多个场合表态消费维权问题，人大代表、政协委员也就消费者权益保护建言献策，上述热点事件共同推升舆情升温。

进入 3 月中旬，受"3·15"预热报道等影响，舆情显著升温，至 3 月 15 日，舆情信息呈井喷状态。从舆论议程变化来看，前期多为市场监管部门及消协组织等发布消费维权、投诉处置等情况，以及组织"3·15"宣传活动等；自 3 月 14 日起，媒体开始曝光消费侵权乱象，以及关注"3·15"晚会揭露违法违规的情况，至消费者权益保护日当天，相关报道及讨论信息骤增，"消费者权益保护"也成为热度最高的舆论议程。

【案例 9】2019 年能源舆情信息量月度走势（见图 3-37）

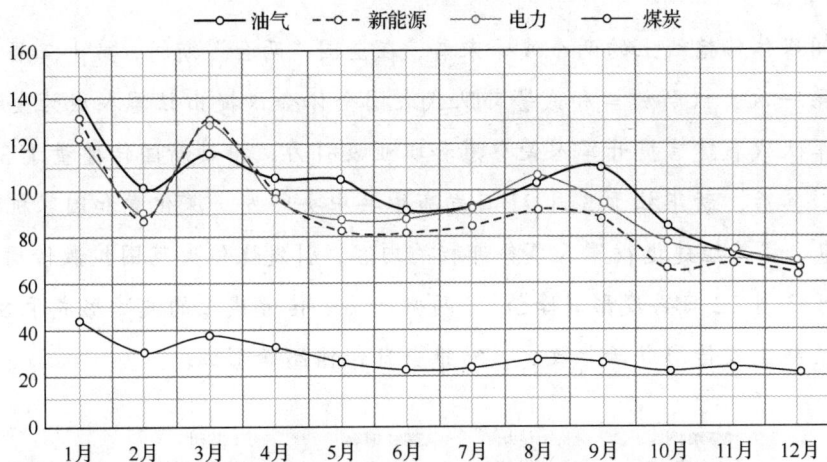

图 3-37 | 2019 年能源舆情信息量月度走势（单位：万篇/条）

【解读】2019 年 1 月，油气、电力和煤炭领域的舆情持续维持高位，与冬季电煤气需求高峰表现出一定的契合性。2019 年 3 月，全国"两会"召开，人大代表、政协委员提出的涉能议案引发舆论高度关注，助推当月能源舆情热度攀升。整体来看，全年涉能舆情走势大体平稳，未见明显季节性波动。

【案例 10】2018 年涉及"军人荣誉感"信息量走势与月度分布（见图 3-38、图 3-39）

【解读】纵观"军人荣誉感"全年舆情传播走势，新闻媒体和"两微一端"的信息量波动频繁，论坛、博客渠道信息量保持低位平稳运行。具体来看，2018 年涉及

"军人荣誉感"舆情共形成三个日传播量超千篇（条）级别的波峰，分别对应的是新闻媒体传播线的 3 月 14 日、3 月 22 日和"两微一端"传播线的 8 月 1 日。

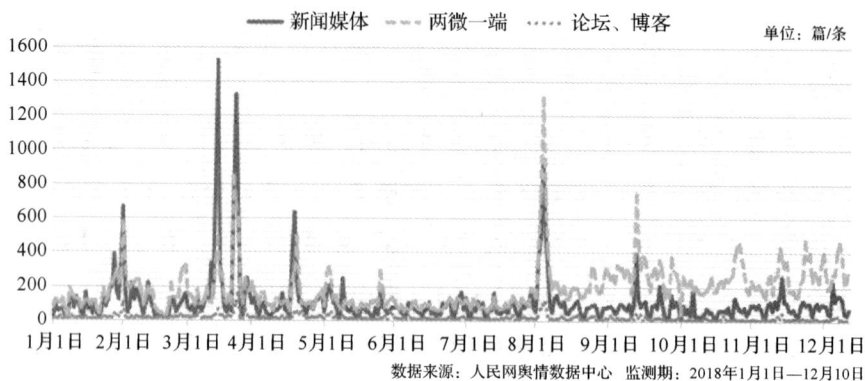

图 3-38 | 2018 年涉及"军人荣誉感"信息量走势

（注："新闻媒体"包括网络媒体、报刊等，"两微一端"包括微信、微博和客户端）

就新闻媒体传播线上的两个波峰来看，在全国"两会"期间，第十三届全国人民代表大会第一次会议解放军和武警部队代表团全体会议提出让军人成为全社会尊崇的职业，军队代表建言提升军人荣誉感和职业吸引力，推动新闻传播量于 3 月 14 日攀至高峰；其后，新华社于 3 月 21 日发布中共中央印发《深化党和国家机构改革方案》的消息，涵盖组建退役军人事务部相关内容，引发媒体大范围扩散传播，新闻报道传播量于 3 月 22 日再度形成峰值。"两微一端"传播线上的波峰形成于 8 月 1 日，建军节相关线上宣传形成话题效应，助推当日传播高峰形成。

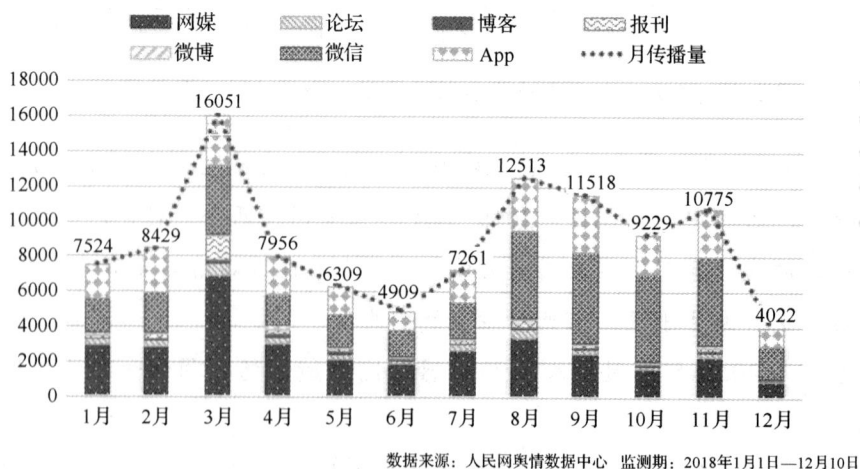

图 3-39 | 涉及"军人荣誉感"信息量月度分布（单位：篇/条）

就涉及"军人荣誉感"信息的月度传播来看，月均传播量达9 316篇（此为1—11月传播量的均值，12月未计入在内），3月、8月、9月、11月信息量都超过均值。整体来看，下半年舆情保持高位。其间，建军节主题宣传活动、"最美退役军人"评选活动等热点迭出，舆论场正能量集聚。

2．情绪变化趋势应用实例

情绪变化趋势能够反映出社会舆论对于某一事件、话题、对象在一段时期内的态度倾向变化，相较静态的信息倾向性分析，这类分析的动态性更强，更能凸显出舆论态度随时间变化而发生的变化，也是舆情数据分析的常用维度。以某年科研经费网络舆情生态变化和某企业各月舆情信息倾向性分布及舆论友好度为例。

【案例11】某年科研经费网络舆情生态变化（见图3-40）

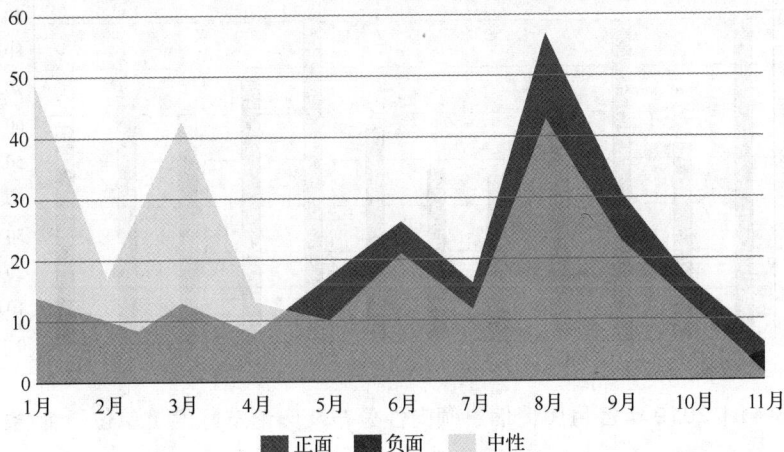

图 3-40｜某年科研经费网络舆情生态变化

【解读】综观科研经费的网络舆情生态，舆论场中关于科研经费的舆情态度，整体上以正面为主，中立性态度也较多，负面声音为少数。

再就科研经费的网络舆情生态变化情况来看，随着时间推移，网民的正面表态呈现显著增势，至8月达到顶峰，这与《关于进一步完善中央财政科研项目资金管理等政策的若干意见》的出台有密切联系，《人民日报》《光明日报》等中央媒体，《科技日报》《中国科学报》等权威专业媒体均报道了这一消息，并发布大量解读、评论文章，高度肯定《关于进一步完善中央财政科研项目资金管理等政策的若干意见》对科研经费管理改革的重要意义，议程设置与舆论引导的传播效果十分显著，促使网络舆情形成明显的正面导向。

观察中性舆情的全年变化情况，其全年维持较高舆情数量，阶段变化不大，促使科研经费舆论场始终保持一定程度的良序、理性运行。

负面网络舆情方面，该年初，关于"60%的科研经费用于开会出差"的不实信息经媒体报道后成为网民关注的热点话题，招致众多网民对科研经费浪费现象等的批评，负面舆情大量滋生。第三季度，中央专项巡视与各地方巡视自查结果陆续发布，科研经费违规事件被大量披露，再度刺激网民就科研经费话题的负面情绪，出现一定的负面声音。但至8月，《关于进一步完善中央财政科研项目资金管理等政策的若干意见》的发布，给舆论场提供正向议题，加之媒体的大范围、大力度正向舆论引导，负面声音减少，网络舆情生态愈来愈趋于健康正面。

【案例12】某企业各月舆情信息倾向性分布及舆论友好度（见图3-41）

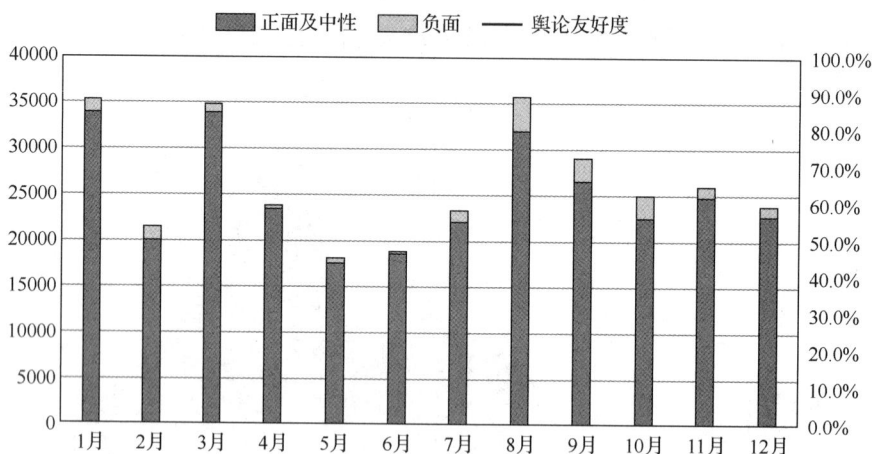

图 3-41｜2019 年各月舆情信息倾向性分布及舆论友好度（单位：篇/条）

【解读】2019 年，某企业整体舆论倾向表现为正面中性报道占据主流，舆论态势良好。整体舆论友好度高达 95.5%，与 2018 年持平。具体就各月来看，6 月舆论友好度最高，达 98.9%，负面舆情信息量也最少；8 月舆论友好度最低，为 88.9%，负面舆情信息量也最高。

（三）舆情数据结构分析维度的应用

1. 舆情议题构成分析应用实例

舆情议题构成分析，一般在观察周期较长的舆情研究中较常使用，可以某一事件、话题或对象相关的报道和文章为分析对象，总结提炼出不同类型的议题；也可直接以某一研究对象特定观察时间内出现的舆情事件为分析对象，归纳事件类型。以某企业某月正面舆情传播议题和负面舆情传播议题构成分析为例。

【案例 13】某企业某月正面和负面舆情传播议题构成分析（见图 3-42、图 3-43）

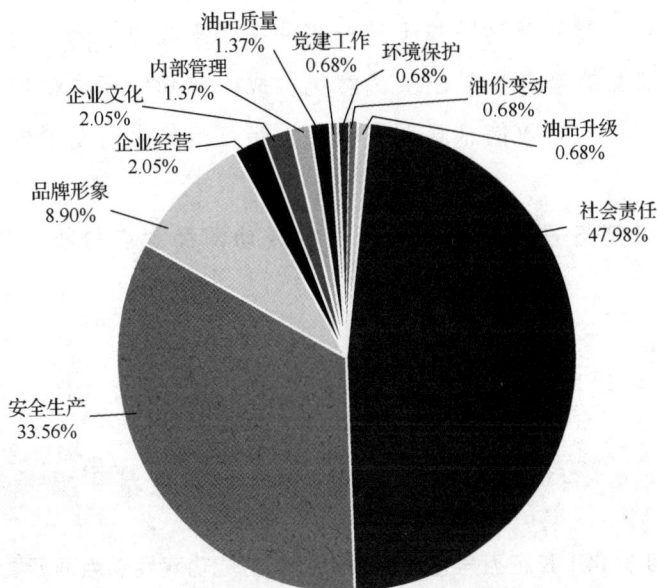

图 3-42 | 正面及客观报道传播议题聚类分析

【解读】本月企业社会责任类议题位居第一，占比达 47.98%；安全生产类议题位居第二，占比达 33.56%；品牌形象类议题位居第三，占比达 8.90%；企业经营类、企业文化类议题并列第四，占比均达 2.05%。此外，内部管理、油品质量、党建工作、环境保护、油价变动、油品升级等议题也获少量关注，累计占比达 5.46%。

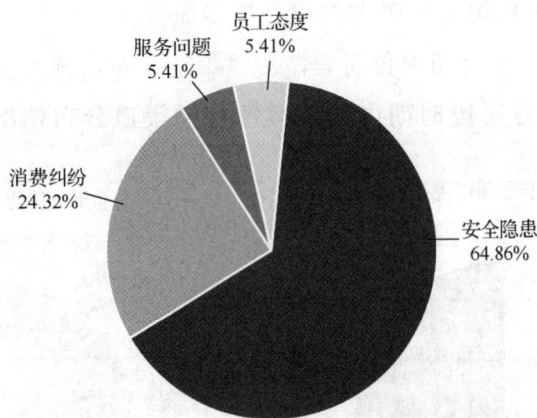

图 3-43 | 负面信息传播议题聚类分析

整体来看，本月负面舆情议题主要集中在安全隐患方面，占比达 64.86%；消费纠纷类议题位居第二位，占比达 24.32%；服务问题类和员工态度类议题并列第三位，均占 5.41%。

2. 网民观点构成分析应用实例

网民观点分析，需要对网民关于某一事件、话题或现象的评论进行观点提取和聚类分析，以期尽量客观地反映出舆论意见构成。在网民观点梳理时，应注意剔除一些杂音、噪声，打捞有效信息。以长征五号遥三运载火箭发射成功网民观点分析为例。

【案例 14】长征五号遥三运载火箭发射成功网民观点分析（见图 3-44）

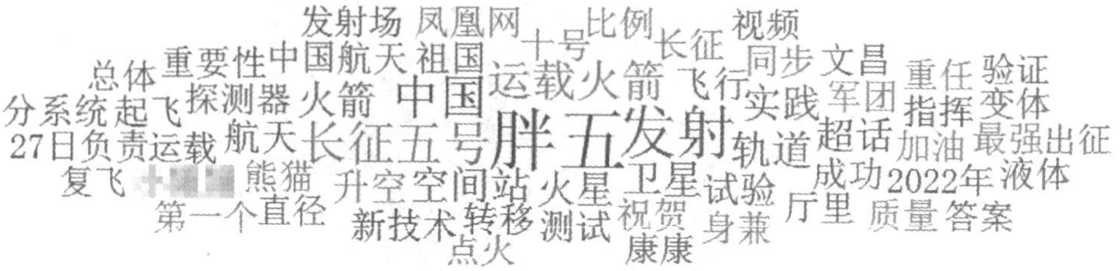

图 3-44│长征五号遥三运载火箭发射成功网民观点词云图

【解读】在与长征五号遥三运载火箭发射成功相关的全部信息中，提及频次最高的词语依次为胖五、发射和长征五号。在新浪微博上#长征五号遥三火箭发射#成为热门话题，讨论量多达 6.2 万条，阅读量超过 3 亿次。网民祝贺长征五号遥三火箭发射成功，向航天人致敬，祝福祖国的航天事业蒸蒸日上。

3. 传播渠道和媒体构成分析应用实例

在舆情报告中，传播渠道和媒体构成分析多配合使用，全面展现舆情信息的传播分布情况。以某企业某段时期内负面舆情传播渠道分布情况为例。

【案例 15】某企业某段时期内负面舆情传播渠道分布情况（见图 3-45）

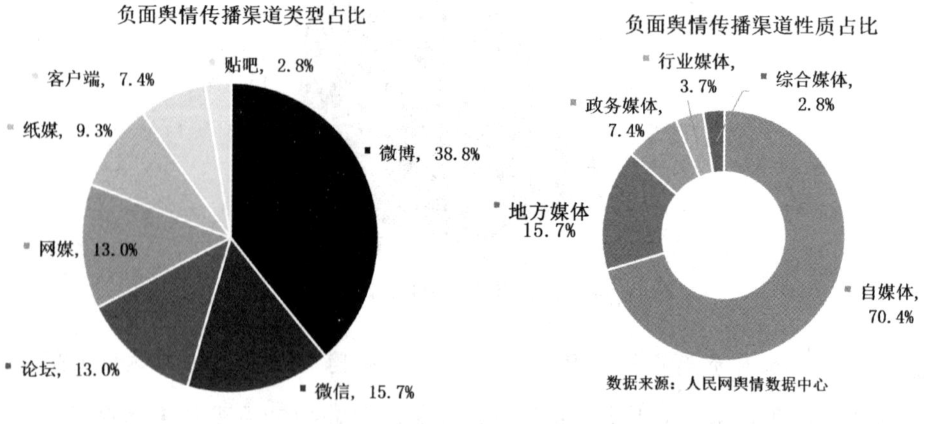

图 3-45│某企业负面舆情传播渠道分布情况

【解读】从传播渠道的类型来看，微博、微信、论坛等自媒体渠道整体比重较大，自媒体平台的负面舆情治理愈发重要。具体而言，微博居首位，依然为负面舆情的主要传播渠道，占比 38.9%；其次为微信和论坛，分别占比 15.7% 和 13.0%。

从传播渠道的性质来看，大多数负面舆情依靠自媒体渠道传播，其比重高达 70.4%；其次为地方媒体，占比 15.7%；政务媒体居第三位，占比 7.4%；行业媒体和综合性媒体分别占比 3.7% 和 2.8%。

4．研究对象各子集舆情数据构成分析应用实例

在舆情工作中，有时会深入分析一些研究对象的各个子集的舆情数据，比较各子集在总体中的占比情况。例如，各下属单位舆情信息量占上级单位舆情信息总量的比重、细分行业舆情信息量占行业舆情信息总量的比重等。以 2018 年能源舆情信息量行业分布为例。

【案例 16】2018 年能源舆情信息量行业分布（见图 3-46）

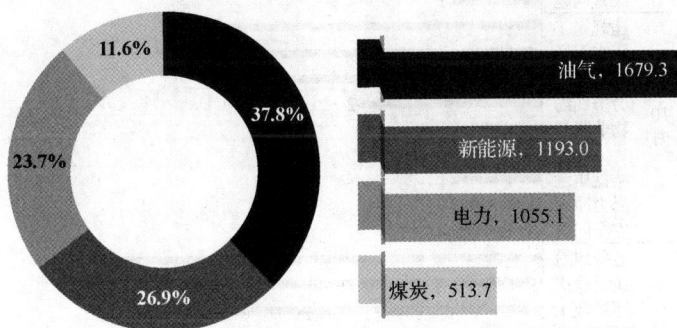

图 3-46｜2018 年能源舆情信息量行业分布（单位：万篇/条）

【解读】本部分以油气、煤炭、电力、新能源领域作为主要统计对象，抓取网站、报刊、App、微信、微博、论坛、博客等渠道中相关信息，发现能源舆情信息量达 4 441.1 万篇/条。其中，油气领域信息量达 1 679.3 万篇/条，占比 37.8%；新能源领域信息量达 1 193 万篇/条，占比 26.9%。新能源舆情量高涨，显示出社会对新能源助力能源结构优化的关切与期待。

（四）舆情数据相关分析维度的应用

在舆情研究中，通过图表形式观察两组数据之间的相关关系较为便捷，更符合时效性要求。以某企业 2018 年下半年负面舆情月度分布为例。

【案例 17】某企业 2018 年下半年负面舆情月度分布（见图 3-47）

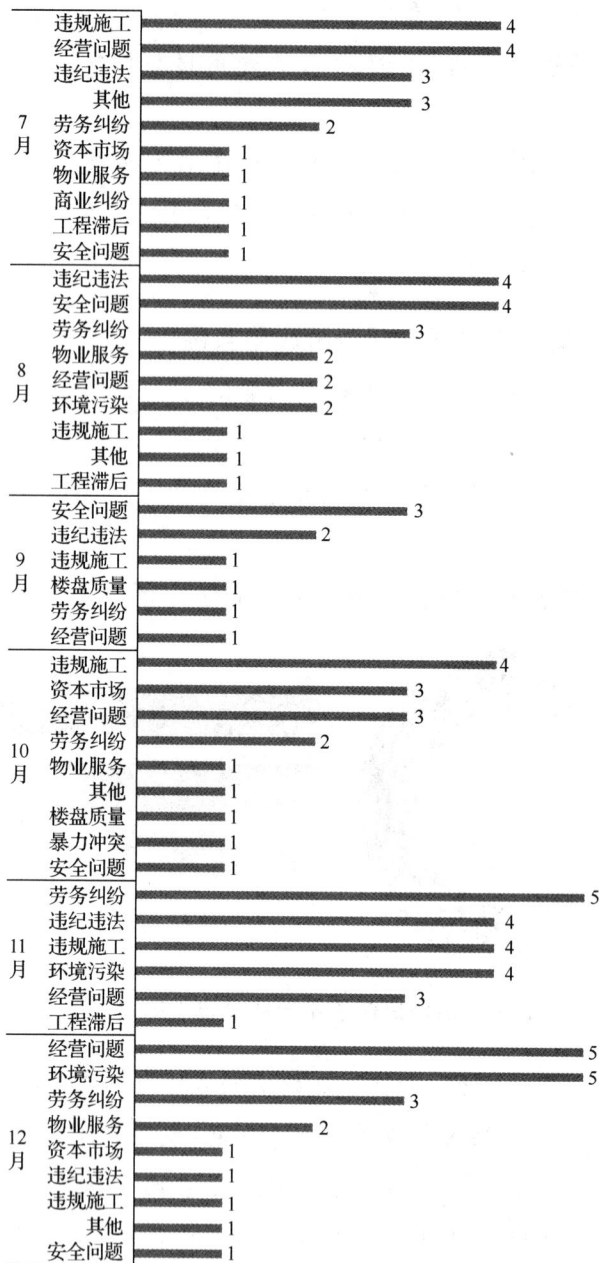

数据来源：人民网舆情数据中心　单位：起

图 3-47 | 某企业 2018 年下半年负面舆情月度分布

　　【解读】春节前夕某企业劳务纠纷舆情升温。由图 3-47 可以看出，与第三季度相比，第四季度劳务纠纷问题增多，春节前夕，自媒体平台讨薪帖文频繁出现。

二、可视化大数据分析

数据可视化是指借助于具象的图形化手段，清晰有效地传达、呈现抽象的数据信息的过程。数据可视化研究最早出现在 20 世纪 50 年代计算机图形学的研究中，当时研究人员使用计算机编程，生成首批可视化图形、图表。随着信息技术的进步，数据可视化也处在不断的演变当中。大数据时代、5G 时代的到来，赋予了数据可视化更多的可能。

近年来，大数据可视化技术在舆情工作中的应用场景越来越多，舆情产品的可视化趋势也越来越明显。以人民网舆情数据中心为例，其推出的众云大数据平台不仅能实现海量数据抓取、分析，还能自动生成大数据可视化舆情分析报告。同时，还在舆情研究中积极探索大数据可视化工具，引入多种大数据可视化图表，强化舆情分析的数据支撑、优化舆情报告的视觉效果。以下介绍几种舆情研究中常用的大数据可视化工具。

（一）百度指数

百度指数是以百度平台海量网民行为数据为基础的数据分享平台。其主要功能模块包括：基于单个词的趋势研究（包含整体趋势、PC 趋势、移动趋势）、需求图谱、舆情管家、人群画像；基于行业的整体趋势、地域分布、人群属性、搜索时间特征。舆情工作者可以借助其研究某一事件/话题/现象/人物等的网民搜索趋势、洞察网民兴趣和需求、监测舆情动向、定位受众特征，如图 3-48 所示。

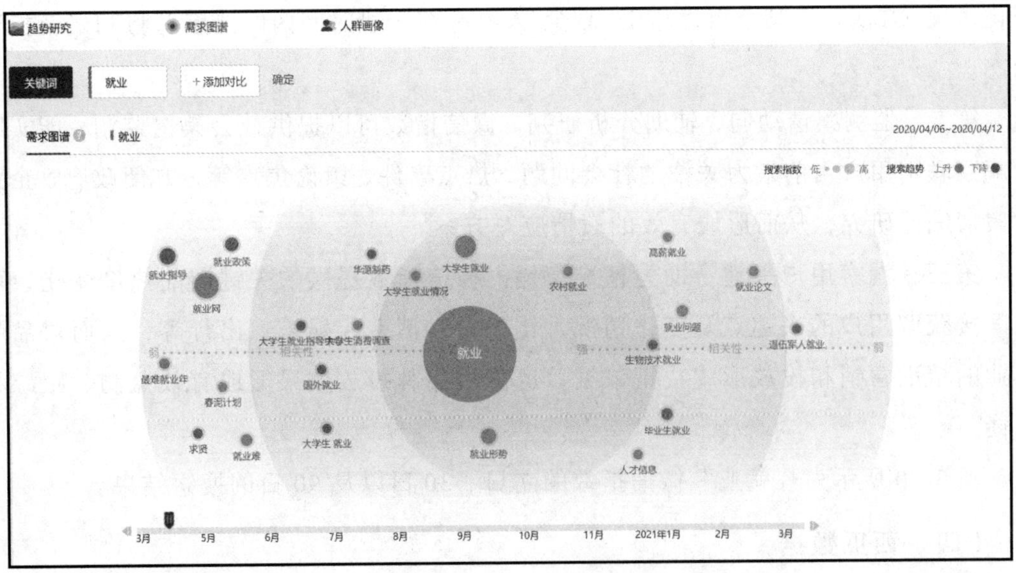

图 3-48 | 百度指数"就业"网民需求图谱搜索结果

（二）360 趋势

360 趋势是以 360 公司产品海量用户数据为基础的大数据展示平台，可通过搜索关键词，快速获取某一事件/话题/现象/人物等的热度趋势，了解网民的人群属性，如图 3-49 所示。

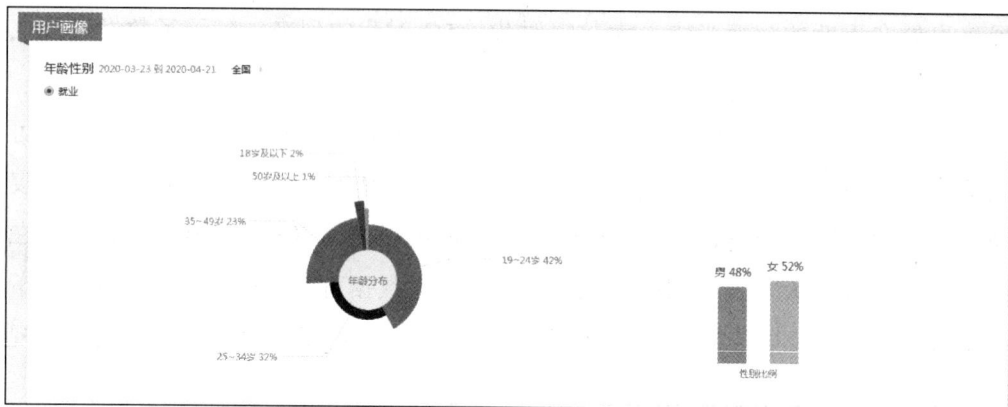

图 3-49 | 360 趋势"就业"网民用户画像搜索结果

（三）微信指数

微信指数是微信官方提供的基于微信大数据分析的移动端指数，其应用场景大致分为以下三类。

第一，捕捉热词，反映趋势。微信指数整合了微信上的搜索和浏览行为数据，基于对海量数据的分析，可以形成当日、7 日、30 日以及 90 日的"关键词"动态指数变化情况，方便显示某个事件/话题/现象/人物等在一段时间内的热度趋势和最新指数动态。

第二，监测舆情动向，辅助分析研判。微信指数可以提供社会舆情监测，能实时了解互联网用户当前最为关注的社会问题、热点事件、舆论焦点等，方便政府、企业对舆情进行研究，从而形成有效的舆情应对方案。

第三，洞察用户兴趣，助力精准营销。微信指数提供的关键词的热度变化，可以间接获取用户的兴趣点及变化情况，比如日常消费、娱乐、出行等，从而对品牌企业的精准营销和投放形成决策依据，也能对品牌投放效果形成有效监测、跟踪和反馈。

图 3-50 所示为"就业"微信指数的 7 日、30 日以及 90 日的搜索结果。

（四）西瓜数据

西瓜数据平台能够提供微信公众号数据分析，包括优质公众号推荐、公众号排行榜、公众号数据监控、公众号诊断等功能。该平台可为舆情效果评估提供微信公众号方面的传播数据支撑，如图 3-51 所示。

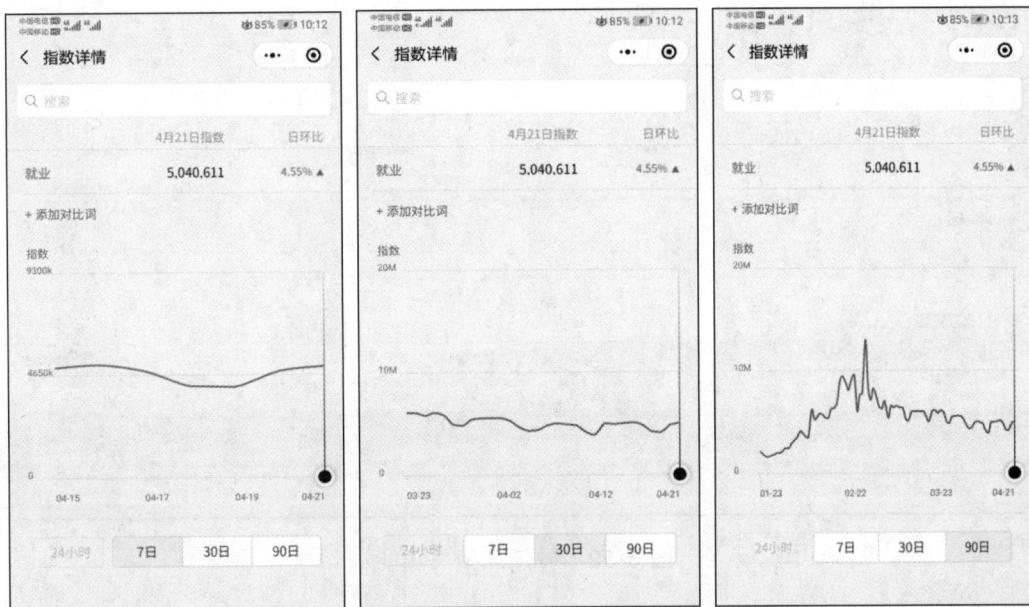

图 3-50 | 微信指数相关功能

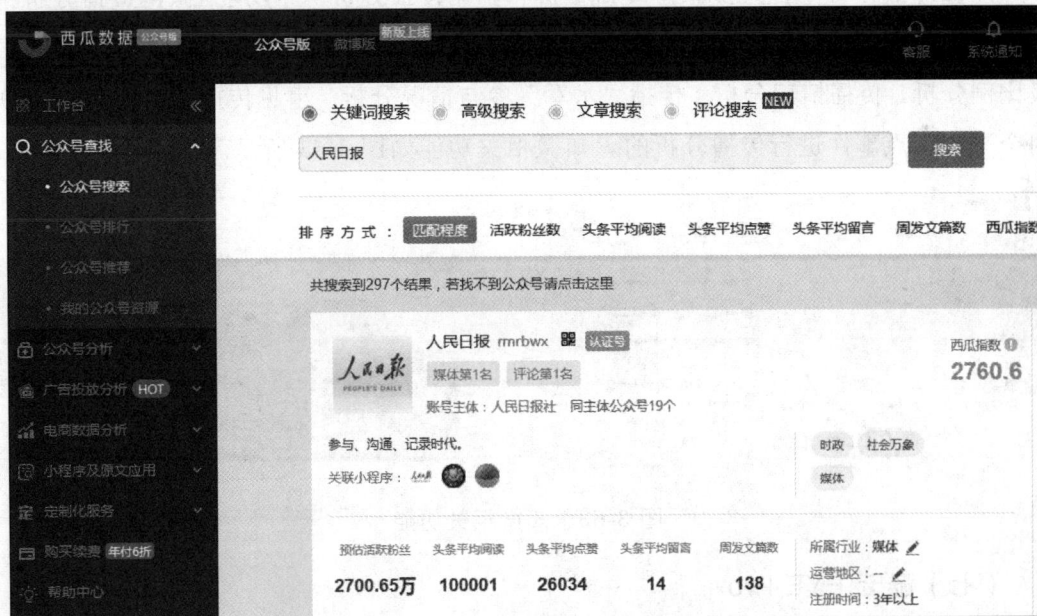

图 3-51 | 西瓜数据相关功能

（五）微热点

微热点汇集全面的新浪微博数据，其定位是"社会化大数据工具"，舆情工作者可借助其查阅某一事件/话题/现象/人物等的热度指数、传播分析、口碑分析、微博情绪等，如图 3-52 所示。

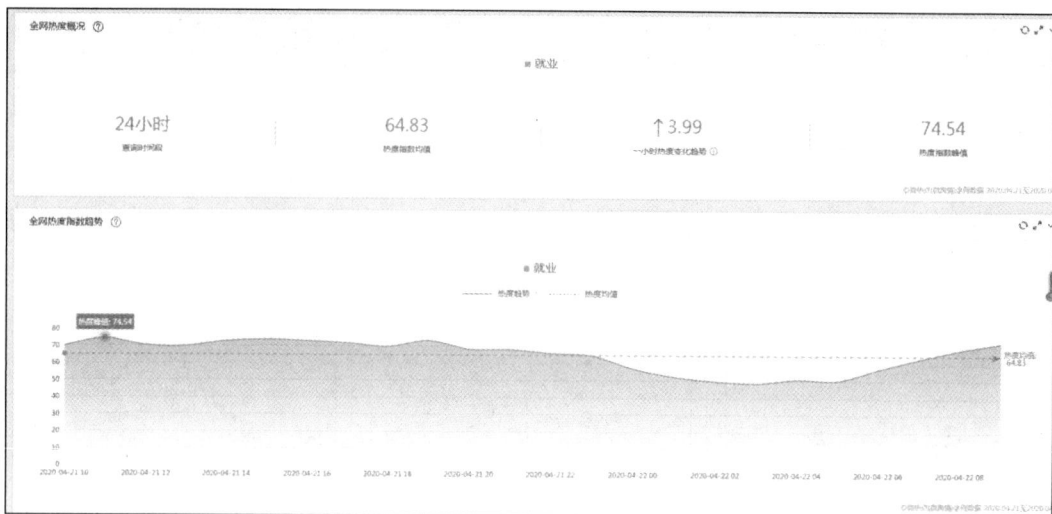

图 3-52 | 微热点相关功能

（六）知微传播分析

知微传播分析平台具备微博传播分析和事见传播分析两个功能。微博传播分析精准刻画单条微博的传播路径图，包括传播关键人物分析、转发粉丝属性分析、传播层级比例分析、传播情感分析、传播"水军"参与情况分析。事见传播分析是针对互联网全平台热点事件进行传播分析的。知微相关功能如图 3-53 所示。

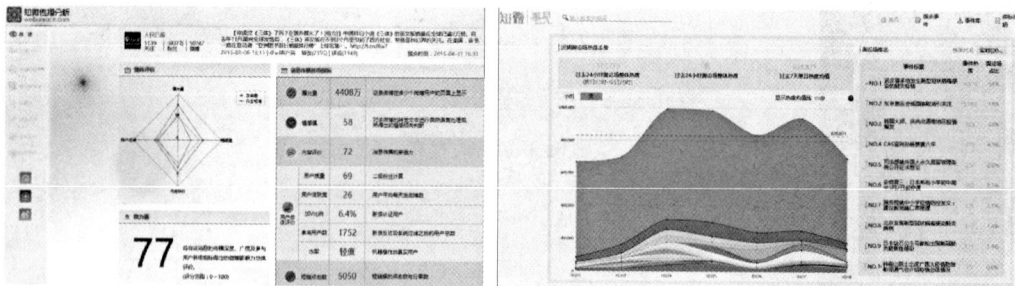

图 3-53 | 知微相关功能

（七）酷云 EYE Pro

酷云 EYE Pro 是基于智能技术建立的电视媒体大数据深度洞察分析平台，能够提供维度丰富、画像标签达"10 万+"的大数据分析，例如用户关注数据、用户画像数据。酷云 EYE Pro 提供的频道直播关注度等数据，可为舆情效果评估提供电视媒体传播数据支撑，如图 3-54 所示。

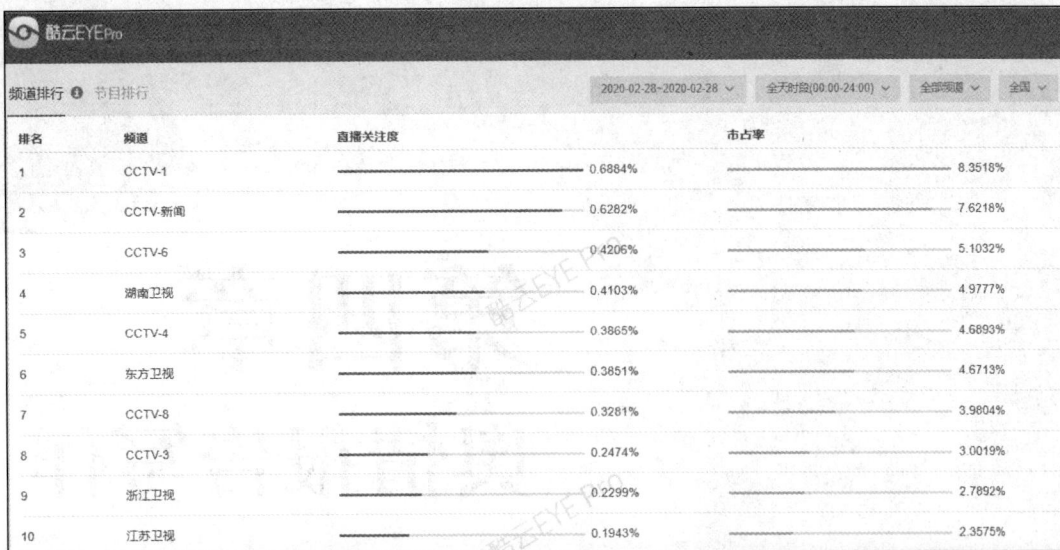

图 3-54 | 酷云 EYE Pro 相关功能

结语

　　舆情监测预警和数据分析，是舆情工作的基础环节，本章系统介绍了舆情监测预警机制、舆情数据获取和分析的基础方法、舆情数据分析的实际应用场景以及舆情大数据可视化的多种工具。此外，本章还对网络谣言和网络"水军"从学理概念和实操监测两个方面进行梳理阐述。

【习题与思考】

　　通过本章的学习，读者系统地掌握了舆情数据的分析方法，请结合已学到的知识对近期的热点舆情进行全面的舆情数据分析，包括舆情走势分析、媒体观点分析、网民观点分析、传播趋势分析等方面。

第四章
舆情报告写作

【学习目标】

通过本章的学习，读者可全面了解舆情报告的概念、意义、类型、要素与规范，掌握常规舆情报告和非常规舆情报告写作的架构设计和方法。

【本章知识结构】

本章包括舆情报告的基本内涵、常规舆情报告和非常规舆情报告写作架构设计及方法三部分内容。第一节是对舆情报告的概念及意义，类型、要素和规范等基本情况，以及选题类型、标准、方向等进行介绍，是学习本章后续内容前需掌握的基础内容。第二节和第三节分别是常规舆情报告与非常规舆情报告写作架构设计和写法。本章主要通过阐述理论知识、举例叙述等方式，介绍如何撰写一份合格的舆情报告。

第一节　舆情报告的基本内涵

一、舆情报告的概念及意义

（一）概念

舆情报告是以梳理舆情为主题的报告文本，在对舆论场各种声音进行筛选、研判、精练的基础上，可进一步对舆情的特点、规律和趋势等进行分析，并对舆情产生的原因和反映的深层次问题等进行深入研究，形成科学合理的可行性建议，为舆情工作提供决策参考。由于具备提供信息、建言献策等作用，广义上的舆情报告也包括内参、领导决策信息等。具体而言，舆情报告需具备以下两大特点。

1. 符合客观真实、实事求是

舆情报告是以舆情为依据的，即报告中所有的观点和结论均有大量资料作为依据，观点能概括资料，资料也能说明观点，二者相互统一。这些资料须真实可靠，不能为不确定、非正式渠道来源的信息。相关资料、观点等内容的呈现，则要处理好整体与部分的关系，不能出现要件残缺、轻重不分或语焉不详等情况。舆情报告不能因不进行公开发表、仅供内部参考使用，就"乱发挥""错位"，更不允许夹杂反动、负面情绪的不良倾向言论。

2. 坚持需求导向、实用第一

舆情报告既可针对某一事件，也能围绕某一时间段，又或者聚焦某一地域，由于需求以及与其相应的舆情信息不同，其框架结构、格式形式可灵活变化、达权通变。当然，量体裁衣的背后是实用第一。撰写舆情报告的初衷，若为检查当事人舆情回应的能力，那么舆情报告就需对舆情当事人面对的舆论环境、舆情回应内容、舆情回应策略等进行分析；若是针对危机事件的舆情报告，给出的应对建议则需具有实操性，否则其参考价值无疑会大大缩水。

（二）意义

舆情报告在整个舆情事件处理中起着重要作用，具体包括以下三个意义。

1. 收集、呈现舆情反馈，展现最新动态

当前，社会舆论呈现多元且复杂的状况，特别是在一些重大突发事件或热点个案中，舆情往往会随着官方介入、当事人发声、媒体跟进、意见人士追问等情况而不断变化。决策者通过舆情报告可将舆情走势、倾向、观点等内容摆上案头，更加直观地

了解舆情动态、抓住舆论"痛点",为接下来的舆情决策奠定基础。例如综合收集网络新闻、报纸、杂志、电视台、论坛、博客、微博、微信、客户端等具有信息传播功能的平台上的相关数据,可绘制走势图,了解目前舆情发展所处的阶段、判断舆论关注度是高还是低。抓取大量评论文本,采用分层抽样等方法,则可分析出舆论的总体倾向性及其相关占比,通过饼状图、柱形图等,一目了然地展现舆情性质,即正面舆情占主导或负面舆情比较多或建设性意见迸发等。

2. 提供第三方中立性参考,辅助舆情决策

新媒体时代,网络逐渐成为现代社会公共领域的重要言论表达渠道,各类社会问题在网络语境中更加突出。人声鼎沸的情况下,舆论一旦走偏,也经常给社会治理和企业品牌管理工作造成不同程度的影响。舆情报告除了信息汇集和提炼,可基于舆情信息处理,站在第三方立场上,形成具有决策参考性的内容,以推动实际问题的解决。例如应对危机个案时,舆情报告对舆情处置的得失进行阶段性的点评总结,在给涉事主体造成压力的同时,也可以改变其认为舆论可控的错误认识,走出眼高手低的实务困境,以端正的态度、得当的措施和灵活的方法,迅速调整策略,沉着冷静地应对舆情。同时,若宣传动员工作引入舆情机制,即从国内媒体、普通网民、意见人士(也称"意见领袖")等维度搜集反馈,进行传播热度、舆论拐点和意见倾向性等内容的分析,则可形成对传播效果进行评估的报告,助力议程设置的优化、吸引力和感染力的增强等。

3. 推动与舆论良性互动,提升现代化管治水平

关于舆情报告有无"终极目标"的问题,有一个参考答案值得思索——改善社会治理现代化水平和企业现代化管理水平。针对具备一定舆情素养的对象提供的舆情报告,分析要求也不再仅仅停留于"个案",而是需要在报告中体现和反映出,能够从深层修复政府公信和企业品牌形象,从而在社会治理层面起到防范"舆情搭车"现象、从企业管理方面起到防范"品牌塌方"现象的治本之策。简单来说,分析和建议要"治标且治本"。"去粗方能存精",舆情报告不再仅仅满足于第一个角色定位——个案舆情参考决策,而是向舆情分析的纵深化发展,借力大数据分析和融媒体传播评估,对社会治理现代化、企业品牌形象建设,不仅谋势,更要谋策。

▎二、舆情报告的基本情况

(一)基本类型

常见的舆情报告包括以下两种类型。

1. 常规舆情报告

一般而言，常规舆情报告需要有确切的目标，是按日、周、月、季、半年、年等时间段出具的周期性报告。从综述、舆情趋势、观点分布到典型案例分析和研判建议，各时间周期的舆情报告在结构上并没有明显区别，无非是由于时间周期的长短而对报告时效和分析深度有不同的要求。

具体而言，针对每日、每周、每月、每季度或年度的舆情动态，可分别采取日报、周报、月报、季报或年报等报告形式，呈现当前的舆情走势、数据和代表性媒体言论、网友观点，并总结舆情应对利弊、研判下一阶段的舆情风险、提出应对建议等，结构样式较为统一。由于舆情态势的多样性和复杂性，常规舆情报告可在通常的结构之外设计一些拓展内容，以便更好地发挥参考作用。

报告选取的时间段并非完全须遵循自然日来划定，如报告内容的时间范围可为每周的周三至次周的周二，提交时间为次周的周三，虽非自然周（即每周的周一至周日），但监测周期仍是完整的一周，提交时间也统一并固定。

2. 非常规舆情报告

非常规舆情报告即为非周期性舆情报告，作为因临时出现或满足特定需求的舆情并出于某种原因而撰写的报告，其具有较强的针对性与目的性。

多用于紧急时刻的非常规舆情报告，主要内容为舆情梳理、意见倾向分析、趋势研判，并在此基础上，提出合理化舆情管理建议，其主要目的是进一步开展危机应对；针对正面舆情进行分析的宣传效果评估报告，主要为观察政府、企业如何开展宣传工作以及相关的舆论反馈情况，并通过数据、图表、文字等展示相应的传播路径和渠道、特点及亮点等，并进一步分析研究，提出增强和改进的建议；具有专题研究属性的报告，则系对某一对象、某一领域进行纵深交错式分析和研究，内容包括厘清舆情成因、发展过程、趋势及影响等，具有更高的决策参考价值。

总体而言，非常规舆情报告的结构样式受舆情分析对象自身特点、素材支持程度和写作时间安排等因素影响，具备灵活多变的特点。

（二）基本要素

舆情报告的要素包括舆情综述、传播情况、舆论观点、舆情点评、宣传效果评估、舆情建议等。

1. 舆情综述

所谓舆情综述，指对报告主题及其正文内容的总结概括，即用最短的篇幅提炼出最核心的看点。其一般要求做到凝练精华，做出与后文相比更能高度概括报告中心的评述，进而起到提纲挈领，成为报告内容的"入门指南"的作用，而完全引用每一部分的原文或长篇大论、简单复制后文的概述则不可取。

2．传播情况

该部分内容为目标事件的舆情在各传播渠道上的分布状况、演绎路径、传播节点、事件热度等。在传播情况这个环节，舆情报告既要厘清舆情传播路径，又要通过图表、数据等形式对舆情烈度进行直观呈现，便于有关方面感知目标舆情事件的热度值和情感值。

3．舆论观点

舆论观点主要是对媒体、专家、网民等多个群体就某一舆情事件或舆情话题所持态度、意见，进行聚类分析和归纳总结。这部分是报告最核心的主体，条理清晰、舆情逻辑鲜明、观点总结准确、信息来源真实，都是最基本的要求。需要注意的是，商业门户网站因没有新闻采访权，因此开设的一些栏目报道或评论，原则上不能视为媒体观点。

4．舆情点评及建议（或宣传效果评估及建议）

这部分可以说是一份舆情报告最闪亮的"黄金点"，具体可分为两个层面，一是舆情点评或宣传效果评估，二是风险研判及改进建议。舆情点评、宣传效果评估在思路上有所不同：舆情点评偏向为舆情危机全方位"诊疗"后，从时效性角度对舆情应对的利弊进行剖析；宣传效果评估则倾向于对正面宣传效果进行评估，对融媒体传播的现状进行分析。

（三）基本规范

舆情报告应包括封面、目录、正文三大部分。此外，根据实际需求，也可在文末增加附录等内容。

1．封面（样例见图 4-1）

第一，要素齐全，包括标题、时间、落款（Logo）等。

第二，页面两端对齐，上下左右宽度合理，切忌"顶天立地"或"头重脚轻"。

第三，右上角可标注"内部资料注意保密/内部参阅"等要求内容保密的字样。

第四，标题拟定严谨规范、表述准确，切勿随意；需折行时注意词句的完整性，不要出现拆词拆句现象。

第五，标题下方时间指报告监测的时间段，若报告时间跨度短，可写到具体日期，如 1 月 1 日至 1 月 10 日；若时间跨度长甚至跨月，则写到月份即可，如 2019 年 1 月至 12 月。除"至"字外，也可用"—"表示。

第六，页面最下方放置落款（Logo），一般用报告撰写单位正式形象标识。落款（Logo）下对齐放置报告提交时间，具体到月份即可，如 2019 年 1 月。

第七，封面所有内容的字体字号视具体情况调整大小样式。

第八，设计完成后可使用"打印预览"整体看一下封面美观度，再做适当调整。

图 4-1｜封面样例

2．目录（样例见图 4-2）

第一，目录自动生成。"目录"二字需加粗、字号加大，间距加宽。根据页面呈现情况调整目录行的行间距、字体字号等样式，使页面美观，原则上日常报告的目录占一页即可。大型报告目录可多页列示。

第二，目录分级和样式设置内部统一；页码准确，切忌首页以"2"开头。

第三，通过检查目录梳理文档框架设计是否合理，各个事件的模块关系和顺序、模块名称是否一致。

第四，若正文内容有修改，注意同步更新目录。

目　录

一、舆情综述 1
（一）舆情概况 1
（二）舆情趋势 2
（三）舆情类型 3
二、舆情热点事件解析 5
（一）xxxx 事件 5
（二）xxxx 事件 6
三、舆情应对建议 8
（一）xxxx 8
（二）xxxx 8

图 4-2｜目录样例

3．正文

第一，各级标题应按照 Word 格式设置中标题 1、标题 2、标题 3 等逐级设置，非标题部分设为正文格式，以准确生成目录。标题字体字号要保持一致，需注意自动编号情况，可按标题样式默认，也可自行调整。所有标题前均无空格。

标题样例如图 4-3 所示。

一、×××（注意一后面为顿号）
（一）×××（注意只有括号，不要再多加标点符号）
1. ×××（注意 1 后面是圆点，圆点应为全角）
（1）×××（只有括号，括号后不要再多加标点符号）

图 4-3｜标题样例

第二，正文段前空两格，字体字号基本原则为全文统一。一般情况下均为标准黑色字，注意复制粘贴的文字样式要和全文统一；部分网页文字片段在粘贴时仅保留文本，注意取消超链接、取消网页格式。标点一般均应为全角格式。

第三，表格标题置于表格上方，居左或居中；表注、图注或相关文字说明置于表格或图片下方，居中，结尾均不添加任何标点。图片、表格一般为嵌入型、无文字环绕，可尝试为图表添加水印，或加入"××制图"等字样，标识版权。同一文档中，同一类表格、图片要素的顺序、样式设置等均需一致。

4．页眉页码

第一，页眉自目录页开始，内容一般靠左标出撰写单位名称或 Logo，靠右标出"内部资料"。字号为五号宋体。

第二，封面目录不加页码，页码从正文第一页开始。一般页码样式设置为：页面底端居中，采用 1,2,3 格式，起始页码设为 1。

三、舆情报告的选题范围

舆情选题是舆情报告准备撰写时对舆情主题或题目的一种设想和构思。

（一）选题类型

1．新闻事件

新闻事件是指已经成为"新闻"的事件，即当前社会中已经被各种传播媒介报道或传播的新近发生的事实。新闻事件中，群众在事件中的态度与言行直接或间接地影响事件的发生、发展，或积极，或中立，或消极，都有可能使事件本身的结果和波及的时空范围发生改变。

2．公众话题

公众话题，也称公共话题，是指在一定范围内为人们广泛知晓、关注和热议，并与社会公众利益密切相关的话题。公众话题的形成，往往建立在大量相似或相关的新闻事件基础上，比新闻事件的范围要宽，波及面更广，社会影响也更深远。

3．热点现象

热点现象是从不同的社会学科视角描述和概括社会发展中亟待认清和解决的热点问题。社会关系和社会意识发展中的问题和矛盾经公众关注、讨论之后，往往上升为种种社会热点现象。与一般社会现象相比，热点现象具有深入观察、研究的巨大现实意义和历史价值。

（二）选题标准

舆情选题标准，又称为舆情分析价值，是选择与衡量新闻事件、公众话题和热点现象能否成为舆情分析对象的客观标准，即事实本身所具有的成为舆情选题的特殊素质的总和。选题所包含的新闻性、传播性、敏感性和可行性的级数越丰富、越高，舆情报告的价值就越大。

具体而言，作为舆情选题的事实首先应该具备新闻性，同时，舆情也应表现出新闻所具有的基本属性，包括以事实为基础，事实具有客观性、具体性、全面性等。其次，舆情选题的传播性即舆情辐射的范围、产生的影响等，也是判断能否作为选题的重要参考指标。再次，舆情选题的敏感性是指舆情事件影响公众利益，政府、单位或企业公众形象，社会稳定和国家安全的程度，以及引发相关问题，造成巨大后果的可能性。敏感性也是衡量舆情价值大小的重要标准，敏感性较大，舆情价值就高。最后，舆情选题的可行性是指对舆情分析的搜索、抽样、分析、设计、流程或计划能否在所要求的技术条件、人员素质和时空范围内成功完成的判断。

（三）参考方向

从地域划分，舆情选题可分为国内热点、关系国家安全和国际形象的涉外舆情两大类。其中，从国内热点本身涉及的当事人特点或具体领域出发，可以把热点舆情归结为四大突发公共事件、六大关系、十六大热点。四大突发公共事件分别是自然灾害、事故灾难、公共卫生事件、社会安全事件；六大关系分别是官民关系、警民关系、城乡关系、劳资关系、贫富关系、医患关系；十六大热点则是反腐倡廉、网络问政、司法公正、城管执法、强制拆迁、就业失业、垄断企业、社会思潮、舆论监督、房价物价、文化之争、弱势群体、教育改革、道德失范、三农问题、扫黄打非。涉外舆情中较突出的是关于领土主权、经济贸易、两岸关系、文化冲突、民族情绪、历史问题、军事动态等问题事件。

第二节　常规舆情报告写作架构设计和方法

常规舆情报告一般按照时间周期来划分，可分为日报、周报、月报、季报、年报等。与此同时，基于不同时间周期内不同的舆情量级，相应报告的架构设计和写作方法也因报告所需发挥的功能与作用不同而有所差别。报告或以数据分析为主，或以信息摘编为主，或以案例点评为主，或以研判建议为主……各种形式运用较灵活，可一种独立成篇，也可两两结合或交叉互融。

无论报告类型如何划分，都不能回避监测周期对报告分析深度、空间的制约，监测周期越长，越能看出舆情发展的变化、特点、趋势。因此，日报、周报的模式较为相似，也相对简单；月报、季报、年报可进行深入分析和研究，最终成为政府和企业的深度报告。

一、日报

舆情日报是对当日或前一日舆情总体情况的汇总,主要作用是便于把握当日的最新舆情动态。相比周报、月报等时间跨度较长的报告类型,它虽跨度短、篇幅少,却要达到"快、新、全、准、精"五个要求,即信息搜集整理及时,每条信息都具有时效性,报送的选题要新颖,报告中的观点、角度要全面,反映的情况要客观、真实,分析概括、用词造句要准确。

(一)内容要求

日报的内容主要集中于以下三个方面。一是敏感信息,此处不以舆情传播量为衡量依据,只以对政府或企业是否构成负面影响或存在隐患为唯一指标。二是重要信息,包括汇总当日与政府或企业相关且具有一定关注度的热门信息;汇总政府或企业主动发布的宣传报道;汇总重要媒体的报道,如中央媒体、门户网站、行业权威媒体等。若热点事件持续传播与发酵,日报要汇总其连贯性报道,保持对热点舆情关注的延续性,提示政府或企业把握最新发展时机。三是政府或企业重要领导人物的舆情,虽然在日报中,这部分内容鲜少独立成为报告模块,但相关信息却是必不可少的重要内容,尤其是与领导个人声誉相关的信息不能遗漏。

一般而言,舆情报告会对舆情数据进行展示,而由于时间周期较短,日报普遍只能从传播渠道占比、话题统计占比、舆情倾向性统计的角度,呈现当日舆情的总体概况。同时,鉴于监测时长、报告撰写目的等要求,信息汇总型成为日报的常见结构。另外,舆情量级较大、舆论重点关注、相关动态影响较大的政府或企业还会采用分析点评型舆情日报。该类报告根据当日舆情情况,会对热点舆情等做分析点评,有时也对整体舆情形势给予定性分析。

(二)报告形式

1. 信息汇总型

信息汇总型舆情日报以基础性信息摘编为主,规律总结性内容较少。信息摘编时不能随意粘贴,需遵循两个要点。第一,分类清晰、逻辑流畅。越是简单的信息遴选工作,越容易在分类上"打马虎眼",同质化信息反复出现,极易让报告质量"打折"。第二,凝练连贯、切中"靶心"。很多新闻通稿或深度报道长达几千字甚至数万字,日报摘编不可能全都纳入,优先遴选与"靶心"——主体职能紧密程度较高的关键信息,在此前提下,再进行适当的信息二次加工,如信息聚类整合、突出舆情亮点(痛点)等。此外,该类舆情日报在呈现摘编的信息内容时,也可增添该信息的传播情况,以便为读者提供更多参考，助其把握舆情态势。

【案例1】某地交通舆情日报

1．交通规划与建设

《××青年报》《××晚报》：《××有轨电车T1线全线施工》

随着有轨电车T1线开通运营，××开发区早晚高峰的"拥堵模式"将得到缓解。记者近日从××市第一条PPP模式的有轨电车线路——××T1线的施工方××建工集团获悉，目前××有轨电车T1线已经全线进场施工。

2．交通发展与技术

《××日报》《××晚报》：《车主可用手机查询车辆维修档案》

爱车的"病例记录"，车主以后动动手指就可以轻松查看。而对于维修服务企业的资质和服务、技术的好坏，车主也可以方便地评价。记者日前从市交通委获悉，交通委员会官方App"××交通"和官方微信"××交通""××交通订阅号"的"维修企业"功能全新升级。新功能上线为车主查询自有车辆维修档案、维修服务质量评价和对维修纠纷进行在线投诉等提供便利。

2．分析点评型

一般来说，分析点评型舆情日报需以当日的相关数据"打底"，再结合媒体、网民反馈的信息进行综合分析。该类型舆情日报除概括评述整体舆情状况外，也要求对某一起或某一类舆情做深度分析，突出舆论关注重点。

【案例2】××区舆情日报

统计显示，×月×日×时—×月×日×时，关于××区的舆情信息总计××条，其中网媒××篇，报刊文章××篇，论坛帖文××篇，博客文章××篇，微信公众号文章××篇，微博××条。媒体报道主要介绍××区在×××合作方面的工作动态。负面舆情方面，××区近期出现冒充共享单车客服的电信诈骗现象，除了××部门需及时向社会群众公开骗局真相，彻查打击电信骗局，还应提升社会共享产品安全方面的保护措施，疏导市民放心使用。

若舆情量级较大，可能还会要求对当前某些热点事件的相关舆情进行重点分析，如提供"传播形式+舆论观点"或"舆情分析+应对建议"式点评等。

【案例3】××舆情日报

1．××市一男子挟持护士被击毙 持刀砍伤医务人员

×月×日，××网报道，记者从××市警方处证实，当日凌晨，××医院内一男子持刀砍伤两名医护人员后挟持值班护士，随后被当地警方击毙。目前，××市警方已报请当地检察机关依法介入，案件正在调查中。

舆情分析：截至××时，相关报道转载量约××篇（次），具体传播范围以《××报》、××网等媒体为主。分析评论看，舆论主要表明对警察做法的支持，主要观点有：①认为警察开枪是正确的做法，希望不要对他有处分；②希望能为开枪警察做一些心理辅导；③希望国家出台相应的政策保护医务人员。

2. ××市人民法院判决"男子A假古董案"买方赔偿85万元

×月×日，《××日报》报道称，××年男子A赊账××万元巨款买来××件假古董的案件，经过一年多的审理后，近日××市人民法院做出一审宣判：买方A退回货物，卖方B要求A支付××万元及利息的请求则不被支持。同时，A需要赔偿××万元给B，其妻子C承担连带责任。双方均不服判决提出上诉。

舆情分析：从舆情传播情况来看，媒体和网民的目光主要聚焦在当事人遭赔偿的境遇情况及案件判决结果本身，并未形成大面积质疑××市人民法院审判不公的负面舆情。建议政府应预防有关质疑判决的次生负面舆情出现，及时做好有关该案的法律判决公开工作，取得民众支持。

二、周报

（一）报告要求

信息汇总型和分析点评型等报告形式也适用于舆情周报，仅监测周期、信息量、篇幅有所不同。相较于日报，周报对舆情数据及趋势走向、焦点或重点舆情等进行综合分析的要求会更高。

舆情量级较高的政府或企业，发生对其形象声誉造成影响的事件的概率也比较高，具体的案例分析便出现于周报中。我们在写作此类案例分析型周报时，须注重对热点话题传播细节的挖掘，关注首曝媒体、传播拐点、舆论观点、网民意见倾向等方面的特点及变化，给予客观分析和评价。

（二）结构布局

整体上，以分析点评为主体的周报结构可大致分为两大部分，一是整体舆情数据分析，二是重点舆情事件分析。前者，在介绍传播渠道、走势外，若舆情量级可以支撑，还可做关涉行业或领域等更多维度的数据分析，使得报告突出大数据元素的同时，显得短小精悍，而非在长篇大论中给人以"没事儿硬要说事儿"之感。此外若有需要，报告结构还可增设对下一周期舆情进行趋势或风险研判、提出对策建议等方面的内容，以对实际工作提供更多的参考。

【案例 4】××舆情周报（节选）

一、舆情概述

（一）舆情走势

监测区间内，网媒信息××篇，纸媒信息××篇，微信公众号文章××篇，微博××条，App 信息××篇，论坛帖文××篇（条），博客文章××篇（见下图）。舆情峰值出现在×月××日，与××举办"××"文艺晚会有关。

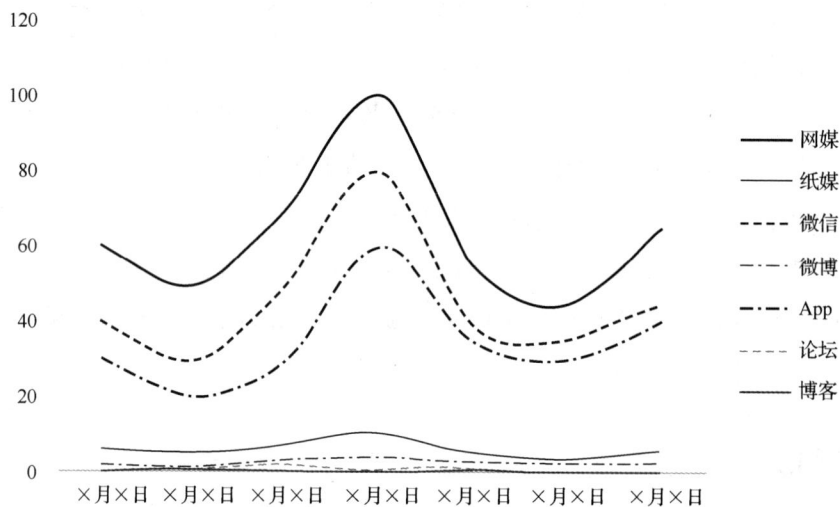

舆情趋势（单位：条/篇）

（二）热点排行

本周热点新闻如下表所示，报道总体上为中性、正面，有关《××》的个别文章和网民评论呈现一定负面舆情。

热点新闻排行 TOP5

序号	日期	媒体	标题	热度
1	×月××日	××网	《××》聚焦都市情感话题	288
2	×月××日	××网	《×××》感受"幕后英雄"	218
3	×月××日	××网	2019"××"文艺晚会精彩上演	179
4	×月××日	××网	《×××》引回忆杀 演员 A 被评"好能吃"	105
5	×月××日	××网	《×××××》第二季即将开播	78

热度说明：该热度主要包括网络新闻以及传统报刊新闻

……

二、热点事件解析

（一）"××"文艺晚会精彩上演

1. 舆情概述

×月××日，"××"文艺晚会在××卫视现场直播。截至×月××日，网媒信息××篇，纸媒信息××篇，微信公众号文章××篇，微博××条，App 信息××篇，论坛帖文××篇（条），博客文章××篇。××网、××网等媒体关注。

2. 舆情聚焦

媒体聚焦以下方面：一是沉浸式舞美充满巧思，契合航天主题；二是七位航天人亲临现场，呼应"寓教于乐"主题；三是节目精妙，获观众高度认可。

……

三、舆情趋势分析及建议

《××××××》第二季开播在即。建议：一是节目宣传重点落笔青年精神面貌，呼应五四运动 100 周年，并与相关央媒宣传形成联动，放大影响；二是借助节目热度，同步聚焦国家脱贫攻坚战成果，展现××立足××、放眼××的大视野。

……

当既想把握自身舆情动态，又想在短时间内了解同行业、同领域内全国舆情动态时，周报在架构呈现上，除舆情综述外，一般会根据相应需求增设相关内容，如"涉及本地或本部门的舆情动态"和"全国相关领域舆情动态"等，体例相对清晰，信息摘编、概述点评等写法均可灵活运用。此类周报的核心标准则有两点：第一，自身舆情信息量规模较大；第二，对涉及全国互联网舆论治理、同领域和上下级的舆情应对经验教训需求度较高，系统内部分工较为密切、外界舆论关注点较为一致。

【案例 5】××县人民法院舆情周报（节选）

一、舆情概述

（略）

二、××县人民法院舆情热点分析

（一）××县人民法院开庭审理××县公安局治安管理大队原大队长××一案

××月××日，××县人民法院依法公开开庭审理了××县公安局治安管理大队原大队长××涉嫌包庇、纵容黑社会性质组织罪、徇私枉法罪、受贿罪一案。庭审结束后，法院宣布择期宣判。

界面新闻、今日头条等媒体转载报道称，公诉机关指控，××年×月至××年×月，被告人××在担任相关职务期间，包庇、纵容黑社会性质组织成员进行违法犯罪活动×起；故意包庇使他人不受追诉×起；收受他人财物折合人民币××万元。公诉机关认为被告人××身为国家机关工作人员，犯罪事实清楚，证据确实、充分，应当以包庇、纵容黑社会性质组织罪、徇私枉法罪、受贿罪追究其刑事责任。媒体注意到，该案是继审理被告人 A 包庇、纵容黑社会性质组织罪之后，又一起××省高级人民法院指定管辖案件。开庭审理前，××县人民法院组织召开了庭前会议。庭审中，控辩双方就案件事实进行举证、质证，并对案件事实、证据、法律适用及量刑充分发表意见，被告人进行了最后陈述，对公诉机关指控的事实无异议，并认罪认罚。

监测显示，网民普遍表示扫黑除恶任重道远，支持法院打伞破网、除恶必尽。

……

三、全国政法舆情热点分析

（一）××高院公开宣判"B再审案"

综合媒体报道，××年××月××日，××省高级人民法院对××年B犯强奸罪、强制侮辱妇女罪、故意伤害罪、寻衅滋事罪再审案件依法公开宣判，判决认为该院××年×月作出的原再审判决以及××年×月作出的二审判决对 B 的定罪量刑确有错误，依法予以撤销，维持××市中级人民法院××年×月一审对B判处死刑的判决，并与其出狱后犯组织、领导黑社会性质组织等罪被判处有期徒刑××年的终审判决合并，决定对B执行死刑，剥夺政治权利终身，并处没收个人全部财产。

新华社、中央广播电视总台央视"新闻30分""新闻直播间""东方时空"等栏目、《人民日报》《中国青年报》《法制日报》、人民网、新华网等报道上述消息。媒体主要关注点有以下几种。一是分析解读"B案"再审加重刑罚的依据，《法制日报》刊发××大学法学院教授××署名文章称，再审不加刑作为一般性原则，有利于保证被告人的合法权益。但法律及司法解释没有要求再审绝对不加刑，"B案"存在应该加刑的事实基础，如果仍机械地不加刑，就不能客观公正，难以取得良好的效果。二是称赞该案再审树立了社会法治信心，中央政法委官方微信公众号"中央政法委长安剑"发文表示，司法机关顺民心、依法办，将"B案"办成无法"逆转"、大快人心的铁案，说明了扫黑除恶来得必要，中央督导来得及时。《新京报》发文称，办案机关在较短时间内回应了公众舆论的关切，传递出职能部门严惩黑恶、激浊扬清的鲜明信号。三是解读涉案公职人员违纪违法行为，呼吁彻底铲除"保护伞"的滋生土壤，央视新闻客户端发表评论员文章表示，反腐工作常抓不懈，扫黑除恶斗争常态化开展，司法责任制的进一步强化，对于避免"B案"再出现不可或缺。经济日报客户端评论称，通过该案，各部门要深入查找执法办案监督制约机制中存在的漏洞、短板，切实建章立制，不断提升执法能力和水平。

新浪微博话题#B被判死刑#阅读量8.4亿次。参与评论的网民中，多数网民支持法院判决结果，认为正义得到伸张；少数网民质疑××××。

……

三、月报

（一）报告重点

舆情月报中，数据、分析、研判是三大基础元素，在此基础上可再进行延伸，将三元素进一步分解，形成报告的全部架构和体系。其中，数据指对舆情信息的全部统计，并在此基础上进行归纳整理、科学运算、深层分析等工作，形成舆情月报的根基。分析指基于数据、各渠道信息以及各种关联因素，对政府或企业的舆情进行整体或细分领域的现象、问题、效果的描述、推导并得出结论。研判则是在对舆情进行全面了解，并对宏观及行业环境有所了解的基础上，总结和判断政府或企业所面临的舆情环境变化及发展趋势。

（二）主要特点

总体而言，相较于周报，月报中数据的量级和分析的维度会更多，态势总结也能够对当月的主流舆论关注点进行更鲜明、更系统的提炼，同时可就相关舆情所反映的规律、特点等内容进行深度的归纳、分析等。

【案例6】××舆情月报（节选）

一、舆情概述

……

（二）舆论形象

从公众形象来看，××以正面积极形象为主，占比达A%；负面占B%，环比上升C%，如下图所示。

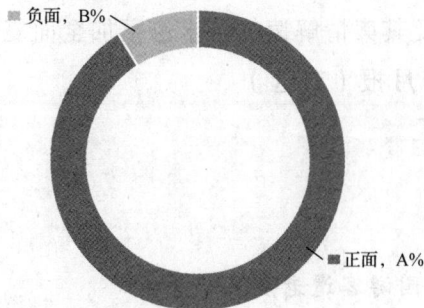

舆论形象分布

......

二、舆情态势和特点

（一）推进扫黑除恶专项斗争，监督执纪问责"利剑"受期待

本月，随着中央扫黑除恶督导组进驻××督导，督导组在各区开展下沉督导；××紧盯重点地区和领域"打伞破网"、扫黑除恶专项斗争取得阶段性成效；×××区纪委通报一村支书涉黑被开除党籍等动态不断，扫黑除恶领域舆情持续高热。××市纪委监委不断推进扫黑除恶专项斗争向纵深发展获得舆论肯定。如《××青年报》从加强高位统筹、健全工作机制，强化线索筛查、狠抓深挖彻查，加强协作配合、强化合成作战，充分借势借力、坚决反腐"拍蝇"，坚持边打边治、切实以案促改等角度入手，介绍举措，梳理成绩，提及××市各级纪检监察机关坚持首善标准，坚守职责定位，以"零容忍"的态度深挖彻查涉黑涉恶腐败和"保护伞"，严肃问责失职失责、推进不力等问题。

（二）涉及媒体行业、高校系统等多领域，反腐无禁区态势获赞

6月，从媒体行业到高校系统再到追逃追赃等其他领域，官员落马新动态不断，持续吸引舆论目光聚焦。如××××集团党委副书记 D 接受调查审查，舆论猜测其被查原因，与之相关的新闻腐败、媒体导向等话题引发较多讨论。×××××大学原党委常委、副校长 E 接受审查调查，舆论指出×××××大学已有多名党员领导干部被查处，认为应加强教育领域正风反腐。外逃近十年的××市"红通人员"F 回国投案，舆论肯定××市纪委监委、××市追逃办、××区纪委监委成功劝返××，为××市反腐败国际追逃追赃工作增添新成果。此外，××通报 5 起违反中央八项规定精神问题、××市××××公司原副经理 G 被移送公安机关立案侦查等，也吸引舆论一定的关注，彰显纪检监察工作成效的同时为各级党员领导干部敲响警钟。

同时，有别于日报和周报这些"入门级"报告，月报的重要舆情案例类型一般更加多元、数量更多，既有可提供舆情应对和舆论引导方面的正面经验者，又可提供反面教训者，对热点案例及其舆情解读的要求也更加全面复杂。

【案例7】××舆情月报（节选）

一、舆情概述

......

二、热点舆情事件

（一）××野生动物园游客遭老虎袭击事件

1. 事件概述

×月×日下午×时许，在××野生动物园内，发生事故的一家四口，包括三个大

人一个孩子，进行自驾游时，车辆行驶至猛兽区的东北虎园里，年轻男女在车内发生口角，女子突然下车去拽男司机的车门，结果被蹿出来的老虎叼走。年长的女子看到年轻女子被叼走，立刻下车营救，被另外一只老虎当场咬死并拖走。后涉事游客的亲友表示，事发时，游客并非因口角下车，只是自己误认为已经出了虎园，下车后才出了意外。

2. 舆情走势

×月×日×时×分，事发×小时后，××区委宣传部通过官方微博发布通报，表示"已全力组织救治伤员，并责成相关部门组成联合调查组在第一时间对事件原因进行调查，责令××野生动物园立即停业，配合调查，进行整顿，确保旅游安全"。

×月×日×时×分，微博@央视新闻发布了××野生动物园老虎袭人的监控视频，瞬间引发网络舆论场的大讨论。×小时内，这条微博的转发量已经超过×万次，网友评论超过×万条。

微博话题#两女游客遭老虎袭击#的阅读量已高达×亿次，而微博热门搜索榜单显示关于××动物园的搜索量也极高。

3. 舆论反馈

（1）专家意见领袖在事故归责问题上存争议

××大学××研究中心副主任××表示，动物园中动物造成他人损害的，承担的是过错推定责任，先推定动物园有责任，但如果能证明自己完成安全保障义务和管理职责的话，就不用担责。知名网络意见领袖××也在评论中提出，从既有报道来看，公园已经尽了充分的提醒责任，签了责任书，公园里处处可见"不能下车"的提醒，巡逻车也对推门下车的女人做了提醒，不能苛求公园预判一切意外。向公园苛加无限责任掩藏着一种很危险的坏逻辑，这种坏逻辑会导致对自由的剥夺。

然而，也有舆论认为园方不能免责。××研究会常务理事、××市××法律专家××分析称，依据我国的相关法律规定，安全协议的签署并不能成为免除园方对游客人身伤害应承担法律责任的理由。律师××也表示，即便园方以广播或路标的形式进行了安全提示，并与游客签订了责任书，但是园方并不能全部免责。园方与游客所签订的相关"免责"条款还有可能会误导园内工作人员，认为出现意外与动物园方面没有关系，从而疏于管理。

（2）呼吁游客游园时遵守规则、提高警惕

部分媒体发布评论文章，呼吁游客游园时应遵守园区游览规则，提高警惕。如《××晨报》发文认为，"年轻女游客不顾'绝对不允许私自下车'的禁令，不仅导致自己身受重伤，更连累长辈为救自己无辜丧命"，因此呼吁游客珍惜生命，敬畏规则。××网发布报道，通过梳理近年来野生动物园中动物伤人事件，指出"一些游客往往是在参观游览过程中违规自行下车，被老虎等动物咬伤甚至死亡"，并提醒游客野生动物野性难驯，应当时刻保持警惕。《××晚报》则在报道中建议民众进行自我反思，应做到理性、守住底线、遵守规范，提升自己的素质。

（3）野生动物园的粗暴扩张埋下安全隐患

《××报》基于亲友称误以为已出虎园的说法，认为野生动物园的提醒设施不健全，致使游客不知何时出园；同时还对监控系统和急救措施提出质疑。从对这些细节的追问，延伸至对近年来野生动物园粗暴扩张现象的探讨，尚存在多头审批和监管不严的问题，必然会带来安全隐患。《××快报》等媒体则以 A 野生动物园为例，指出其与××野生动物园游览模式相似，但有深沟加电网隔离猛兽，建议××野生动物园完善园区设计、强化安全保障。

4. 舆情点评

首先，游客有不可推卸的责任，游客在入园前已经按景区规定签订了安全协议，内容包括禁止游客下车、禁止摇下车窗投食等。进入景区后，景区内也有广播反复提醒游客安全注意事项，其中就包括禁止下车。景区内还有相关的安全提示牌，并有巡逻车来回巡视。视频中的女乘客仍然私自下车，最终酿成悲剧。这就是无视法律法规和规章制度的恶果，可能有机会侥幸逃脱，但真当意外发生，后果可能是致命的。

另外，园方也有一定的责任。既然动物园是营利性组织，那就有必要完善各项制度和措施来保护游客的人身安全。正如网友所说，好的制度是不让"蠢人"犯错的制度，而不是出事后检验谁是"蠢人"的制度。园方仅仅提供了广播和告示，是否园方所承担的安全责任过低呢？××野生动物园出现动物伤人事件已经不是第一次了，园方是否提高过相关防护措施也有待考证。

当然，最无辜的当属野生动物园里的老虎了。

最后，正如《人民日报》所说，老虎不是吃素的，这个家庭的不幸事件，带给世人普遍警示：签有责任书，就别虚置责任；挂有警示牌，可别忽略警示。遵守规则才是对自己最好的保护。

另外，对于企业而言，在以分析研判为主的舆情月报中，可增加竞品或竞企分析内容，即设置可对比的多个项目，逐一对各家企业、品牌、产品的舆情管理及传播宣传效果进行综合性对比，并形成结论与观点。如从信息量的角度，观察各竞品之间的传播情况，找出当月核心传播点，以便抓住宣传策略的关键点；通过统计分析正面宣传信息的传播情况，结合效果分析体系，对整月的宣传效果进行评估；确定竞品宣传方向及战略策划，从媒体的报道内容中挖掘有价值的信息，再结合行业运行情况，对企业下一步宣传规划、品牌营销战略进行预判，形成有理有据的预测型观点，给读者启示等。

在呈现形式方面，竞品或竞企分析常以表格、图片的方式直观体现分析结论。其中，图片是服务于分析观点的呈现，可围绕观点、结论的内容对图片的形式进行创新，比如散点图、坐标系图、鱼骨图等。总之，只要可以准确表达观点、不产生歧义的图片，均可作为竞品或竞企分析内容的呈现要件。

【案例8】××竞品舆情分析月报（节选）

从媒体报道量来看，A是三家企业中报道量总数最高的，在五大领域的话题量达××篇。B的报道量为××篇，居第二位。C的报道量相对较少，为××篇。三家企业在互联网领域的关注度都较高，其次是大数据和物联网领域，关注度较低的是云计算和电商平台这两个领域，如下图所示。

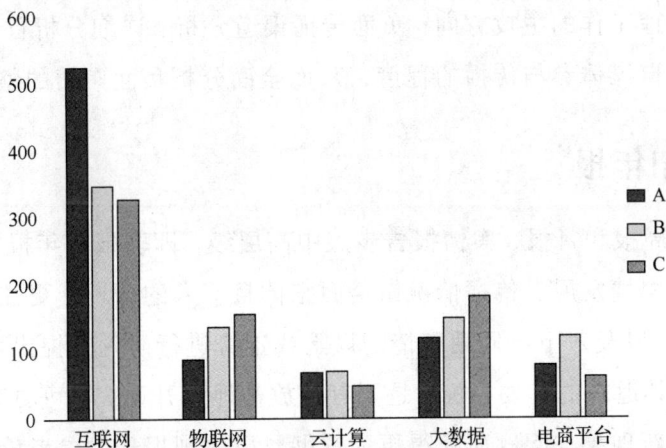

三家企业五大领域媒体报道量对比图

......

纵观三家企业在互联网、物联网、云计算等五个领域的信息传播情况，舆情传播呈现如下特点。

第一，××、××以及××的新闻报道主要以事实性报道为主，较少出现评论。信息传播媒体以行业媒体为主（行业网站占比比较高），主流媒体报道相对较少。

第二，资本动向吸引财经媒体关注，特别是××与互联网、物联网等相关信息披露引起《××日报》等财经媒体积极报道。××发布了较多××运营动态方面的评论，不乏"大V"账号对此话题的评论。

第三，A、B的产品推广信息更青睐在行业媒体上进行传播；××类网站关注C

企业的跨界。其中，C的"融合发展"成为××等媒体的关注点，为企业的跨行业发展，打开宣传窗口。

第四，宣传信息辐射范围有所扩张，除涵盖基本介绍外，还囊括了企业战略等内容。如 A 在宣传时，多结合新品上市、业务发展和企业发展战略阐述互联网、物联网、大数据的运用，如结合××成立××公司及其员工的工作经验和企业在信息化领域的探索宣传物联网、互联网技术的应用。

针对大型政府部门和具备全产业链或跨行业发展特性的大型企业（集团），舆情报告可提供对下级单位部门和各分、子公司舆情的细分舆情分析。分析时须注意区分不同部门或业务线的舆情传播情况、重点舆情等方面存在不同程度的差异，这将成为影响结论的重要因素。在报告框架方面，除应提供舆情综述、舆情态势、舆情倾向性等基础内容外，还可增加其他重点内容。如各下级政府部门或各分、子公司的负面舆情分析：通过统计不同板块的负面舆情数量，可清晰地得出舆情形势不佳的领域，作为下一步舆情管理工作的主攻方向；负面传播渠道分析：详细分析首发、转载渠道的传播特点，以及自媒体参与传播的程度，从而全面分析负面舆情的整体情况。

四、季报和年报

历经日报、周报和月报，舆情报告步入中高层级，即季报和年报。此类报告要求对该时间周期内舆情发展、传播情况做全面整体且深入的分析，更注重对舆情规律、特点的宏观把握，以及对下一周期舆情的风险或走势进行研判并提出可供参考的建议等。时效性并非其追求的首要目标，是要有的放矢地展开研究，可更有效地突出核心观点与结论，将新现象与问题研究得更为透彻，以体现报告的参考价值。

年报的结构与月报、季报有一定的相似之处，均包含舆情综述、舆情信息统计、舆情倾向性分析、正面舆情分析、负面舆情分析以及研判建议等内容；分析方法、写作要求基本与其他报告保持一致。尽管报告的构架一致，但写作时需注意把握分析的力度，部分报告可达到研究的标准。分析的深度决定了年报的价值，但年报若事事都做到深入分析，易显得冗余，应根据政府或企业的特点，有的放矢地展开研究，可更有效地突出核心观点与结论。对于年度较为突出的现象、舆情管理问题、新特点等方面，年报可就此展开有针对性的研究，将新现象与问题研究得更为透彻，体现年报的参考价值。

写作时，整体分析的维度围绕一季或全年的舆情数据展开，可对舆情倾向性进行正面、负面或中性等不同类型的区分，并按照行业或领域特点，具体至某一工作环节或舆情"爆点",对监测周期内的数据进行综合统计。此外,综合梳理一季或全年范围内,热点舆情事件的曝光来源及形式,较之日报和周报的监测时段,也更能从宏观上把握舆论监督的"常客"有哪些,从而在日后重点强化,有针对性地予以关注。

【案例9】××舆情年报(节选)

一、舆情综述

......

二、数说××

(一)舆情总量

......

(二)舆情倾向性分析

......

(三)网络负面舆情分析

1. 负面舆情走势

据统计,××年××共计发生约××起负面舆情事件。全年负面舆情事件数量走势比较平稳,存在一定波动,如下图所示。

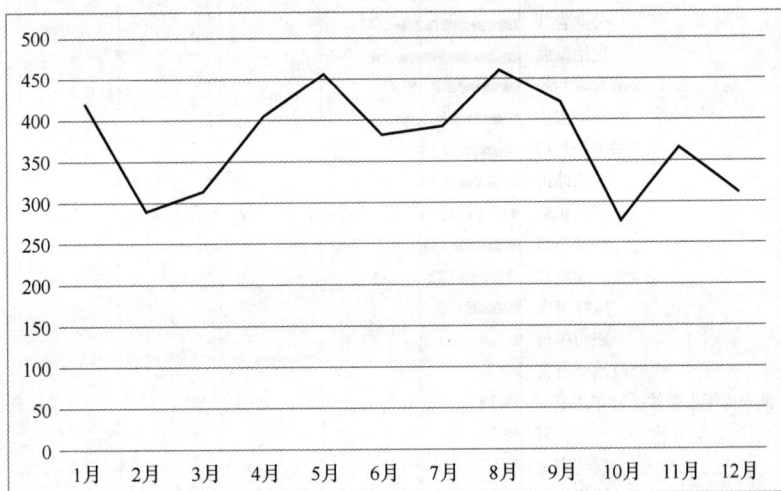

××年××负面舆情走势

2. 地域分析

由负面舆情事件的地域分布来看,A、B和C为负面舆情高发地区。其中,A负面舆情事件××起,主要集中在民生舆情、房地产纠纷、征地拆迁、教育管理等方面。B负面舆情事件××起,主要集中在民生舆情、征地拆迁、干部队伍建设、劳务纠纷等方面。C负面舆情事件××起,主要集中在民生舆情、吏治反腐、征地拆迁、干部队伍建设等方面。A、B、C负面舆情均超过××起，D和E舆情平稳，负面舆情事件较少。

3. 议题分析

××年，××负面舆情事件涵盖民生舆情、公共管理、违法犯罪等25类议题，如下图所示。其中，民生舆情数量最多，占比达20%，征地拆迁、劳务纠纷、教育管理次之，占比在7%~8%。干部队伍建设、公共管理、吏治反腐再次之，占比均在6%左右。经济金融纠纷、环境保护、房地产纠纷、涉法涉诉、违法犯罪、涉警舆情等领域舆情热度居中，占比在3%~5%。安全生产及事故、医疗卫生、旅游舆情、政治类有害、涉未成年人事件（留守儿童）、旅游、食药安全、城管执法等领域舆情热度平稳，占比在1%~3%。网络谣言、自然灾害、宗教问题等领域舆情热度较低，占比均不超过1%。

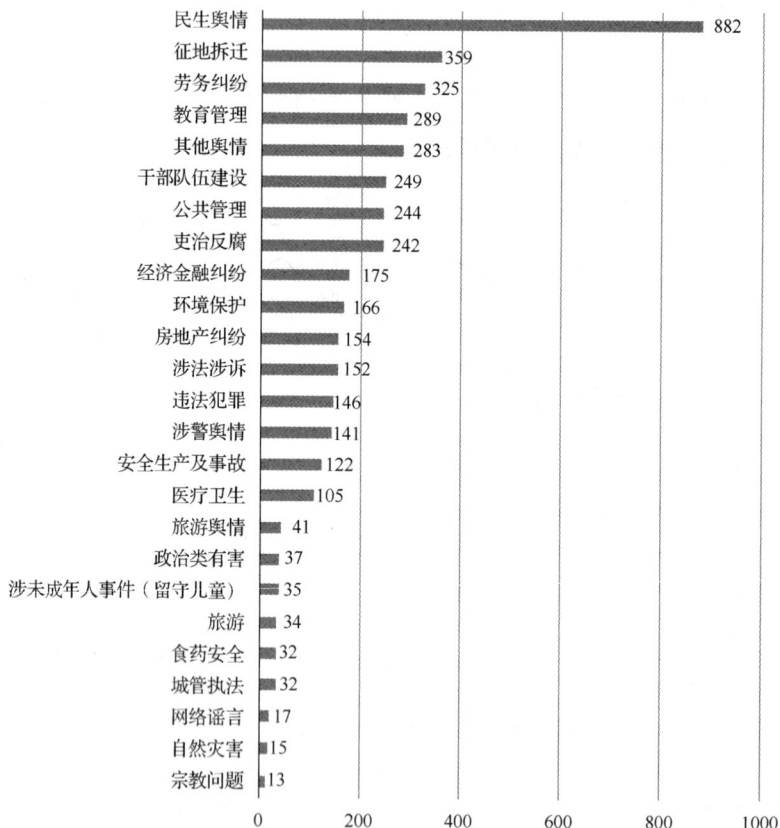

议题	数量
民生舆情	882
征地拆迁	359
劳务纠纷	325
教育管理	289
其他舆情	283
干部队伍建设	249
公共管理	244
吏治反腐	242
经济金融纠纷	175
环境保护	166
房地产纠纷	154
涉法涉诉	152
违法犯罪	146
涉警舆情	141
安全生产及事故	122
医疗卫生	105
旅游舆情	41
政治类有害	37
涉未成年人事件（留守儿童）	35
旅游	34
食药安全	32
城管执法	32
网络谣言	17
自然灾害	15
宗教问题	13

××年××负面舆情事件议题分类

4. 信源分析

××年，微博仍然为负面舆情的主要传播阵地，微博信息占比为45%。其次为客户端、网媒、微信，占比分别为 18%、15%、10%，相较于××年，均有大幅上升，如下图所示。其中，微信占比由去年的 2%上升至 10%，微信已由社交平台转变为舆情传播的重要渠道，应引起重视；网媒占比由 8%上升至 15%，网络媒体对负面舆情的参与度增加；客户端占比由 4%上升至 18%，体现了网民获取信息的方式进一步向移动端转移；论坛贴吧占比由 12%下降到 8%，下降幅度较大，受自媒体平台迅速发展的影响，论坛贴吧的传播能力逐渐降低，但在区域性的信息传播中仍具有一定优势；平媒和短视频占比较少，均为 1%，如下图所示。值得注意的是，短视频平台聚集大量年轻用户群体，具有方便快捷、信息传播量大等特点，对负面舆情传播的影响力正在逐渐上升。

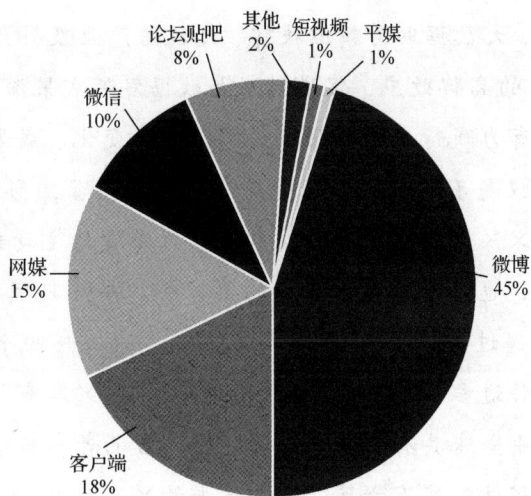

××年××负面舆情信源比例

另外，严格来说，舆情工作与宣传工作密不可分。一方面，近年来涉警、涉医、涉军等多个热点舆情领域中，舆情处置、舆论宣传引导也在共同发力。另一方面，通过舆情分析，把握舆论动态变化、核心关切等内容，以此为助力制定宣传策略和方案，也有利于进一步增强传播效果。因此，季报或年报的结构往往既包括舆情工作的总结，还可包括在报、网、两微一端等融媒体传播上的评估。这类复合型季报或年报相较于其他类型，更加全面丰满——既有热点舆情脉络的梳理与舆情应对层面的解析，也有舆论宣传引导上的可圈可点之处。

【案例 10】××舆情年报（节选）

一、舆情综述

……

三、网络宣传工作特点

（一）议题设置丰富，持续推进重大主题宣传活动出新出彩，大扶贫、大数据、大生态亮眼吸睛

××年，××持续打造主题宣传，推进重大主题宣传活动出新出彩。先后组织××、××、××等系列活动。结合××年度宣传重点，把握宣传节奏、合理设置议题，全面呈现××在脱贫攻坚、大数据发展、生态环境建设等领域取得的成绩，巩固"××""××"品牌宣传效果，持续提升××新形象的影响力。其中，××活动宣传期间，媒体多角度讲述全国扶贫攻坚战中的××故事，对比分析部分贫困地区扶贫前后的生活变化，聚焦扶贫脱贫工作成效，有效推介××五年来扶贫脱贫取得的历史成绩，传达了大力扶贫促同步小康的积极影响。××活动中，各媒体平台密切配合，从大数据企业扎堆落户××、大数据助力精准扶贫、大数据产业吸引大量人才等多角度不断丰富"××""××"的品牌效应，促进××大数据发展成果深入人心。××活动中，××主动设置议程，有力践行生态文明建设的举措、变化、成果、经验，释放生态红利、获得各方认可等议题不断，丰富了舆论场的传播内容，形成了强大的舆论声势。

同时，在××、××等重大活动举办期间，正面宣传主动出击，取得显著成效。如××创办的第×年，也是升格××会议的第×年。举办期间，《××日报》连续第×年刊发头版头条，通过"××""××""××""××"四个主题见证××持续推进××战略行动的工作进程。同时，据微信公众号"××发布"发文《网络媒体的××纪录片》介绍，今年全球共有××家媒体、××名记者参与报道××盛况，记者人数创历年新高，刊发稿件××万余篇，网络点击量××人次。相关稿件还在××个国家和地区以××种语言同时发布，宣传短片亦在纽约时代广场纳斯达克大屏上播放，领英、推特等海外社交媒体也推送××相关信息××余次。××活动成为全球关注的××盛会，影响力、美誉度持续提升。今年还是××论坛创办的第×年，也是升格为××论坛的第×次年会，亦引发社会热切关注。

值得关注的是，××宣传坚持"请进来"与"走出去"相结合，有效拓展外宣渠道。如邀请国外媒体开展专题集中采访报道，开展"××"活动，充分展示××发展成果，增进国际社会对××的了解和认知。邀请××到××感受××发展，录制短视频，展示××年以来××产业给××带来的变化，收获大量网民点赞。先后赴××、××等地举办推介活动，全方位、多角度展示××丰富的民族文化资源与丰硕的现代经济社会成就。外宣工作成效显著，美国媒体××点赞××发展，称××为中国的"××"；《××时报》报道认为，××已成为一个具有世界水平的××中心。

……

四、舆情应对特点分析

（一）舆情意识和素养不断提升，重大事件提级应对成效显著

××年，××应对处置负面舆情事件，基本可以做到积极有效处理。同时，在一些影响力较大的舆情事件中，除第一责任人及时回应外，高一级单位主动介入处理，取得了良好的效果。如在××事件中，××发布情况通报，称接诉当天，××立即开展感染源调查，均未发现异常情况。××将全力配合省××复核组对感染源进行核查，尽快拿出调查结论。××随即发布消息称事件已在调查中，××已介入。高一级管理部门介入处理稳定了舆论情绪，一定程度上消解了网民对涉事单位可能存在包庇行为的质疑，有利于后续舆情应对工作的开展。××爆发期间，××召开××紧急电视电话会议，要求各地各部门做好舆情引导工作。全省启动××响应，压实防控责任，强化措施落地。不仅成立××应急指挥部，及时发布处理信息，同时问责××干部，惩治传播谣言行为，有效纾解了舆论恐慌情绪，取得了良好效果。

……

第三节　非常规舆情报告写作架构设计和方法

与常规性报告（周期性报告）不同，非常规报告（专题性舆情报告）具有较强的针对性与目的性。所谓针对性，即报告的分析对象、时间节点、分析范围等要求更为明确，包括事件、政策、会议、活动、话题等。不同报告的目的性不同，也决定其架构、写法多样。

一、突发性舆情报告

顾名思义，突发性舆情是指突然发生，对政府、企业造成影响或社会危害的舆情。此类舆情具有如下特点：第一，舆情发生突然，往往来势汹汹，让政府、企业难以招架，也考验其舆情管理能力；第二，在短时期内，舆情传播呈现骤然提升或呈现爆炸式的发展态势，部分突发性舆情还会出现舆情传播的长尾效应；第三，舆论呈现明显的负面倾向，自媒体渠道的批评信息占比较高，通常会超过半数，甚至出现大多数乃至全部占比的情况；第四，舆情关注群体可为单一群体、多个群体或全民关注，关注群体的多寡将直接决定舆情的影响力度。

（一）报告要求

在时间紧、任务重的情况下，突发性舆情报告需要迅速、及时掌握舆情发展动向，

因此，对此类报告有以下六点要求。

第一，报告的条理要清晰。要让读者全面掌握舆情元素，报告必须有合理的秩序安排，并且合乎常理、符合阅读习惯。

第二，舆情分析要有严密的逻辑性。优秀的突然性舆情报告一定要具有较强的分析逻辑，具有绝对的合理性，即分析过程符合逻辑体系、具有逻辑特点、恪守逻辑规则，并符合社会发展、经济发展、企业发展等规律。

第三，舆情分析要有科学性。舆情分析结论一定要符合客观事实的标准，富有科学依据，即分析结果要清楚、切实，还要有理论依据。

第四，语言要简洁，重点内容要突出。为了让读者更迅速掌握核心内容，报告不应出现冗余的内容，而是言简意赅地表达出观点和观察结果，为读者节省时间。同时，报告还要突出重点内容和观点，便于让读者更准确地抓住要点，不遗漏关键结论。毕竟，在如此紧急的时刻，报告须体现更为完善的服务性。

第五，舆情研判既要"就事论事"，也要立足长远。舆情研判到底采取什么思路，与舆情的属性直接相关。如果突发性舆情涉及公共、安全、卫生、教育、环保等领域，易发展成为全民关注的舆情事件，需要多层面的舆情研判——从时间的角度来看，既要顾及当下的影响，也要警惕形成负面的长远影响和标签；从涉事群体的角度来看，既要对直接影响群体做出判断，也要对间接影响群体进行观察，判断其态度变化的情况，以做出更准确的研判。但如果突发性舆情影响面较窄，舆情研判做好"就事论事"即可。

第六，舆情管理建议要落地。在突发性舆情中，报告的作用是指导政府或企业更合理地开展舆情管理工作。因此，舆情管理建议就要有很强的操作性，即要让政府或企业知道当下该做什么、如何做。突发性舆情的建议要避免过于宏观，危机发生之时，并不一定适合做出舆情管理的策略性动作，切实有效的建议往往更适合当时的情境。

（二）报告内容

1. 概述

突发性舆情报告的概述是全篇报告的总论，也是核心观点的主要输出版面，因此要传达大量信息，客观呈现舆情发展的宏观情况。概述内容须包括舆情发展现状、舆情数据、传播路径及特点分析、研判结论，对舆情进行总体性定论。

报告的概述须详细交代首发媒体、首发时间、首发报道标题及内容、转载等信息源的情况；还须描述各渠道信息量的统计情况，从数据中获知，哪个渠道为核心传播渠道，并对此进行更详细的数据分析，以评估舆情影响力。最后，以研判作为概述的结尾，简明扼要地传递宏观分析结论。

除此之外，对于信息传播量较少的突发性舆情报告，概述部分可直接呈现事件或话题本身存在的核心矛盾点。特别是针对首发于自媒体渠道的舆情事件，信息向媒体的传导力与关键时间节点是分析的重点，判断舆情发展趋势，须厘清事件的矛盾点。这也将成为概述的核心内容，而数据就显得没有那么重要了。

2．传播情况及舆情走势

报告的传播分析主要包括传播路径、传播拐点及诱因的分析。在传播拐点的分析中，可获知导致舆情衰退的原因、信息量骤增的原因，甚至可以获得各渠道的不同作用力。传播路径分析以图文形式为主，即舆情传播走势图和信息传播过程的详细分析。舆情传播走势图可清晰地显示各渠道每个时点的信息量变化，由此分析舆情传播的结论——对未来信息量变化做出判断。传播分析注重观察每个时点的传播推动力，即查找"哪篇报道或信息""事件发生何种转折"使舆情传播出现变化。报告对细微变化的精准把握，有利于做出更加正确的舆情研判；传播分析要与研判建立关联性，切不可割裂。

3．舆论观点和态度分析

在一篇舆情报告中，舆论反馈是不可或缺的内容；此部分分析内容在突发性舆情报告中所占的比重较大。舆论反馈分析可分为倾向性分析与观点分析。

倾向性分析是对舆情信息所表现出的意见倾向进行聚类分析，以图文形式进行详细解读；将各倾向的舆情信息进行权重分析，即可看出全部舆论关注点、舆情分类以及关键点。倾向性的聚类可偏向宏观，如正面、中性、负面等；也可偏向微观，如支持、不支持、弃权、纠结等。倾向性分析可显示舆情阻力在哪里，为舆情处置策略的制定提供依据。

观点分析可分为媒体观点分析与网民观点分析，是具体对媒体和网民发布、传播的内容进行分析，如××媒体评论"××"。分析主要在内容之中寻找舆情变化的线索，目的是观察一语双关之下的表达本意。

4．研判及建议

基于上述分析，报告已对舆情的发展脉络进行了全面分析，对舆情发展趋势的研判则成为最有价值的内容。舆情研判主要包含：对舆情后期发展的上涨、下跌做出判断，对争议点、矛盾点的影响做出判断，对舆情影响进行评估，对舆情管理空间进行评估，对舆情传播的偶发性进行预判。研判时，可单独对舆情风险点进行梳理，予以提示。

根据舆情研判的情况，建议须与之相对应并进一步提出可行、实用、灵活的舆情处置策略。舆情建议可"就事论事"，也可立足长远，转危为机。实际上，舆情建议并非千篇一律，"放之四海皆准"的建议往往收效甚微；基于扭转局面、维护形象和品牌声誉的舆情建议具有更高的价值。

二、宣传效果评估报告

舆情由正面、中性、负面信息共同构成，这一观点已被越来越多的人接受和认可。与专注于分析负面信息的危机舆情报告相反，宣传效果评估报告是深入分析正面信息的舆情报告种类。

随着政府、企业对危机舆情的管理手段逐步提升，危机处置、舆论引导能力日渐加强，使得负面舆情管理变得更加得心应手，而正面宣传则成为舆情管理的新"短板"。目前，部分政府、企业的宣传策略单一，语言呆板，很难在社会快速发展的环境下达到宣传的预期效果。面对宣传策略与实际效果的差异，政府、企业需要制定一份评估报告来查找问题所在，以舆论反馈为基本素材的宣传效果评估报告即可满足这一需求。

从舆情的发展趋势来看，宣传工作愈加受到政府和企业的重视，做好形象工程的诉求也日益强烈，宣传效果评估报告将成为舆情服务中非常重要的一项。

（一）分析思路

宣传效果评估报告的主要目的是评估某一次、某一组宣传工作的实质性效果。如果将宣传信息比喻为一块岸边的石头，那么宣传效果就是将石头丢入水中所产生的景象、声音；至于水面激起了何种形状的涟漪、石头打了几个水漂、哪些人观看这一景象等内容的归纳总结则形成了宣传效果评估报告。

宣传效果评估报告主要观察政府、企业如何开展宣传工作以及相关的舆论反馈情况，分析思路除秉持常规报告的原则外，还须展开以下步骤。

第一，建立分析体系，确立评估模型。不同于负面舆情报告的专注于寻找扭转舆论时机的特性，宣传效果评估报告更侧重于研究信息在舆论场中引起的反响，因此，需要根据"一事一议"，即根据本次宣传的情况确定分析和评估的体系模型。分析体系由传播路径、传播渠道、舆论观点、传播特点及亮点等方面构成，其中传播路径和传播渠道是基础，舆论观点是关键，传播特点及亮点是结论。

第二，了解外部环境，给予客观评价。任何一项宣传工作都不能独立地进行评价，这样容易失真；要做到对正面舆情的客观评价，需要给它建立一个合适的坐标系，进行全面评估。坐标系的 X 轴与 Y 轴分别是宏观环境与产业（领域）环境。宏观环境是指国家的战略、政策、规划、方针等顶层设计与发展方向；产业（领域）环境是指在相关产业、相关领域内的发展趋势。通过分析与宏观环境、产业（领域）环境的契合度，报告可更准确地分析宣传效果。

完成以上两步骤后，宣传效果评估报告的框架也就顺理成章地列出来了；在经过搜集整理传播数据、分析信息内容和倾向性、总结传播效果等步骤后，一篇完整的宣传效果评估报告便应运而生。

（二）写作技巧

宣传效果是一种抽象的客观存在，通过多类数据统计的具象化呈现，基本可达到客观评价。报告在展示一系列数据、观点时，要避免过于生硬、枯燥的表达方式，以提升报告的可读性。

1．以数据呈现定性分析结论

实际上，报告的结论是由数据作为核心依据的，即用数据替代结论的推导过程，直观地呈现现象与结论之间的关系。以此类推，以数据为基础的创意图片，与结论性文字描述相配，既可达到简明扼要的报告效果，又可增强分析的可信度。

2．以关联数据分析描述抽象概念

数据在报告中的作用不可小觑，但要注意不要出现偷换概念的现象。数据分析与偷换概念有本质区别，前者让报告的分析更具有逻辑性，而后者则会让报告成为"空中楼阁"，缺乏可信度，难以服众。

3．以图表替代复杂的描述

报告中，细节是判断宣传效果的重要元素，但如果整体环节中某一细节的描述过于细碎，并且多个环节存在指向同一个结论的可能性，此时详尽的分析过程就显得啰唆，图表的呈现方式可避免出现相似问题。

（三）评估方法

经过翔实的数据分析，正面宣传的传播情况、舆论态度已基本呈现出来，再结合整体舆论口碑、品牌声誉的变化，形成最终的宣传效果评估结论。

1．宣传效果要在品牌声誉上做"加减法"

任何宣传效果评估报告都有一个时间分割点——开展本次宣传的时间点；在此之前的舆论口碑与品牌形象可作为"0"，在此之后，品牌形象的提升与下降也就是在"0"的基础上再做一个加减法。通过"运算结果"的呈现，我们可直观看到正面宣传效果，它就是经过单一或系列宣传工作后，在认知、情感及互动方面的变化。

2．遵循"认知""情感""互动"三角评价体系，综合性考量品牌声誉变化

在舆论口碑、品牌声誉的变化中，知名度的提升是最为明显的元素，各类信息中的品牌提及率客观反映了这一变化。品牌情感则是舆论对政府、企业感性认知的体现，将体现在各类信息中，以不同倾向的观点为具象化表现形式。在知名度与认可度明显提升的情况下，政府、企业必将赢得更多信任与支持，转化在传播行为上则是双方借助互联网及移动互联网平台的有效互动。

3．把握细节，保障评估的全面性

在内容为王的时代，政府与企业的宣传工作也很注重宣传信息的质量，使得宣传效果往往与细节密切相关。在评估时，写作者可从内容措辞、版面语言、发布时机、渠道选择等方面进行综合评定，结合外部环境、行业环境、政府职能、企业性质等"硬件"条件，给予更加全面的宣传效果评估。

4．"势"度评估宣传的杠杆效应

在政府与企业的宣传工作中，借势宣传是常用的方法，评估此类宣传效果时，要注重观察宣传效果与"势"的契合度——契合度越高，宣传效果越好，反之则越差。

三、其他类型非常规报告

（一）话题性舆情报告

1．现象级舆情分析（研究）报告

所谓现象级舆情，是指关注、讨论人群占有一定比例，可发生在大多数领域、单位、机构、行业或企业，多起事件所涉问题均指向同一深层原因，部分元素呈现持续蔓延、升级的发展趋势，短期内难以引导、管理的舆情。现象级舆情的关注规模之大、形势之复杂、处置之难，使得部分深层社会现象反映出来。现象级舆情分析（研究）报告的重要意义在于推动各界对单一或一组社会现象进行深刻思考，协助政府、企业引导五花八门的舆论杂音，尽快就某一争议、矛盾、话题形成统一的舆论共识。

对于现象级舆情的研究工作，要具有高度与深度，浅显的研究难以产生预期的研究成果。现象级舆情一般持续时间较长、舆论参与度较高并由多起事件组成，研究报告有可能在中期撰写，起到承上启下的关键作用，也为攻克难题提供科学、严谨的依据。

在撰写现象级舆情分析（研究）报告时，首先要确定分析的主线，主线一定不是某一起或某一组舆情事件，是事件背后所反映的现象、问题、趋势。这才是报告真正要研究的目标，事件只是现象级舆情的外在表象。其次，分析表象事件案例，关注现

象级舆情的延展性发展态势。最后，研究结论要注重对成因、影响舆情发展因素、发展趋势的分析与挖掘，以便达到更深刻剖析现象级舆情的目的。在此基础上，报告也可增加舆情管理建议的模块。

2. 人物舆情、客群舆情画像报告

人物舆情画像报告是勾勒具有话题性、新闻性人物舆情形象的分析报告。报告所分析人物必须具有新闻价值，否则无法确立分析方法，也无法从舆情角度进行分析。

人物舆情形象的分析必须与相关事件、相关单位及企业进行关联，不能进行独立分析，从事件中可看出人物的舆情性格、个人品牌形象、标签等元素。

此外，报告还要注重提炼舆论对人物的评论倾向与关键词。评论倾向显示了舆论对人物的态度，肯定与否定之间存在切换的可能性，对这种变化成因、背景、推动力等方面的研究，比定性人物舆情形象更有价值。评论的关键词容易形成人物的短期或长期的新闻标签，要把握新闻标签的影响及发展趋势，客观评价人物总体舆情形象。

客群舆情画像报告是分析目标用户行为、观点、态度的分析报告，主要为政府服务人民、企业精准提供服务和产品保持高效运转模式提供决策参考和市场调研。

客群舆情画像报告与人物舆情形象报告的分析思路相近，注重对群体的整体舆论倾向进行描摹，通过聚类分析得出关注点、受影响因素等结论。同时，报告还可根据具体的评论内容展开进一步关联分析，如详细分析某一群体对相关领域热点新闻的跟帖言辞的关键词，可看出群体的思维逻辑习惯，进而获得年龄、职业等线索，对相关数据、分析结果进行纠偏。

（二）排行榜类报告

排行榜类报告一般包括前言或项目背景介绍、指标体系制定与说明、榜单主体内容、基于榜单数据的分析与解读、优秀案例呈现、综合性分析、发展趋势与展望等部分。在具体操作中，可以根据实际情况进行增减，其中指标体系制定与说明、榜单主体内容是必不可少的部分；基于榜单数据的分析与解读、综合性分析是提升报告深度的部分，一般要择其一，也可以整合成一个部分。优秀案例呈现则可使报告更加生动，可视情况添加；综合性分析、发展趋势与展望等，有时也可以整合起来。总之，报告内容越完善，越能体现科学性、客观性、权威性，看起来也越清楚明白，说服力强。

1. 前言或项目背景介绍

这部分内容不多，却常成为写作难点，因为前言的切入点常常决定了整篇报告的高度和深度，一般而言，前言主要包括本次研究的背景、本领域目前发展动向、相关

政策文件支持、研究机构介绍、本次研究的目的和意义等，其中有些部分可以进行合理整合。

2．指标体系制定与说明

这部分主要介绍本项目所要评估的对象、范围以及如何制定评估指标与其权重。书写原则为清楚、明白；形式上，可以采用文字，也可以使用图表。

3．榜单主体内容

榜单主体内容一般采用表格的形式，发布的时候按最终得分排序，一般会列出一级指标的得分，如果篇幅允许，也可以列出二级指标。

4．优秀案例呈现

为了更好地说明部分评估对象为何优秀，我们通常会选取一些有代表性的案例进行呈现。

5．综合性分析与趋势展望

这部分内容是结合排名和具体指标的表现情况，对本次研究对象的发展趋势进行一个总结。以新媒体榜单的研究为例，一般而言，对于新媒体的点评可以从以下几方面入手。

一是内容建设：比如研究对象在内容上的发展方向，是深入垂直领域还是多元化扩展？内容来源是以原创为主还是以编辑、整合为主？是移动端内容占主导，还是PC端内容更多？内容瞄准特定受众，还是聚焦普通网民？主要受众有什么特征？内容上能体现出怎样的价值观或思路？政务新媒体更多是政务属性还是媒体属性？媒体如何体现融合发展思路？本地新媒体如何体现地区特色？在研究周期内，内容的品质、把关等是否获得改善？

二是传播效果：研究对象在不同平台、周期内的传播效果有什么异同？同一个机构账号在微信、微博、客户端上的传播效果有什么差别？同一个账号在不同时期（如月、周、日），甚至不同时刻的传播效果有什么异同？在一定周期内，研究对象在各平台上的粉丝数、阅读量、转发量、评论量如何，是否有上升、下降或平稳的趋势？研究对象具体采用过哪些新媒体传播方式，采编形式是否采用了图文、动画、短视频、H5、小游戏等，语言上是否接地气，宣传活动上是否有参与性？这些方法对于研究对象提高点击量、转发数、粉丝数和用户黏性，是否产生了正面效果？

三是发展思路：研究对象未来发展的思路是什么，更偏重内容、平台还是技术？有核心价值引领还是多元化发展？对于该领域起引导作用的价值导向是什么？有哪些中央文件精神、地方条例、本地文化特征和网民性格？主管部门和主办部门对研究对象有哪些具体的定位和要求？研究对象是否有矩阵、系统化发展的趋势，是均衡化协调发展，还是两极分化明显？研究对象的发展趋势，是否打通了产业的上下游？研究对象的发展，只局限在媒体领域，还是与其他产业，如金融、教育、科学等行业形成了融合趋势？

四是媒体平台：研究对象在不同媒介平台上的布局，比如在传统媒体、PC 端、移动端，在定位、受众、风格等层面有哪些异同？网站、微信、微博、App、视频、音频、报刊、论坛、博客，哪些才是其最主要的平台，有什么发展趋势？各个平台间如何具体分工、协作、配合？研究对象是以平台建设为驱动，还是以内容建设为主导？

五是技术运用：目前在该领域，有哪些新的信息技术、传播技术？动画、漫画、沙画、短视频、AR/VR 技术、网络直播、全景呈现等，产生的效果如何？受众如何反馈？对于网络传播、阅读方式、社交行为是否产生影响？内容与技术，对受众分别产生怎样的影响？对于当下的互联网、新媒体发展有什么启示？

由于具体研究对象的不同，这部分还有很多可深入撰写的方面，本书只是提供一些思考的角度。

（三）蓝皮书类报告

1. 主要类型

蓝皮书，一般指由第三方完成的综合研究报告。舆情蓝皮书主要包括行业舆情蓝皮书、政策解读蓝皮书、重大事件蓝皮书等类型。

行业舆情蓝皮书以梳理行业发展舆情为主，主要目的是帮助阅读对象认清当前的行业舆情发展态势，正确把握未来行业舆情整体走向和趋势，提升企业舆情素养，扩大正面传播影响力。行业舆情蓝皮书的内容通常包括行业舆情环境分析、行业（企业）舆情热点分析、企业主动传播能力分析、舆情应对效果分析、行业舆情前瞻五大部分。写作框架也可根据写作者的偏好自行调整，时间跨度通常为一个自然年。

行业舆情环境分析侧重对网络传播生态、行业政策变化或行业体制变革等宏观舆论环境的分析，此部分只是作为行业舆情整体环境的简单分析，便于阅读对象了解网络传播的整体环境、行业舆情的整体环境。

行业（企业）舆情热点分析侧重对行业热点事件、企业热点事件、企业热点人物的舆情分析，包括行业（企业）热点事件热度排行、行业（企业）热点话题领域分布、企业热点人物热度排行等，排行榜需综合考虑多个维度，具体撰写方法可参考排行榜类报告，在此不做赘述。

企业主动传播能力分析侧重研究企业的正面宣传能力，主要评估企业传播的议程设置能力、媒体资源整合能力、跨文化传播技巧、新媒体传播及运营能力等方面。

舆情应对效果分析侧重研究行业内主要企业舆情压力指数排行、负面/敏感舆情应对效果等内容。企业舆情压力指数是指行业内主要企业承受负面/敏感舆情的指标，通常以企业的整体舆情负面率作为基础值，通过加权计算得出。行业整体的负面/敏感舆情的话题分布情况可以通过对重点企业或行业负面/敏感舆情分类打标签得出。综合分析企业舆情压力指数和行业整体负面/敏感舆情分布情况，可以对行业负面/敏感舆情的分布特点、未来需重点关注的负面/敏感舆情领域等内容进行解读。负面/敏感舆情应对效果是指行业内主要企业处置负面/敏感舆情的成效，主要通过快速响应、信息发布、整改落实和形象修复四个角度进行综合分析。

行业舆情前瞻主要是在前文对行业舆情环境、行业（企业）舆情热点、企业主动传播能力、舆情应对效果等内容进行多角度、全方位的分析基础之上，结合行业环境、宏观经济环境和社会热点话题，探讨下阶段行业舆情环境、行业（企业）舆情应对压力、企业声誉管理等方面应关注的重点。

政策解读蓝皮书是针对如网约车新规、全面二孩政策等某项国家政策或地方新规的解读类舆情报告。此类报告通常以舆情综述、基本概念说明、政策舆情分析、舆情主体分析、政策影响、总结六大部分内容为主。其中，政策舆情分析、舆情主体分析和政策影响三部分是政策解读蓝皮书的写作重点。政策舆情分析主要包括舆情走势分析、舆论关注情况分析，舆情主体分析包括媒体态度及观点、涉及的各个利益相关群体的态度及观点、专家学者等第三方群体的态度及观点等内容，政策影响主要包括该政策或规定对个人、家庭、社会的积极影响和负面影响。

重大事件舆情蓝皮书是指针对某一重大事件或重大社会话题的舆情分析报告，例如人民网舆情监测室发布的《2012年全国两会舆情蓝皮书》，该报告以人民网2012年全国两会网络调查为蓝本，结合一年来的热点舆情对网民票选结果进行分析解读，同时还总结了五年来网民关注热点议题的变迁。该蓝皮书是人民网首次针对全国两会发布的舆情蓝皮书。

重大事件舆情蓝皮书也可以是某一时间段内的若干重大事件的舆情分析报告，此类报告注重从若干重大事件中分析这一阶段的舆情特点，例如上海交通大学舆情研究实验室主编的《中国社会舆情与危机管理报告（2016）》，以及由人民网舆情监测室撰写的载于中国社会科学院2017年《社会蓝皮书》中的《2016年中国互联网舆情分析报告》等舆情报告，均是重大事件舆情蓝皮书。

2．内容构成

从内容上看，一份完整的舆情蓝皮书一般包括舆情环境分析、受众分析、趋势分析三方面内容。其中，舆情环境分析主要包括传播分析和观点分析两大内容，受众分析主要包括受众人口学画像和受众行为分析两大内容。

（1）舆情环境分析

舆情环境分析是对蓝皮书特定研究对象所处的媒体报道状态、意见领袖认知状态、网民口碑状态的总体把握。分析媒体报道状态，需要梳理一段时期内，媒体关于研究对象的主要报道，分析报道细分关注点、报道倾向、版面权重，描画媒体报道的全景图。分析意见领袖认知状态，需要梳理一段时期内，关注研究对象的意见领袖的职业分布、细分话题、主要观点的倾向性和发声渠道，推导意见领袖对该话题的认知状态。分析网民口碑状态，需要借助抽样方法。网民口碑的分析，除了网民评论渠道、观点倾向两个要素，如能结合受众人口学画像（见下文"受众分析"内容），则能极大提升网民口碑分析的价值。除了媒体、意见领袖、网民，有时候政策环境还会被纳入舆情环境作为补充。

（2）受众分析

如果和大众传播学中的"受众分析"做区分，舆情蓝皮书写作中的受众分析可以具体为受众人口学画像和受众行为分析两部分内容。受众人口学画像即针对某一话题，对相关人群进行性别、年龄、学历、地域、兴趣、收入、婚育等方面的统计分析，研究关注该话题的人群。受众行为分析则主要观察受众在研究话题上普遍的行为倾向和模式。

（3）趋势分析

趋势分析是在传播分析、观点分析、受众画像和行为分析等内容的基础上，对蓝皮书研究对象未来走向的判断。准确进行趋势分析的基础是严谨的数据获取和分析、科学的理论依据、全面的变量因子分析。在人民网舆情监测室编写的《能源行业 2015 年舆情蓝皮书》中，作者通过对 2015 年能源行业舆情的全面梳理与系统分析后认为，2016 年能源行业舆情总体呈现三个趋势：一是舆情环境仍存在较大未知因素，主要有能源供求关系调整与能源结构调整、包括产业升级与价改等方面在内的能源改革、清洁能源布局、国家能源战略等；二是能源舆情压力不减，细节决定舆情处置成败，能源行业将面临更严峻舆情环境，合并重组考验舆情处置；三是能源行业声誉管理的挑战与机遇并存，主要表现为传统媒体搭载移动互联网谋融合转型、自媒体立体化传播、互联网亚文化借助新兴传播平台发声等。这三个趋势，在 2016 年基本得到印证，特别是在能源战略、能源结构调整、能源环保舆情等方面有较准确的预测。

结语

本章介绍了舆情报告写作的要点，包括舆情报告的基本内涵、常规舆情报告和非常规舆情报告写作的架构设计和方法。整体来看，舆情报告的写法并无特别大的差别，准确、客观、实在、落地等均为必备要素，但具体来说，常规舆情报告与非常规舆情报告在架构设计上也有所不同。撰写者舆情分析能力和研究水平的高低将通过一份舆情报告来体现，掌握舆情报告写作的要领，将有助思想精华更好地体现出来。

【习题与思考】

请以某省人民政府工作人员身份，选取最近的一周或一月时间为监测范围，撰写一篇常规舆情报告，或选取一起近期属地发生的负面热点舆情事件，撰写一篇非常规舆情报告。报告均须有数据和分析的内容，不能仅为数据展示或信息汇总。

第五章

舆情研判和应对

【学习目标】

通过本章的学习，读者可全面了解舆情研判和应对的常见思路及方法，熟练掌握舆论引导"时、度、效"在突发热点舆情和正面宣传中的运用，并对转型期热点领域的舆情应对有一个清晰的认识。

【本章知识结构】

本章包括网络舆情研判的定义及常见方法、舆情分级研判的指标体系、网络舆情应对思路及方法，以及转型期热点领域的舆情应对四节内容。科学准确的舆情研判是做好舆论引导的前提和基础。第一节是对网络舆情研判概念、作用、方法、原则的详细介绍。第二节则是从舆情分级研判的指标体系入手，结合具体案例探讨舆情分级研判的指标体系在实践中的应用。第三节是梳理国内舆情应对思路的演变过程，并就如何做好舆论引导"时、度、效"进行深入分析。第四节是针对教育、食品安全、医药、环保四个具体领域，探讨转型期热点事件的舆情应对。

第一节　网络舆情研判的定义及常见方法

网络舆情是网民对诸多社会现象和热点问题所反映出的态度、观点和情绪倾向。在突发事件中，网络舆情能通过发达的移动客户端、网络社交媒体等迅速形成，对事件发展产生巨大影响。涉事主体想要有效应对突发事件，有的放矢地进行舆论引导，一定离不开对网络舆情的研判和分析。

那么，什么是网络舆情研判，它是过程还是结果？做好网络舆情研判有什么意义？如何做好网络舆情研判，是否有实用有效的方法？本节将从概念、意义和方法的角度详细讲解网络舆情研判。

一、网络舆情研判的概念及作用

（一）网络舆情研判的概念

网络舆情研判是网络舆情工作的重要组成部分，是指以网络舆情监测为基础，以数据分析和科学归纳为方法，以任务为核心，对舆论场内各个渠道的有效信息进行分析，并给出一定的价值和趋向判断的过程，亦称网络舆论研判。

总体来说，网络舆情研判工作是一项系统工程。一般分为两种情况：一种情况是对网络舆情进行日常性和持续性的跟踪与搜集，并在此基础上建立网络舆情信息库，适用于社会思潮、意识形态等方面的研判分析，具有长期性、稳定性、系统性的特点；另一种情况是针对某一突发事件或某一特定任务进行有针对性的研判工作，一旦该任务完成，则舆情活动便随之结束，具有针对性、临时性、专题性的特点。一般来讲，网络舆情研判更侧重突发事件的舆情研判。

为了更好地服务舆情工作大局，网络舆情研判，尤其是突发事件的舆情研判需要注意六个要素。一是信息要素（What）：这个事件属于什么领域、哪一行业；在信息收集的过程中发现了什么敏感信息；这些敏感信息内容是什么、严重程度如何。二是人物要素（Who）：事件涉及哪些部门和个人；关系到哪类群体、哪些关系；谁在关注这类事件的进展。三是空间要素（Where）：事件发生地是否属于敏感地点；摸底事发地的媒体、意见领袖情况如何；通过哪些渠道可以找到敏感信息。四是变量要素（How）：关注敏感信息的传播节点、转折点；事件发展的趋势、新动态、新特点。五是时间要素（When）：事件是否发生在敏感时间；舆情发酵的周期情况；第一时间找到敏感信息进行研判。六是结果要素（So what）：敏感信息的传播有何严重的不良影响；是否需要相关部门关注、干预或回应；如何回应舆论诉求。

此外，由于网络技术的发展，海量信息涌入人们视野，单靠人工搜集进行舆情分析难免遗漏和片面，还需要技术手段、舆情监测平台予以加持。

（二）舆情研判的作用

在新媒体时代，一些违法行为很容易被曝光、放大，甚至过去习以为常的说法和做法，经过网络发酵或断章取义，也会酿成舆情。在新媒体语境下，为舆情问诊把脉是做好舆论工作的前提和保障，关系到人心向背和社会长治久安，其意义重大。

1．舆情研判有利于辨别舆情风险控制"最大变量"

随着我国进入改革深水区，社会利益日趋多元化，社会关系日趋复杂化，加之不法分子在互联网上蓄意制造敏感话题、歪曲热门话题，不时引起舆论喧哗。可以说，互联网已经成为舆论斗争的主战场，亦为"最大变量"。

复杂多变的网络环境对舆论工作提出更大的挑战。舆情工作者通过舆情研判对转型期的社会热点、痛点进行问诊把脉，及时辨别舆情风险并发出预警信号，科学研判舆情热度、烈度、敏感度和扩散度，行之有效地干预应对，有利于控制"最大变量"，甚至还可将其转变为社会治理的"最大增量"。

2．舆情研判为党和国家处置突发事件提供决策参考

在全媒体时代，突发公共事件日渐常态化。能否准确地进行舆论研判影响着决策者的行为和局势的发展，关系到人心向背。

在突发事件的处理中，"先发者制人，后发者制于人"似乎成了潜在的规律。在这条规律下，舆情研判则是"先发制人"的关键所在。首先，及时、准确的舆情研判能够让事件当事人在舆情发酵期抢得主动权，不至于在舆论倒逼的尴尬局面中做出更加错误的决定，也能为后续事件处理赢得更充裕的时间和更从容的心态。其次，突发舆情事件处置对于相关部门来讲始终是舆论引导的重点、难点，舆情研判有助于抓住时机、把握节奏，恰当地做好舆论引导工作。比如，某个舆情事件牵扯到多个部门主体，舆情研判有助于了解发布会该由哪个主体、哪个层级回应更为妥当。相反，由于某个事件研判不充分，回应主体不了解舆论诉求，不能恰当地回应网民关切，则会严重损害政府的权威性和公信力。

可以说，舆论研判一方面是了解基层民众呼声和意愿的一种重要方式，有助于政府更加科学地做决策，有效地实施公共事务管理；另一方面，能够深层次挖掘舆情事件的真相和本质，分析舆情的特征和规律，预测未来的舆论趋势走向、找出苗头性信息，并提出解决问题、引导网络舆论的对策及建议，为管理部门处置突发事

件提供决策参考。

3. 舆情研判有助于建立最广泛的"网络统一战线"

在自然灾害、事故灾害、社会安全和公共卫生事件引发的舆情中，职场人群、媒体人士、知识分子、网络"大 V"等参与热度不减，"90 后""00 后"也积极参与。这些不同教育背景、不同收入群体、不同利益诉求的人，造成了舆情前端防范风险和处置难度明显加大，这就需要平衡好群体利益和内外利益。

针对各个群体进行"靶向"研判，有利于统筹群体间的利益关系，谋求共识，达成最大公约数。从这个角度讲，网络舆情研判是建立"网络统一战线"的有效手段。建设清朗网络空间需要多行业、多群体参与，将更多高智、高知、高称、高技能行业代表、"网红"人士吸纳进来，这有利于接纳、传递专业声音，洞察社会基本面和不同群体的敏感心理，抓住有利时机和关键人，把握好政府发声发力的节奏和分寸，借助互联网促进政府和人民群众之间的良性互动。

二、七类常见的舆情研判方法

舆情研判涉及新闻学、传播学、社会学、公共管理等多学科和领域，涉及社会系统、政府行政系统，涉及对媒体的认识系统、思维系统、行动系统等多个方面。因此，要对网络舆情进行科学研判，需要一定的理论支撑和恰当的方法。舆情研判的方法包括类型研判、传播研判、时空研判、民意研判、社会心理研判、群体研判、现象研判等。

（一）类型研判

类型研判，是指对舆情信息进行类别的分析、辨别，并根据不同类别的特性进行舆情研判。舆情信息从类型上讲一般分为八类，即思想反应类、社会热点类、群体事件类、工作动态类、问题建议类、思潮分析类、调研宣传类、外媒关注类。

（1）思想反应类。思想反应类舆情信息就是社会各阶层、各领域针对重大政策、重点事件、重要讲话等的看法、反应。对这类信息的研判要求鲜明、准确、新颖、独特、简明。一般使用"普遍认为……一些人持积极看法，认为……另一些人认为……还有一些人认为……多数人期望……"句式。

（2）社会热点类。社会热点类舆情信息就是在一段时期内人们普遍关注的重点问题和事件，如收入分配问题、社会保障问题、社会治安问题、生态环境问题等。研判要反映问题的状态特征，揭示其产生的背景原因，预测其发展趋势。一般模式是反映主流看法、支持性意见，也要反映不同声音和建议性意见。

（3）**群体事件类**。群体事件突然发生，具有不确定性和不可预测性，对社会产生较大冲击，影响到社会秩序的安定。研判时要注意捕捉倾向性、苗头性信息，深入分析事件发生的背景、原因、后果及影响，并积极提出解决问题的意见与建议。

（4）**工作动态类**。工作动态类舆情信息主要指宣传思想工作动态，包括各地区各部门开展各项工作的新进展、新成效、新做法、新经验以及新突破等。一般使用"网民对此说法不一，网友普遍认为……一些网民称……另一些网民称……更多的网民称……网友建议指出……"句式。

（5）**问题建议类**。问题建议类舆情信息主要反映值得注意的思想倾向和工作中存在的问题。研判内容包括群众对某些政策措施的意见、建议，宣传思想工作中存在的问题，意识形态领域苗头性、倾向性问题，境内外敌对势力渗透的动向等。一般使用"近年来……建议一要……二要……三要……"句式。

（6）**思潮分析类**。社会思潮是一定时期人们深层次思想观念和心理状态的集中反映，是在一定范围内造成影响的思想潮流或趋势。如对不同年龄的人群进行喜好画像，对某一时段一系列问题所反映的思想倾向进行研判。

（7）**调研宣传类**。调研宣传类舆情信息涉及范围全方位、多层次，研判重点主要围绕宣传工作出台的重大决策部署，各地区各部门的典型经验、做法，干部群众对重点工作的评价、意见和建议等。

（8）**外媒关注类**。境外重要涉华舆情信息，主要收集和报送境外媒体对我国重大决策、重大改革、重大事件、重要会议，以及我国主要领导人的重要讲话、活动的重要报道和评论。

（二）传播研判

进行舆情研判应掌握网络舆情事件的科学分期。以一般社会热点舆情事件为例，基本可以分为发生期、发酵期、发展期、高涨期、回落期、反馈期6个阶段。舆情监测可重点放在舆情发生期，及时提供预警信息能够防患于未然。一旦舆情继续发酵，进入发酵期，则有必要进行研判了。舆情研判可结合各个阶段的特点进行，如图5-1所示。

（1）**发生期**。发生期是舆情研判所要考察的最重要环节之一，认真考察事发现场重要情节与事实证据，是舆情分析与研判非常重要的基础性工作。

（2）**发酵期**。发酵期常常与发生期相连，二者在时间上的衔接十分紧凑，此时有关部门已经开始明显感受到舆论压力，需要在此期间迅速准确研判网络舆论形势、统一对外口径并紧抓第一落点，直面网上不断兴起的猜测和质疑，"大事化小"，制止流言传播。

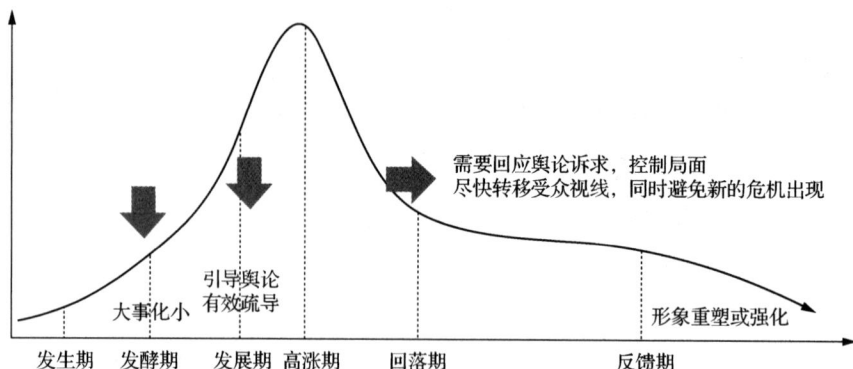

图 5-1｜各舆情传播周期的研判思路

（3）**发展期**。发酵期之后，网上负面舆论已经形成，舆情会持续一段时期，此时即使官方开始妥善应对，负面情绪仍将保持一段上升的趋势，但舆情应对者的有效引导也将发挥巨大作用。在发展期，往往会出现负面情绪"溢出"效应，任何一个独立的事件都有可能被网友或媒体实施"有罪推定"，激化为带有普遍性的社会对立情绪。如果涉事主体在发展期仍不能及时进行调查处置和问责，或出现政府职能机构与宣传部门协调迟缓、信息公开和网络公关技巧性弱等，则舆情走势将一路直线上扬，事态进一步扩大，从而引起高层重视，政府"跨级"响应最终将会被提上议事日程。

（4）**高涨期**。在常见的舆情事件中，如果舆情应对得当，高涨期一般会很快向舆情回落期过渡。此时需要注意的是，在高涨期，舆情应对失当容易引起舆情反弹。不少舆情事件在应对过程中一波三折，比如在重要的新闻发布场合和紧要的舆情转折点，很可能由于个别人员细微的不当言行，导致矛盾的再度激化。

（5）**回落期**。回落期的到来，一般是在党政部门或企业实施重大应对举措之后，舆情走势出现了明显的转折点。在回落期，需要引导媒体和网络舆论关注点，防止舆论反弹，同时进行公信力修复，行政问责、司法审判与善后赔偿工作应有序推进。

（6）**反馈期**。零星的言论仍然会有舆情震荡的迹象，其原因主要包括事件处置出现重大动作或判决结果、网友爆料出足以吸引舆论目光的新信息、当事人各方有最新言行或表态、新的类似事件发生等。在反馈期，舆情应对者应该紧扣经验的总结、教训的吸取、公共形象和公信力的修复。当新的舆情震荡因素出现以后，应该及时根据新闻点性质和舆情走势预期，做出及时回应，说明整改的态度和实效。

研判时可参考下列维度。

① 哪些渠道关注了该舆情事件，是传统媒体、门户网站，还是微博、微信等网民自媒体。

② 是否有境外媒体参与报道，是否有意见领袖持续关注。

③ 传统媒体中，人民日报、新华社等中央权威媒体的权重要高，一旦这些媒体介入报道，舆情热度高且有进一步走高的可能。

（三）时空研判

时空研判，是指对网络舆情事件、话题和现象在时间历史重大关联性和地域空间重大关联性方面的考察，即对舆情是否发生在敏感时间和重要地点进行初步分析判断。时空研判在时间研判方面，主要考察舆情发生的时间是否处于或接近重大节日或重要活动期；舆情事件是否迁延日久，仍未有效平息；事件发展处于何种舆情发展时期，要争取及时发现问题等。时空研判在空间研判方面，首先要考察舆情发生地区和波及地域范围，具体包括舆情发生的地域是否为政治、经济、文化等中心城市；舆情发酵与传播的波及地域是否广泛，是否在境内其他重要地区引起连锁反应，以及舆情是否引起境外媒体和网络关注等。

【案例 1】某地化工厂爆炸事件

事件概述

2019 年 3 月 21 日，某省某市化工园区一化工厂发生爆炸，爆炸物质为苯。事故造成 47 人死亡，90 人重伤。

舆情研判解析

从事件的伤亡及严重程度来看，新闻发布会必不可少，发布内容包含事故救援进展、人员伤亡和救治情况、环境监测结果及善后处置工作等，这些均需要结合时空要素进行研判。首先，从时间角度来研判，此段时间恰好在全国范围内发生过类似的爆炸和污染，舆论极为敏感。从空间角度来研判，化工区内据报道有居民区和幼儿园，有舆论对安全距离提出质疑，那么发布会上关于居民区和幼儿园的人员安置，对于当地水、大气污染的测量，对居民健康影响情况都需要进行通报。甚至对于污染测量是否由权威第三方得出、发布，如何呈现给公众，在研判中都需要明确。

（四）民意研判

民意研判，是指对与舆情事件、话题或现象相关的媒体信息（包括报道和评论）倾向性和网络言论倾向性的分析考察。民意研判是网络舆情宏观研判中较为细微的言论分析，作为舆情宏观研判的初步研判，民意研判较注重舆情分析师的主体性感受，要求舆情分析师在较短时间内通过舆情宏观基本面的全面浏览和初步分析，以坚持客观、公正和负责的态度，对同主题的媒体信息和网络言论的舆情价值进行经验性判断。

具体来说，可以按照下列维度进行民意研判。

① 哪些网民关注该事件，关注点是什么，有没有明确的利益诉求。

② 媒体和网民对当事人和责任方的态度是支持还是反对，到达何种程度，主要观点分布结构和比重如何。

③ 当事人诉求的对象目标明确与否，其指向是某些具体部门还是现行规章制度。

④ 当事各方在事故责任、道义、法律上分别受到的舆论评价如何等。

【案例2】某地垃圾焚烧厂选址事件

事件概述

2018年7月12日，某地发生了居民抗议垃圾场选址的大型群体性事件，线上线下反对声量高涨、质疑环境污染。

舆情研判解析

垃圾场选址的问题涉及几个群体，需要通过民意研判做出舆情引导建议。先要对表示反对的群体做出画像。涉及垃圾场选址拆迁居民，不满拆迁补偿；当地居民担心环境污染影响生活质量；垃圾场周边利益群体，如食品厂、开发商等；网上群众，不涉及具体利益，没有明显诉求，希望"远离我家后院"。通常来讲，舆情研判要在不同群体诉求中剥离出最直接的民意，外围人群趁机扰乱视听的言论需要略去。明确具体的、真实的群体诉求，这样做出的舆情研判才能有助于实体工作的推进。

（五）社会心理研判

社会心理研判，是指把孤立的舆情事件置于社会系统和矛盾运动的结构中进行深入考察的网络舆情宏观研判，是对于新近发生的网络舆情事件、话题或现象，提高更具社会深度和广度的最重要研判环节。社会心理研判一方面强调事实证据的可靠性和可验证性，防止出现捕风捉影的主观臆断，重社会性研判，少政治化解读，同时需要有充足的历史和舆情案例支撑以及舆情事件本身具体且真实的细节佐证；另一方面强调社会学、统计学、公共管理学和新闻传播学等研判理论的科学运用。

具体来说，可以按照下列维度进行社会心理研判。

① 网民对事件本身的反应是认知和态度层面，还是已上升到现实行动层面。

② 新近发生的舆情事件引起民众从认知、态度表达到社会运动甚至社会骚乱的程度，事件在民间引发的刺激效应和对社会稳定性的风险预期。

③ 是否因为个体问题引发了关于敏感关系、阶层的讨论，关注点是否易于演变为社会矛盾焦点。

（六）群体研判

群体研判，是指通过舆情事件中涉事群体的特征、诉求来判定舆情敏感度的一种研判方法，它重点关注敏感人群、敏感人物。新闻学有一个流行的"新闻数学公式"，即"平常人+平常事=0；不平常人+平常事=新闻；平常人+不平常事=新闻"。由此可看出，不平常人是促使舆情产生的一个重要因素，抓住敏感人群、敏感人物的特征及诉求，在舆情研判中起着至关重要的作用，有助于相关部门开展舆情工作。

具体来说，可以按照以下维度进行研判。

① 一般情况下，医生、公务员、警察、未成年人等群体容易引起舆论关注。还要关注涉及特殊诉求的敏感群体，如争取安置的退伍军人、争取退休金的退休工人、失独家庭等。

② 这些群体背后有没有被某种势力利用的现实可能性，是否有超出目前可控范围的可能。

【案例3】民航总医院杨文医生被杀害事件

事件概述

2019 年 12 月 24 日，民航总医院杨文医生在值班期间被一名患者家属持刀砍伤，后经抢救无效，不幸去世。该事件引发舆论高度关注。

舆情研判解析

该事件具有突然发生的特点，在性质上属于社会热点类事件，从涉事主体的角度来看，涉及医生、患者、医院，属于明显的医患关系事件。该事件中医护人员群体受到较大打击，抱怨工作强度大、人身安全没有合理保障，甚至有部分医生无法正常工作，需要进行心理疏导，部分医学院学生放弃从医；普通网民认为耗时、高价挂号费换来几分钟问诊，医生态度差、责任心差；意见领袖关注医院考核制度、医保结算制度。舆情研判结论：意见有明显撕裂态势，医患关系紧张，并对医生群体形成心理冲击，依法治暴、加大对医护群体的关爱需提上日程。

（七）现象研判

突发事件的研判中通常会涉及一些常见的舆情现象，如"沉默的螺旋""塔西佗陷阱""破窗效应""邻避效应"等，辨别这些现象有助于从根本上了解舆论动机、找到引导的突破口。

具体来说，可以按照下列维度进行现象研判。

① 讨论关注程度如何，舆论关注倾向是否理性客观。一般情况下，舆论关注倾向越理性，则舆情风险越小，反之则越大。

② 是否有明显的关联类似事件、聚焦某一种情绪或裹挟舆论的倾向。

③ 讨论在多广的人群范围内展开，仅限于地方媒体、论坛、自媒体还是全国性的讨论。如果该事件暂时在地方论坛讨论，没有进一步扩散的情况则需持续关注，适时正面回应或加以引导。如果该事件由地方论坛向外扩散，关注渠道增加，则很有可能发展成全国性热点。

【案例 4】昆山砍人事件

事件概述

2018 年 8 月 27 日晚，江苏省昆山市发生一起因交通纠纷引发的持刀砍人案件。通报称，当事人双方因行车问题引发口角导致冲突，冲突中双方受伤，刘某某经抢救无效死亡，于某某没有生命危险。

舆情研判解析

从现象研判的角度，我们可以看到，该事件中舆论有明显的"网络罗宾汉情结"，即嘲讽死者、同情杀人者。死者刘某某开宝马车，身上有文身，被称为"宝马男""龙哥"，成为网民眼中的"强者"；于某某则骑电动车，是捡起长刀被迫反抗，相较之下就成为"弱者"。在此事中，媒体曝出死者有 5 次犯罪前科、涉黑涉恶，形成"恶者"的观感；而于某某"平时心态平和""背负家庭生活的重担艰难前行"，从而具有"善者"形象。因此，在网络语境下的"强与弱""善与恶"的二元对立中，网民就自然选择了同情作为"善者"与"弱者"的于某某。研判时要能够从这种表象中剥离，不被舆论裹挟，追求真相。

三、舆情研判的原则

科学准确的舆情研判是做好舆论引导的前提和基础。在进行舆情研判的过程中，应该从宏观层面掌握舆情研判的基本原则，把舆论作为一个整体来考察，从而把握舆论的特征和规律。舆情分析师要严格遵守以下几个原则。

（一）真实性原则

在网民理性表达日趋增强的当下，互联网上仍存在歪曲事实和不实信息的现象。这些信息掺杂在真实信息中，加之社会利益诉求多元、表达渠道多样，相关部门在舆情研判的过程中面临更加复杂的情况。因此，需要以更理性、更科学的态度进行舆论分析，确保舆情研判的真实性。要做到"去伪存真"，对大量信息分析鉴别，去掉不实信息、情绪性发泄，确保参与抽样的信息是有效信息，是真实反映民意的信息。

（二）全面性原则

全面性是舆情研判真实性的保障，多个渠道采样防止断章取义和以偏概全。首先，网络舆论分析和线下调研相结合、相互补充，结合线上线下的整体情况进行研判。比如，某地方人民政府在进行政策改革前，会在网络上公开收集相关言论，当然会有一些网民表达对相关改革措施的观点，但还有一部分群众保持线下沉默，他们之中有很大一部分人可能是直接的利益相关方。如果只取信网络舆论，这部分"沉默的人"的意见则会被忽视，轻则引发舆论质疑，重则导致群体性事件，最终造成新政"流产"。所以，舆情研判的取样范围需要线上、线下补充，关注不同场域、渠道的声音，兼顾各类群体的意见表达，尽可能呈现真实的社情民意。

（三）及时性原则

舆情爆发尤其是突发事件舆情的爆发具有一定的潜伏期和发酵期，相关人员应在舆情爆发之前或者舆情爆发后的第一时间做出相应的研判，以便及时进行舆论引导。所以，舆情研判只有保证及时性，才能满足相关部门决策参考的需求。比如，某地居民听闻垃圾场选址在附近居民区，担忧污染环境就在网上发表议论，从而引来更多的人跟帖，一时间谣言、抗议、愤怒在网络空间扩散。如果长时间未被关注，可能引发群体性事件。如果在舆情高热的情况下及时研判，给相关部门提醒，并给出合理的解释，则舆情危机可能就此结束。及时的舆情研判直接关系到相关部门如何在发现某种舆论动向的同时，以足够量的、优质的信息来影响公众。

（四）针对性原则

舆情研判要找准重点，权威媒体、重点地域、意见领袖、本地相关利益群体等都可作为重点要素。比如某个舆情事件的酝酿、发酵过程中，各方舆论领袖起到了关键性的作用，因此，要敏锐识别和观察各方舆论领袖。比如在人民日报、新华社等中央媒体的表态下，事件有了转折性改变，则要重点分析这些媒体的态度。一旦舆情爆发，具有难以预料、后果严重、需紧急处理等特点，舆情研判需要根据上述重点要素进行分析，第一时间了解舆情态势，判断舆情性质以及舆论诉求，以便相关部门及时判断是否回应、由谁回应、回应什么以及以什么方式回应。

（五）人机结合原则

大数据时代，海量信息充斥着网络空间，要及时、迅速获取舆情信息还需要技术的加持，以舆情监测平台为依托，进行舆情数据的抓取、分级预警。仅仅依靠机器进行数据分析还有诸多不足，包括准确性和趋势分析、民意分析等。所以，在这个基础上，还需要经验丰富的专家团队对事件所呈现的社会心理、网络情绪等纯主观舆情指标进行分析，给出舆情研判建议。人机结合才能提高舆情管理的效率和水平。

第二节　舆情分级研判的指标体系

随着无线通信技术及社交媒体的快速发展，网络逐渐发展成为表达民意、传递诉求、反映舆情的重要渠道，与过去纸媒时代的舆情相比，网络舆情具有反应时间短、传播速度快、不确定性较大等特点，这在一定程度上加大了政府机构或企事业单位对舆情的把控与引导难度。为了及时有效地监测和掌握网络舆情，尤其是网络中的负面舆情，避免处置过程中资源的浪费，建立科学的分级舆情预警机制以及分级舆情研判指标体系便是重中之重。尽管舆情研判的过程离不开人的主观因素介入，但这并不意味着舆情研判只能靠主观臆断、盲目猜测，相反，舆情研判过程有其规律可循。传统的网络舆情研判体系存在评定因素片面、评估指标难以量化、评估结果不精确等弊端，所以，本节从舆情分级研判的指标体系入手，全面考虑影响网络舆情的各方面因素，将舆情预警划分为轻警情、中警情、重警情、特重警情 4 个等级，并具体探讨舆情分级研判的指标体系在实践中的应用。

一、舆情分级研判的概念及作用

舆情的监测与处置是一套系统工程，舆情工作的开展离不开采集和研判这两个关键环节，然而当前的舆情工作普遍存在"重采集轻研判"的现象，缺乏对舆情事件的分级研判会导致舆情工作的盲目、低效，将错失最佳的舆情处置方式与时机。因此，建立一套行之有效的分级研判指标是舆情分级面临的第一要务。所谓分级是根据事物组成部分中各种作用力、所处的具体位置与角色、占有和应用既定资源的资格而进行的一种划分方式，这种划分主要表现为两大特征，即层级性和限制性。舆情分级则是根据舆情主体、话题内容、舆情热度、社会心理等一系列指标对采集到的舆情信息进行研判并评定预警等级的过程。

具体而言，舆情分级是通过对网络舆情传播情况的定性与定量两个维度进行价值分析及趋向判断的过程，具有一定的针对性、专题性、临时性等特点。相较于舆情分类的横向性，舆情分级更强调层次性，目前舆情的分级通常采用层级分类法，即舆情子概念按照中介性社会事项的性质或者内容划分成独立的类目。分级研判的目的在于能够及时发现网络负面信息，并快速准确地为其定性，分析其发生的原因，研判发展势态，并为有关部门的舆情处置提供依据，以便提高资源的利用效率和处置效果。

目前，针对网络舆情的分级管理和研判机制，国内外学者通过研究分析总结出以下 3 种不同的研判方法和模型。①基于运筹管理思想的解决方法：该方法侧重对舆情的事后评价，通过构建一套舆情评判指标体系，在此基础上运用德尔菲法、模糊综合评价法、层次分析法等运筹管理方法，分别对不同的指标赋予不同的权重，最终得到不同事件的热度值，并据此对事件进行分级。②基于计算机算法的解决方法：该方法建立在计算机反应速度快、并行处理和分布处理能力强的优点上，在一定程度上符合舆情事件爆发速度快、反应时间短等特点。在舆情监管领域采用计算机算法，适当修改模型，实现对舆情事件的分析评价过程。③基于在线数据抓取和内容分析技术的解决办法：该方法通过抓取相关平台的网民评论信息，采用文本分析法对采集到的内容进行分析，及时预判舆情未来的发展方向，达到了解网民态度倾向的目的，具有一定的实时性、反映大众态度倾向的优点。

当下，我国相关机构将网络舆情的预警等级划分为：轻度预警（Ⅳ级、非常态）、中度预警（Ⅲ级，警示级）、重度预警（Ⅱ级，危险级）和特重预警（Ⅰ级，极度危险级）4 个等级，并依次使用蓝色、黄色、橙色、红色加以表示，如表 5-1 所示。其中，蓝色代表舆情事件的发展态势不是很紧急，不需要过度进行干涉或防范；黄色代表相应的舆情事件已有扩大的苗头，需要提高警惕；橙色代表相应的舆情事件已非常紧急，相应的措施应尽快出台；红色则代表舆情已经大范围扩散。

表 5-1　舆情预警等级示意表

类别	舆情风险	预警等级	预警颜色	状态描述
轻度预警	轻度舆情风险	Ⅳ级	蓝色	表示负面舆情产生波动较小，在监控的同时，可进行干预和引导，主要以引导为主、干预为辅
中度预警	中度舆情风险	Ⅲ级	黄色	表示负面舆情产生一定范围的影响，需要进行一定行政级别的干预
重度预警	较大舆情风险	Ⅱ级	橙色	表示有较大的负面网络舆情产生，需要介入大量干预工作，以保持社会环境稳定
特重预警	高度舆情风险	Ⅰ级	红色	表示有非常严重的负面舆情产生，可对社会稳定造成影响，必须立即进行干预

二、舆情分级研判的指标与体系

（一）舆情主体

网络舆情治理强调主体的多元化，包含政府、各类媒体以及公众之间等多个系统的相互协调与合作。因此，舆情分级研判需要从社会控制系统入手，形成一种"整体性治理"思维的研判模式。舆情主体也是舆情信息的来源渠道，而舆情分级预警的第一步便是收集各种各样的舆情信息，从收集渠道来看，主要包括政府新闻网站、传统主流媒体新闻网站、商业类网站、社交媒体网站（个人网页、微博、视频等）、论坛社区等，可概括为政府、媒体、公众三种渠道，即舆情主体，如图5-2所示。下文将分别探讨各类舆情主体与舆情预警等级之间的关系。

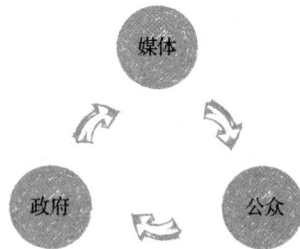

图 5-2 | 舆情主体示意图

1. 政府

政府是网络舆情治理的主导力量。由于国家的政府机构是按照一定的行政级别进行划分管理的，网络舆情的分级制度可以与相应的行政管理的划分等级进行适度结合。但在舆情研判的实际操作中，应该具体问题具体分析，对应关系并不意味着相应的预警等级必须按照相应的行政级别来处置，而是指舆情事件涉事主体应作为第一处置机构，从源头上对网络舆情进行快速响应。按照我国的行政级别划分，从高到低依次为国家级、部委级、省厅级、市局级、县处级等，将其与网络舆情的级别相对应，对应关系如表5-2所示。

表 5-2　舆情研判的对应关系示意表

对应关系	特重舆情	重度舆情	中度舆情	轻度舆情
	国家级、部委级	省厅级	市局级	县处级

2. 媒体

媒体在网络舆情事件中依旧发挥着意见领袖的重要作用，既可以扮演舆情的扩展源，又可以成为网络舆情的治理者。以下主要从扩展源角度来探讨媒体影响力对舆情研判机制的影响。

（1）传统媒体网站及新闻客户端。传统媒体及其新媒体、商业网站、新闻网站等长期以来一直是网络舆情的最主要的信息来源。按照媒体网站的层级来划分，可以分为中央重点新闻网站、商业门户网站、地方新闻网站、行业类新闻网站等。一般情况下，舆情预警等级与媒体影响力呈正相关，层级越高，媒体权威性越强，信息源的准确性越高，新闻覆盖面越广。

（2）互动性强、半封闭状态的社交媒体。近年来，微信朋友圈、论坛社区、新浪微博等互动区域及半封闭圈舆论场逐步兴起，也成为舆情分级预警需要多加关注的场域之一。社交媒体具有用户之间关联性高、私密性强的特征，随之衍生出一大批网络"大V"、自媒体、记者私人号等网络意见领袖，在舆论引导方面占据有利地位。相较于传统媒体网站，社交媒体准入门槛较低，因为在信息时效性方面具有很大的优势，但又缺乏"把关人"，此类渠道往往夹杂着未经证实的谣言、小道消息和网络爆款文章，信息的真实性有待商榷。

（3）专业性论坛社区和移动客户端。除了传统新闻网站，小众的专业性论坛社区和移动客户端也逐渐成为舆情信息的重要来源，此类平台受众群体规模不如微博、微信等社交媒体基数庞大，具有一定的准入门槛，筛选过滤了用户群，留下了拥有共同兴趣爱好、专注于某一领域的用户，例如豆瓣、知乎、虎扑、雪球等。另外，随着短视频等新媒体的火爆，近年来直播、短视频、音频平台也成为舆情信息的重要传播载体。

各层级媒体示意如表5-3所示。

表5-3　各层级媒体示意

媒体层级	举例
中央媒体	人民日报、新华网、中央广播电视总台、光明日报等
地方媒体	新京报、澎湃新闻、南方周末等
行业媒体	北极星电力网、中国石油网、中国农业信息网等

3. 公众

网络舆情本身就是社情民意的集合体，是社会发展脉络中公众社会态度、思想波动、价值取向和评价结果在网络上的投射，是不同社会群体、阶层利益和社会需求在网络上的话语和情感表达。在传统媒体时代，大众传媒将公众视为被动的信息接收者，体现了单向的线性传播模式；然而在网络时代，公众在舆情事件中同时扮演着两种角色，一是被动的信息接收者，二是主动的信息传播者，因此，公众是网络舆情事件传播中最重要的参与方，舆情预警分级有必要针对公众关注内容与态度倾向进行定性判断。

（二）话题内容

舆情事件爆发后，相关管理部门应该根据话题内容的敏感程度对舆情性质进行判断和归类，如表5-4所示。

表 5-4　各等级舆情预警所覆盖话题内容

预警等级	话题内容类型
特重预警	有关党政机关领导的敏感话题；有关各级官员的违法违纪问题、"三公"问题；举报党政机关及其官员不良作风；有关党政机关滥用职权或执法部门暴力执法；安全事故事件（爆炸、坍塌、危化品泄漏、火灾、车祸等）；社会安全事件（集体上访、罢工、非法集会）；械斗、枪杀、暴动等重大刑事案件；民族宗教性事件和涉恐事件；公共卫生事件（食品安全事故、重大疫情等）；自然灾害事件（水灾、地震等）；环境污染事件
重度预警	民生、市政问题（传销、征地拆迁纠纷、农民工讨薪等）；普通公共安全、公共卫生问题（治安案件、网络谣言、校园安全等）；社会公平类问题（公共资源分配不均、受教育权利不对等）；影响较大的政策问题（城市疏解、医疗改革等）
中度预警	市局级、县处级党政机关懒政、工作人员不作为或者生活作风问题；普通的城市管理与民生问题（义务教育、就业问题、社会保障等）；对公共事件的评论性信息
轻度预警	媒体报道过的旧闻被重新提起；网民"移花接木"或"炒冷饭"，将各类旧闻或谣言拼凑一起杜撰出的信息；网民在微博、论坛中涉及政府管理或者市政服务方面的投诉、抱怨等信息

（三）网络舆情热度

网络舆情热度定义为当爆发突发事件后，在网络上所形成的突发事件舆情高涨的程度，具体影响因素包括网络媒体对事件的报道、网民对事件的讨论，以及政府对事件的疏导。

新媒体时代下，网络舆情热度具有不同于传统媒体时代的显著特征。从信息扩散的文本形态来看，舆情事件的传播不仅表现为图文信息，还包括发展态势强劲的短视频，同时"争夺"公众眼球；从信息扩散的平台来看，既有权威的传统媒体客户端，也涵盖各大社交媒体平台下的数量众多的自媒体账号，增加了舆情事件传播扩散的数量；从传播时间的延续角度来看，当某个热点话题在一定时间内被民众广泛讨论，相关信息会及时跟进报道并大量转载，形成特定时间、特定空间内"爆炸式"的传播。本节尝试从信息扩散程度、延续时间、民众关注及态度倾向等影响网络舆情热度的维度，建立舆情热度的评估指标体系。

1．信息扩散程度

信息扩散分为虚拟空间扩散、线下地理空间扩散。虚拟空间扩散以舆情信息的网络传播渠道为主，包括新闻通道、社交媒体通道、论坛社区通道、短视频平台通道，其预警等级的判断以量化统计为主，重点关注相关信息的转载量、阅读量、评论量（跟帖量）、点赞量等，此外，还可根据不同时间段内数量的变化程度来判断舆情热度的高低。线下地理空间扩散则以国内扩散、国外扩散为主，根据不同面向对象采取适宜的应对处置措施。

2．延续时间

我们通过很多案例可以发现，公共危机事件依据其舆情升温趋势可以分为温和型和突发型两种。温和型舆情事件潜伏期较长，经历一个从量变到质变的过程，同时该阶段也是导致舆情爆发的各种诱因不断积累的过程，此时少量的舆情并没有大规模爆发，但是通过各种渠道和平台，表现出一些征兆，容易在监测过程中被忽视。如果相关部门能及时发现负面舆情的苗头，提前进行研判、预警，并采取相应措施将其遏制在萌芽状态，或许可以在舆情处置阶段收到事半功倍的效果。

3．民众关注及态度倾向

纵观历年来的舆情事件，我们可以发现，舆情事件发展过程中出现的较大波动，不仅与事件本身发生变化相关，同时也与民众关注点与态度倾向变化有关，舆情事件的平息往往也与民众关注及态度倾向发生转变有很大的关系。

（四）社会心理

舆情作为大规模的民众情绪、情感的表达，体现了大众的社会认知、社会情感和社会态度，承载着大众心理的诉求，体现出一段时期内的社会心态。社会心理是舆情事件发生、发展过程中的潜在的深层诱因之一，很多舆情事件的衍生与社会心理密不可分。

根据大量的舆情案例分析，能够引起舆情事件的社会心理主要有以下几种。

1．对社会不公正现象的强烈关注

公平向来是人们努力追求的社会状态，当人们遭遇不公正待遇时，往往会激发强烈的反抗情绪。

2．社会信任和政府信任问题

大众的不信任主要包括对政府部门及其工作人员公信力的质疑、对公共与社会组织和公众人物的不信任。

3．对社会安全的担忧

根据马斯洛需求层次理论，安全需求是人类最基本的需求之一，大众对社会安全事件的关注体现出社会安全的需求。大众对于社会安全的需求可以分为交通安全、食药安全、环境污染等多方面，凡是会涉及个体生命与价值的内容，往往会引起最广泛的关注，因此，涉及类似内容的事件都应给予重点关注。

4．爱国意识和民族自豪感的提升

随着我国国力的提升和国际影响力的扩大，国民的自信心和自豪感明显提高。例如，涉及奥运会、世界博览会、探月工程等一系列有关体育盛事、民族文化、国家科技进步的现实事件均在网络上引起热烈讨论。

5．对经济民生话题的关注

在日常生活中，经济问题往往是逃避不了的重要主题，经济发展状况直接关系到人们的切身利益，因此一些涉及重大经济政策的内容，往往会引发人们的关注。此外，凡是涉及衣食住行、就业等民生问题，同样也会成为大众的集中关注点。

第三节　网络舆情应对思路及方法

互联网等新兴技术的发展使得我国网络舆论生态发生显著、深刻的变化，为政府的网络舆论引导提供了许多新的机遇、新的手段，也使政府面临许多新的挑战、新的问题。舆情应对思路也从单纯的信息发布、舆情回应转变为重视舆论引导工作的"时、度、效"。

一、网络舆情应对思路的转型升级

当前，互联网成为社会舆论生成、发酵和消解的主力平台，微博、微信和新闻客户端成为很多人了解时事的第一信息源。政府要习惯于在网络舆论的众声喧哗中进行公共治理，诚恳回应网民关切，及时澄清网络谣言，主动做好政策解读，妥善解决舆论聚焦的问题，去伪存真。网络舆情应对思路主要发生以下转变。

1．被动应对，拖延逃避

在网络舆情概念出现的初期，许多人容易将舆情简单地理解为负面信息，面对舆情危机，显得慌乱而无章法。种种案例表明，舆情出现后，"报比不报好、早报比晚报好、自己报比别人报好、主动报比被动报好"。舆情应对不能存有侥幸心理，逃避或视而不见并不能使舆情事件自动消失，反而容易造成网民情绪反弹，令涉事部门陷入信任危机，折损公信力。

2．主动引导，做好回应

信息发布的及时与否决定了事件不同的走向。随着各地区各部门对舆情认识的不断深入，以及媒介素养的不断提高，舆情应对也更加主动和从容。2016 年，《国务院办公厅关于在政务公开工作中进一步做好政务舆情回应的通知》发布，这是"政务舆情回应"的概念第一次登上中央文件的标题。文件指出，各级政府及其部门要高度重视政务舆情回应工作，切实增强舆情意识，建立健全政务舆情的监测、研判、回应机制，落实回应责任。

3．抢抓时机，注重实效

做好舆论引导工作，一定要把握好时、度、效。一方面，面对突发舆情事件或群众关切话题，相关部门往往掌握大量信息，在掌握科学研判方法进行正确预测发展趋势的基础上，快速反应、主动回应，有助于掌握主动权、话语权、主导权，展现重视、负责的态度，推动事件解决。另一方面，新技术催生各类新兴平台，为受众提供了更多的表达方式和渠道。这就要求党政机关的领导干部用网、触网，不断学习和运用新载体、新技术、新手段，建设网络阵地，畅通民意表达渠道，从而有的放矢地回应关切、解疑释惑，最终达到解决实际问题的目的。比如，当前不少政府部门入驻微博、微信等平台，开设政务头条号、抖音号，取得了很好的效果。

4．风险前置，引入"舆评"

过去，舆情管理工作更加注重事后应对，这种救火式思维、被动式应对的方式在当前的舆论环境下已经不合时宜。党政机关应充分认识到风险前置的必要性和全流程管控的系统性思维的重要性。随着全媒体、自媒体时代的来临，党政机关决策、管理、执行方式需要越来越开放、科学，建立舆情风险评估机制，主动将"舆评"与"环评""稳评"列入重大事项决策环节显得必要且迫切。从"灭火"到"防火"，表面上看是思维的转变，实际上是党政机关工作流程从上到下、从左到右、从前到后的全方位串联，从而全面提升管理效率和治理水平。

二、舆论引导如何做好"时、度、效"

"时、度、效"既是检验新闻舆论工作水平的标尺，也是各级党政机关做好突发事件舆情回应的工作参照。只有把握好舆论引导的"时、度、效"，才能真正掌握舆论引导的主动权和话语权。

（一）时、度、效的内涵

阐释时、度、效的内涵，需要综合考虑三个层面的内容：一是党中央关于新闻舆论工作的相关部署，二是新闻传播规律，三是我国实际国情。当今时代，舆论环境、媒体格局和传播方式已发生深刻变化，时、度、效的内涵也随之不断丰富。

1．时——把握舆论引导的最佳时机

"时"是指时机、时效，把握好"时"就是要把握舆论引导的最佳时机，注重时

效，解决的是什么时候回应的问题，应做到不滞后也不超前。在当前网络环境下，舆情一旦出现，可能在极短的时间内迅速传播，因此，应尊重"首因效应"，抢占"第一时间"和"第一落点"，及时主动发布权威信息，先发制人、先声夺人，牢牢掌握舆论引导主动权。

不过，并非所有舆情都适合在第一时间进行回应，要充分考虑客观实际，不能一概而论，机械套用。网络舆情的应对处置往往也不是一次就能完成的，必须结合舆情发展态势，把控节奏、动态发布。此外，"时"的另一层含义——时势也不容忽视。迈进新时代，国内的舆论生态正在发生重大变革，舆论引导要胸怀大局、把握大势、着眼大事，始终与党中央保持高度一致。

2. 度——掌握舆论引导的分寸火候

"度"是指尺度、程度，把握好"度"就是要掌握好舆论引导的分寸火候，解决的是回应什么、怎么回应的问题，应做到适度而不失度。面对汹涌的网络舆情，应秉持"及时准确、公开透明、有序开放、有效管理、正确引导"的原则，在精准研判的基础上回应关切。把握"度"体现在回应内容上，应涵盖公众最想知道的关键信息，如事实、现状、解决方法、原因等，做到客观、真实、准确，不遮掩、不隐瞒、不夸大；体现在回应策略和技巧上，要讲究手法、拿捏得当，可通过主动设置议题、分层次动态引导的方式，提高舆论引导的针对性和实效性。需要特别指出的是，度有标准、准则的意思，因此，遵循新闻传播规律和行业规范也是舆论引导把握好"度"的应有之义。

3. 效——寻求"最大公约数"

"效"是指效果、实效，把握好"效"就是要把准舆论引导的实效质量，确保取得最佳舆论引导效果，解决的是引导力、影响力问题。"效"虽然是舆论引导的结果要素，但在舆论引导的过程中，对"效"的要求应贯穿始终。网络舆情尤其是突发事件舆情回应要始终以促进解决、引导方向、凝聚共识为目标，努力寻求"最大公约数"，画出"最大同心圆"。

（二）时、度、效的运用

时、度、效三个方面密切相关，不可分割，在舆论引导工作中应将其视为一个有机的整体。其中，时是前提和基础，度是核心和关键，效是目的和追求。"恰时、合度、有效"是舆论引导追求的最高境界。下面就分别从突发事件舆情处置和正面宣传这两个舆论引导实践的主要方面入手，具体探讨"时、度、效"的运用策略。

1. "时、度、效"在突发事件舆情处置中的运用

突发事件舆情处置是当下舆论引导的重点、难点，也是时、度、效有机结合的试

金石。各级党政机关作为高位主体，尽管近年来在舆情应对、舆论引导、突发事件处置等方面的能力有了显著提高，也积累了宝贵经验，但仍存在一些不足。如何抓住时机、把握节奏、讲究策略，从"时、度、效"着力，体现"时、度、效"要求，做好舆论引导工作，是各级党政机关不断努力实践和探索的方向。

（1）"时"的要求

强调抢时效、抓时机。具体而言，一是要及时介入、权威发声，通过快速反应来抢占舆情引导的制高点，通过以权威身份第一时间发声来为事件定调，确保关键时刻不失语，让真相跑在谣言前面，切忌隐瞒、拖延。尤其要利用好微博、微信、客户端乃至抖音等新媒体平台，抢得话语先机。需要注意的是，第一时间并非越快越好，还应把握好早和快、准和快的关系。二是要因时制宜，讲究先后之序。突发事件舆情回应需结合事件处置进展动态发布信息，初期速报事实、慎说原因；中期详细介绍具体措施及事件进展，借助媒体引导舆论理性看待；后期通报处理结果，做好善后工作。

（2）"度"的要求

强调合度。一是保证精度，尤其是涉及人员伤亡、财产损失、处置措施等关键信息，信息发布务必准确，对暂时拿不准的情况，发布时要留有余地。二是因事制宜，一方面区分不同事件性质、不同受众对象，分别加以引导；另一方面做好核心议题、次生议题的分级动态引导，还要掌握好舆论引导的密度和分寸。三是讲究回应技巧，讲事实、表态度、重行动，切忌通报宣传腔、语言强势，注意规避敏感词等。四是善用媒体，引导媒体把好报道尺度，遵守职业规范，防止报道片面、失实，激化矛盾，避免炒作渲染、过度煽情、过度拔高等。

（3）"效"的要求

有效才能达到舆论引导的目的。就党政机关而言，把握好"效"既要满足公众的知情权，又要引导公众正确认识事物真相，还要重视社会效应、长远效果和宏观影响。就媒体而言，对"效"的把握在于直面核心关切，及时为公众解疑释惑，避免简单说教或成为政府信源的"传声筒"；同时为不同声音提供发声渠道，做好政府与公众之间的沟通桥梁。

2."时、度、效"在正面宣传中的运用

"正面宣传为主"是我国宣传思想工作的重要方针。媒体作为主要的引导主体，需着重提高正面宣传质量和水平，把握好时、度、效，增强吸引力和感染力，让群众爱听爱看、产生共鸣，充分发挥正面宣传鼓舞人、激励人的作用。

（1）"时"的要求

一是重在对"时势"的把握，需从时代大局、社会大势出发，紧扣时代脉搏，反

映时代新声。以围绕中心、服务大局为基本职责，着眼重大任务、重要活动、重要事件，突出重点，积极回应社会公众的热心关切，为改革和发展凝聚共识。在事关大是大非和政治原则问题上，必须增强主动性、掌握主动权，帮助人们澄清认识，明辨是非，营造良好的社会氛围。二是重在对时机的选择，正面宣传要想达到良好效果，通常需要前期预热、中期跟进、后期盘点，持续造势、贯穿全程。需要注意的是，有些地方在出现负面舆情后，选择以正面宣传对冲，此举往往不能缓解负面声浪，反而引发更多质疑，造成反效果。

（2）"度"的要求

正面宣传具有鲜明的主观意图，需在综合考量新闻价值和社会影响的前提下拿捏好分寸。第一，要站稳立场、把准导向，弘扬主旋律，传播正能量，激发全社会团结奋进的强大力量。第二，要按照新闻传播规律办事，掌握好报道的受众范围、内容取舍、评判倾向。第三，要适度平衡，在把握宣传节点、持续造势、保持正面舆论引导强度的同时，恰如其分地把握好报道版面、频次、数量，避免因过度而引发反感。

（3）"效"的要求

强调彰显正面宣传实效。具体而言，就是要以群众语言、身边事例，不断激发人们对正面宣传的关注和兴趣。把宏观部署与新闻故事结合起来，把政策解读与民生报道结合起来，注重回应关切、细节展示、情感表达，缩短时政新闻与百姓之间的距离，使正面报道更加鲜活生动，符合人民群众的思维方式和欣赏习惯。尤其应注重创新宣传方式，推进媒体深度融合，充分发挥新技术、新应用在传播中的作用，强化舆论引导力。

（三）舆论引导工作典型案例"时、度、效"评估指标体系
1. 具体指标

目前，有关舆情引导"时、度、效"评估指标体系的研究还不是很多。这里列出人民网舆情数据中心于 2016 年创设的舆论引导工作典型案例"时、度、效"评估指标体系，如表 5-5 所示，供学习参考。该表按照"时、度、效"3 个常规一级指标和 13 个二级指标，采用定性分析与定量打分相结合的形式，对 2016 年至 2017 年 20 件舆情热点事件的舆论引导、官方应对处置能力做出具体评估。

该评估指标体系的优点是从时、度、效的具体要求入手，对主体、时效、技巧、效果等多个层面进行综合分析和评判，有助于全面反映舆论引导水平的高低；缺点是涉及数据量较大、覆盖面较宽，部分信息难于获取。

表 5-5 舆论引导工作典型案例"时度效"评估指标体系

序号	事件	"时"评估（30%）				"度"评估（30%）						"效"评估（40%）			总分
		响应层级	新闻时效	动态反应	传播覆盖	信息透明	观点对冲	网络技巧	监督问责	回应关切	解决问题	公信力	引导力	影响力	
1	四川九寨沟 7.0 级地震	10.00	9.50	8.75	9.00	8.60	7.50	8.38	5.00	7.88	8.00	8.75	8.00	8.50	83.60
2	××被电信诈骗案	9.50	8.13	8.25	9.00	8.50	7.00	8.00	9.00	9.00	8.13	8.13	7.88	8.38	83.56
3	山东济南非法经营××系列案	9.50	8.00	8.00	9.00	8.50	7.00	8.00	9.00	9.00	9.00	7.00	8.00	8.00	82.78
4	山东聊城××故意伤害案	9.00	8.00	8.00	9.13	8.50	8.00	7.00	8.25	8.00	7.75	7.75	8.25	8.50	81.69
5	宁夏银川"1.05"公交车放火案	8.00	9.00	8.00	7.00	8.70	7.00	8.60	8.00	9.00	8.00	8.00	7.50	7.00	79.28
6	网约车新政话题	9.00	7.00	8.50	8.50	8.00	8.00	7.00	5.00	7.00	7.00	7.00	8.00	8.00	75.75
7	南京火车站××××案	7.50	8.00	8.00	8.00	8.00	7.50	6.50	7.50	7.63	7.00	7.50	7.00	8.13	75.53
8	××求职死亡事件	7.75	8.25	7.75	8.25	7.25	6.25	6.50	7.75	7.00	7.38	7.50	7.50	8.00	75.23
9	上海警察"抱摔"事件	7.50	7.75	7.50	7.75	7.75	7.38	6.75	7.63	7.38	7.38	7.25	7.50	7.25	74.38
10	北方农村"煤改气（电）"话题	8.25	7.50	7.75	8.00	7.00	7.50	6.75	6.50	7.25	8.00	7.00	6.75	7.25	73.63

由于舆情工作纷繁复杂，在实际操作过程中，不可能有适用于所有舆情事件的评估指标体系。加之构建评估指标体系是一个系统工程，而且随着舆情表现形态的不断丰富和媒介生态的不断变化，还需要对评估指标体系进行不断修正和完善。因此，在运用评估指标体系进行分析和评价时，应结合具体舆情特点灵活操作。

2．典型案例

结合上述评估指标体系，选取近年来三个突发热点舆情典型案例，从时、度、效三个维度对舆论引导工作加以分析，就网络舆情应对、主流媒体舆论引导等提供参考。

【案例 5】四川九寨沟 7.0 级地震

事件概述

2017 年 8 月 8 日 21 时 19 分 46 秒，四川省北部阿坝州九寨沟县发生 7.0 级地震，造成多人死伤。

舆论引导"时、度、效"点评

（1）地震发布信息准确及时，引发全网迅速关注

九寨沟地震舆情发布中，中国地震台网中心利用新媒体平台、机器人地震速报，及时有效地呈现了地震真实数据情况。中国地震台网官方微博@中国地震台网速报于 21 时 24 分，地震发生后五分钟发布震级测定信息，并@（提及）了@人民日报、@央视新闻等中央媒体微博，@华西都市报、@成都商报等四川当地媒体微博，@新浪四川等当地门户网站微博，成为全网首个发布地震的信息源。该信息随即被各大网络平台引用转载。

值得一提的是，伴随中国地震台网中心消息的动态更新，媒体也实时跟进对接。@中国地震台网速报发布正式测定微博后，新华社新闻客户端很快播报"地震震级正式测定为 7.0 级"的消息。《人民日报》、中央电视台《晚间新闻》栏目，以及人民网、中国网、央广网、中国新闻网等均先后进行消息更新。

（2）主流媒体与地方政府合力发声，谣言迅速被遏制

九寨沟地震发生几小时后，相关谣言开始发酵，但均在初期即被遏制，如"九寨天堂酒店垮塌""震前多地现地震云"等。

一方面，主流媒体及时辟谣。诸如"新华社"微信公众号文章《谣言别信！关于九寨沟地震的 N 条真实情况在这里》、央视网《九寨沟 7.0 级地震后这些谣言不要信》、"地震三点通"微信公众号文章《九寨沟地震 | 谣言别信，关于地震的几条真实情况在这里》等报道被广泛转载传播，有力地澄清了谣言，避免了社会恐慌。

另一方面，政府相关部门在阻击谣言中也功不可没。例如，阿坝州公安局迅速启动多项工作，宣传部门、各级媒体及时更新灾情动态，一定程度上消除了谣

言滋生的温床。

（3）多方联动效果显著，助推舆论回归理性

在与多方媒体的有效联动中，相关部门及时实现了权威信息的全面扩散与传播，为舆论场上的理性氛围奠定了坚实基础。此外，伴随官方日常舆论引导能力和应急处置水平的不断提高，舆论场上的理性声量明显上升，舆论心态整体更加开放包容，在"地震预测需要长期探索"等核心议题上渐有共识。加之官方阻击不实信息速度的加快，媒体报道专业性的提升，谣言与"灾难消费"现象也得到有效遏制。应给予九寨沟震后的舆论引导高度评价。

【案例6】李××求职死亡事件

事件概述

2017年8月2日，教育类自媒体"芥末堆"发布《求职大学生李××之死》一文，称东北大学毕业生李××疑遇"招聘骗局"，身陷传销组织殒命，报道因涉及大学生、传销、人命等敏感点，迅速引发大范围关注。事发后，涉事招聘网站、天津静海警方等涉事主体密集发声回应。事件舆情热度直至涉案嫌疑人被刑拘、天津市区两级展开打击非法传销行动后才走向平息。

舆论引导"时、度、效"点评

（1）快速进行首次回应，压缩了谣言滋生空间

在《求职大学生李××之死》一文发布当天下午和晚间，天津静海警方先后发布消息，确认7月14日发现李××尸体，通报李××系溺亡，从物证分析其可能误入传销组织，宣布立案调查。及时发布死因和案件前期判断，确定了事件总体舆论基调，消除了谣言滋生土壤，阻断了谣言传播链条。

（2）连续进行动态回应，始终掌握舆论引导主动权

在第一阶段初步回应后，静海警方连续三次发布案件调查进展，天津市政法委、静海区人民政府连续三次发布集中打击非法传销计划和进展。累计六次的密集回应形成了强大的信息供给，很好地满足了公众了解案件的诉求和对官方打击传销的心理期待。

（3）静海警方回应严谨有序，信息释放量的尺度值得肯定

整个事件发展过程中，静海警方共进行了五次回应，随着案件侦查的逐步推进，通报内容逐步丰富和完善，措辞从"可能"到"确认""确系"等，语气逐渐肯定，对舆情回应内容和姿态尺度的把握均较好。

（4）区人民政府两次回应存瑕疵，舆情回应还需"精耕细作"

静海区人民政府8月6日发布《静海区举报非法传销奖励办法》，对举报非法传

销组织的个人实行奖励。以政策举措提升危机应对的含金量，思路值得肯定，但具体到案例中，发布该办法有将提升打击非法传销效果寄希望于举报的嫌疑，弱化了政府主动作为的舆论认知。而此后声称的打击非法传销行动"首战告捷"，也略显急功近利。打击非法传销在客观上面临多种困难，靠临时突击的"游击战"难有实效，将此作为回应舆论期待的成果有失偏颇。

（5）舆论引导审慎专业，依托主流媒体凝聚社会共识

以静海警方为代表的官方回应及时且审慎专业，顺利将舆情重心从垂直领域新媒体转移至主流公共舆论空间。依托于主流媒体的深度报道，主要议题没有偏离打击非法传销，围绕互联网企业社会责任的探讨也没有被各方面碎片化信息冲淡，舆情虽偶有波动但平稳可控，舆论共识度较高。

【案例 7】江苏昆山"8·27"街头反杀案

事件概述

2018 年 8 月 27 日晚，江苏省昆山市发生一起因交通纠纷引发的持刀反杀案件。28 日晚，昆山市公安局官方微博发布警情通报称，当事人双方在昆山震川路、顺帆路路口因行车问题引发口角导致冲突。冲突中双方受伤，刘某某经抢救无效死亡，于某某没有生命危险。获悉该案后，昆山市人民检察院连夜提前介入。9 月 1 日下午，江苏省昆山市公安局和人民检察院相继发布通报，认定于某某的行为属于正当防卫，不负刑事责任，昆山市公安局做出撤销案件的决定。

舆论引导"时、度、效"点评

（1）公安局、人民检察院联动应对：缩短办案周期、动态释放进展促舆情平息

该案发生后，支持并同情嫌犯于某某，认为其行为属于正当防卫的舆论占主导。一些网民还对该案是否会被认定为正当防卫一度表示担忧。昆山市公安局商请人民检察院提前介入，联合应对加速了办案进程，并全程做到了动态信息发布，从而避免了舆情升级。这一引发社会高度关注的舆情从爆发到顺利平息，用时仅仅不到一周。

（2）官方撤案同步做好明法释理：通报全面详尽、释疑有理有据

昆山警方的最终通报获得了舆论的广泛赞誉。该通报不仅详细还原了案件过程，说明了撤案原因，针对公众关注的"刘某某所受 7 刀中哪些是致命伤""砍刀是单面开刃还是双面开刃"等问题也进行了详细描述。此外，通报还主动披露了"刘某某醉酒驾驶""于某某去宝马车搜寻刘某某手机，防止对方纠集人员报复"等网民未知的相关情况，这些情况也从侧面佐证了于某某属正当防卫的结论。

（3）对次生舆情及时辟谣：警方澄清被害人不存在"强大的黑社会关系"

一些网友根据刘某某"犯罪前科""多处文身"等细节，呼吁彻查其背后是否存在黑恶势力，由此曾衍生出一些网传不实谣言。对此，公安机关通过主动澄清或媒体受访等多元化方式及时辟谣，有效遏制"涉黑"等次生舆情的蔓延。

（4）官、媒共同打造"法治公开课"：主流舆论接力点赞法治"正能量"

事件发生后，官方与主流媒体牢牢把握住权威信息发布和舆论引导的主动权，共同传递法治"正能量"，引导形成惩恶扬善的良好舆论氛围。在官方最终发布撤案决定之前，对于不少网友出于朴素价值观同情嫌犯、担忧"司法不公"的情况，一些主流媒体及时发文引导公众理性探讨。待昆山市公安局、人民检察院通报认定于某某属正当防卫后，主流媒体密集正面发声，点赞该案兼顾法理情，有利于弘扬社会正气。

第四节　转型期热点领域的舆情应对

改革开放以来，我国经济经历了长期的中高速发展。在这个过程中，一方面，公众对幸福生活的预期显著增强，对衣食住行品质的要求稳步攀升；另一方面，社会治理中还存在滞后于经济增长的体制机制及法律法规。在某些地区，社会治理水平和公众的思想意识，还有待与经济增长带来的新变化和新形势相适应。

2009 年 8 月，新浪微博正式上线。自此，讨论公共事务的网络社区空间极大改变。微博至今仍是热点领域突发事件的重要传播场所。

进入移动互联时代，资讯类平台层出不穷，用户获取信息的渠道也从由总编辑指挥的传统媒体，大幅迁移至用户生产内容（User Generated Content，UGC）、社交关系和算法分发资讯的新媒体平台。在资讯类平台中，公众关心的民生领域热点事件被海量传播，同步产生来自用户的评论与解读。

在此背景下，舆情应对经历了提速换挡式的转型，舆情应对主体只有通过增强官方披露信息的即时性、全面性，才能抢占对舆情事件的定义权、解释权，进而维护政府部门的公信力，提升治理效能。涉及民生领域的舆情尤其容易引发舆论关注，其处置也具有各自的典型特征。本节将从教育、食品安全、医药、环保四个领域，探讨转型期热点事件的舆情应对。

一、教育舆情

教育机构往往给人象牙塔般圣洁的形象，人们常说：知识改变命运，教师是灵魂的工程师，青少年是祖国的花朵。这些比喻反映出公众对教育行业的美好期许。也正因为学校肩负培养未成年人、塑造良好品德、拓展人类知识边界等崇高任务，与教育、教师和未成年人相关的负面舆情，易引发社会聚焦，成为轰动的热点事件。

教育舆情，多与侵害未成年人合法权益、教育机构的管理实践违背公平原则有关，大致分三类：第一类是未成年人权益受损，如校园暴力，学校内部设施安全性不达标、食品及器材等伤害师生健康的事件；第二类是教育公平引发的矛盾，包括对留学生等群体特殊对待，引发其他师生及家长不满；第三类是学术不端现象，如个别学者被举报研究成果造假、高校学生论文抄袭等。

（一）校园安全事件应提级应对

校园暴力以及校园设施与食品安全等问题一旦成为公众事件，就易引起全社会的普遍关注。这类事件常由利益受损的学生家长驱动且事关未成年人群体，能引发社会共鸣，甚至触发公众对教育体制的普遍焦虑。因此，在舆情应对上除了遵循一般原则，还要注意通过深入研判、线下调查等方式，化解事态中潜藏的深层矛盾。

值得注意的是，涉及未成年人的舆情危机事件，应酌情重点考虑提级应对，即由涉事单位的上级主管领导或企业一把手出面回应。高层级响应并及时披露由权威机构调查得出的核心事实，有助于纾解公众焦虑，防止舆情恶化与升级。

（二）应对违背教育公平原则的舆情事件，须有实际改进行动

违背教育公平原则的舆情事件，既侵害当事人的权益，也有损涉事机构的声誉。经济合作与发展组织（OECD）认为："教育公平有两层含义。第一层是公正（fairness），保证性别、社会经济地位和种族等个人和社会因素不妨碍人达到其能力所允许的教育高度。第二层是覆盖（inclusion），保证所有的人都受到基本的、最低标准的教育。例如，每个人都应该能够读、写和做简单的算术。"

由于未实现教育公平引发的舆情，常与"公正"和"覆盖"这两重含义相关。一旦出现舆情处理不当，就可能发酵为现象级的舆情事件。另外，侵害青少年受教育权利的事件，也会引发有关教育公平的讨论。

教育公平是机会公平的基础，与公众利益密切相关。应对涉及教育公平的舆情事件，在常规的处置原则之上，要更加重视查明、讲清事件背景和原因，依法追责，并针对过失出台改进措施，接受公众持续监督。只有做到舆情处置的公开透明，才能挽回教育公平类舆情事件对涉事主体公信力的损耗。

（三）防治学术不端舆情：从根本上加强学风建设

互联网实现了海量论文的收集和存储，使得学术腐败无所遁形。网络空间也让典

型的学术不端行为，有了被充分传播和议论的空间。

应对学术不端舆情，首先应处置引发争议的不正当行为。2018 年 10 月，科技部、教育部、人力资源和社会保障部等五部门联合发布通知，决定开展清理"唯论文、唯职称、唯学历、唯奖项"专项行动。要从根本上治理学术不端，应不断加强学风建设。

▌ 二、食品安全舆情

食品安全问题是牵动社会敏感神经的重要民生议题。部分此类热点事件一进入视野，短时间内大量负面信息涌入，公众容易形成先入为主的逻辑认知，很难接受与自身相异的观点、信息，还会对此抱有潜意识的抵触和怀疑，理性客观的信息难以为舆论所认同。

食品安全敏感话题具有一定的持续性，热点舆情形成后，经新闻媒体及自媒体传播，问题事实、监管调查、专家分析等新信息不断出现，热度反复起落，往往出现热度持续时间较其他热点舆情更长的情况。

综合来看，涉及知名餐饮企业和校园的食品安全舆情易引发舆论关注。知名餐饮企业因口碑较好、连锁店多而具有较强的影响力；校园内外与儿童、青少年成长息息相关。当发生涉及这两个领域的食品安全问题时，易导致舆论突破个案及地域的边界，关注延伸至全国各地。这既形成对监管部门工作成效的监督，也会对有关部门的工作产生一定的舆论压力。面对食品安全舆情，在迅速响应的同时，舆情管理者需及时厘清各方争议的焦点，以权威声音"定调"，以客观事实明晰事件来龙去脉。

（一）媒体暗访、自媒体爆料是食品安全舆情信息的重要来源

近年涉及知名餐饮企业的食品安全舆情中，新闻媒体记者"卧底"暗访，曝光问题，常引发舆论关注。知名餐饮企业往往以其高品质为卖点，赢取公众信任，严重的卫生问题与企业极力营造的品牌形象形成巨大反差。相关事件的出现，导致了一段时期内知名餐饮企业陷入了食品安全问题的舆论质疑旋涡。

当事人在自媒体渠道曝光食品安全事件，成为舆情"导火索"。互联网的发展，为舆论监督提供了技术上的便利，降低了投诉成本，传播了维权案例，促使公众舆论监督与权益保护意识的增强。近几年，网民经微博、微信、问答平台及论坛等渠道，曝光了多起食品安全事件，该类曝光者多为食品安全纠纷中的直接涉事方。相关曝光信息常以图文形式出现，时间、地点等要素翔实，具有较高可信度，促进了舆情传播。

（二）食品安全谣言、流言阻碍相关部门消解争议

谣言、流言等内容，往往利用了公众同情弱者、痛恨监管不作为的心理，蛊惑公众情绪，促使公众往往不经过理性思考而"跟着感觉走"，从而信谣传谣。涉及食品安全的谣言可分为以下两类。

一类与特定的舆情事件伴生。如"成都七中实验学校食品安全"事件中，部分家长在网上反映学校食品安全问题的同时，出现一些如"家长到学校打工卧底一个月""在鸡腿上撒姜黄粉说是硫黄"等与事实不符的图片、视频和言论信息，网民受非理性情绪感染，易质疑校方而忽视实情。后经公安机关调查为个别网民为吸引眼球而故意制造的谣言。

另一类网络食品安全谣言常借自媒体渠道传播。"咖啡致癌""紫菜是塑料做的"等说法屡被辟谣，但隔不久又会改头换面，重新进入公众视野。个别谣言打着"养生保健"的旗号，如"食醋软化血管""吃荔枝会得手足口病"等，传播错误观念，存在一定安全隐患。

有关食品安全的谣言广泛传播，增加了公众对食品安全的不信任感，也损伤了政府部门的公信力。近年来，在社会共治理念的指导下，各方携手治理食品安全谣言，取得了一定的成效，谣言泛滥之势得到初步遏制，但公众对快速发展的食品科技比较陌生，对农田到餐桌的全过程知之甚少，对错误信息的辨识能力、对谣言的抵御能力仍有限，因此强化食品安全科普传播仍需各方持续探索。

面对复杂的食品安全负面问题，应坚持"多条腿"走路，企业、行业协会、媒体等主体协同参与、整体联动、高效配合，实现食品安全社会共治。要坚持不断完善常态预警机制与危机应对机制，实现舆情危机的全面应对以及对舆情危机全流程的有效介入。

三、医药舆情

随着生活水平的提高，人们对医疗、健康的需求显著提升。然而，由于医药行业存在较高的认知门槛，服务提供者和购买者信息不对称，加上一些药品和器械存在质量问题，医疗事故无法杜绝，导致医药行业出现过影响较大的声誉危机事件，挫伤医患之间的信任。此外，由于优质医疗资源供不应求，供需的现实矛盾难以完全根除，也使得医药行业所处的舆论环境潜藏矛盾和隐患。

从舆情应对的角度，一方面，卫生健康部门和医疗机构应直面医药知识亟待科普的现状，以端正的科学态度，传播正确的医疗和养生知识。在医药领域，垂直自媒体

的舆论监督作用凸显,知乎等问答平台汇集了不以盈利为目的的业内人士提供专业视角，积累起一定的公信力，其所拥有的社交媒体成为权威机构科普之外的有效补充。另一方面，从事医药及保健产品经营的企业应避免把患者及家属的求救心理作为营销入口，避免利用信息不对称兜售产品，避免加剧患者对医药从业者的误解和隔阂，以信任化解误会和危机。

（一）药品质量不合格引发危机：重拳出击，修复信任

从 2012 年央视《每周质量报告》曝光不法厂商用皮革废料制造药用胶囊，到 2018 年署名为"兽爷"的微信公众号发布文章《疫苗之王》，关于药品质量的舆情事件爆发力度大，易使公众产生愤怒、恐慌等激烈情绪。药品质量不合格不仅严重危害患者健康，还会动摇公众对医药厂商和卫生健康部门的信任。

鉴于此，处置药品质量问题舆情，应看到不合格药品所能引发的连锁反应，从严从重加以整治，与此同时，披露已经采取与将要采取的补救和监管举措，以及对受害者的赔偿方案，让公众认识到不合格药品的危害已经得到控制，医药服务系统整体是安全和可信赖的。这样，才能修复问题药品对公众身体和社会信任造成的损伤。

（二）化解医患矛盾引发的舆情，应标本兼治

医疗机构承担救死扶伤的使命，舆论对医疗机构抱有深厚的期望。特别是在传染病等公共卫生事件暴发时期，医护工作者的付出获得全社会的认可与尊敬。然而，医药领域既存在专业门槛和认知壁垒，又攸关患者生命延续和家庭幸福，加之医疗服务的公共属性与医院的市场化运营存在矛盾，由医患关系、医疗纠纷引发的重大舆情通常具有复杂性和争议性。

医患关系在舆论场中敏感且脆弱，应对此类舆情，需要标本兼治。一方面，快速、完整地公布一手信息还原事件真相，保障公众的知情权；另一方面，以事实为依据，扭转公众在"天价医药费"类事件中形成的对医疗机构的刻板印象。在信息披露的同时，引入第三方专业人士的意见，特别是垂直自媒体的分析判断，有利于平衡医患双方的立场和利益。信息公开，实事求是，是改善医疗机构舆论环境的重要抓手，官方信息的发布也有利于避免自媒体的炒作及恶意解读。另外，大众媒体对医学知识与生命科学的传播，也能缓解患者及家属的焦虑，帮助公众认识医药科学的有限性和接纳生老病死的自然规律，从源头增进医务工作者和患者的相互理解。

（三）"保健品乱象"舆情映射公众对严格执法的诉求

由保健品引发的舆情事件，多与经销商利用公众追求健康和追求财富的心态相

关。中国消费者协会联合人民网舆情数据中心发布的《2017年十大消费维权舆情热点》显示，社会影响力居首的是关涉老年保健品的消费维权事件。这其中既有侵害老年人等弱势群体权益易引发社会共鸣的因素，更有保健品市场乱象受社会诟病的因素。

与保健品相关的舆情中，非法经营、虚假宣传、制假售假、标签与说明书不符合要求等行为屡被曝光，形成行业痛点。一些商家有意把保健品和药品混淆，通过打"擦边球"干扰消费者的判断。还有一些保健品经销商采用传销模式，涉嫌严重违法，经媒体或自媒体曝光后，成为重大舆情事件。

随着整治保健品市场的措施出台和生效，行业口碑有望出现改观。回顾相关法规和监管完善的过程，发生的典型案例对市场的规范有重要作用。舆论监督有助于保健品管理实现社会共治。因此，对于"保健品乱象"的舆情应对，应保障消费者维权的渠道畅通。无论通过官方指定的投诉渠道，还是诉诸新闻媒体或社交媒体，都应得到政府部门和相关企业关注。此外，媒体在为保健品做广告宣传时，应按要求，在明显位置标注"保健品不能代替药物""不具有疾病预防和治疗功能"等字样，尽到提醒消费者理性选购的义务。

四、环保舆情

改革开放以来，经济的中高速发展在某些地区造成了环境保护的压力。同时，公众对美好生活的向往不再局限于物质层面的满足，更要求生活在健康的环境中。在此背景下，环保舆情日渐受到公众重视。

典型的环保舆情中，网络意见领袖的动员、自媒体的推动，往往成为影响事件走向的关键因素。对于有环境负面影响的建设项目，项目施工方要做好工程建设项目的前期评估，与社区居民、房地产商等利益相关方充分沟通，以防范"邻避效应"。对于环保类新政策的推行，政府应因地制宜，评估政策的可行性、落地性，以防好的政策却导致坏的结果。对于化工厂、废品处理厂等潜在的污染隐患，相关部门应加强日常监管，并定期披露排放数据，主动进行信息公开打造公信力，从而力避谣言和恐慌。

（一）涉及污染的项目立项前应注重舆论引导，防范"邻避效应"

垃圾焚烧发电、涉核工业等对环境有负面影响的工程建设项目落地初期，易出现"邻避效应"，意指居民虽然能够理解建设垃圾场、核电站，以及移动网络基站等项目的必要性，但因担心对身体、环境和物业价格等带来负面影响，采取的集体反对甚至抗争行为。近年来，因抵制垃圾焚烧站、二甲苯化工厂修建而引发的维权事件，受到舆论广泛关注。部分群体抗议事件，参与规模大、持续时间长，给舆情处置应对造成很大挑战。因居民反对而暂停的项目，再次启动时常会面临更加复杂的舆论环境。

对于可能引起"邻避效应"的重大公共项目，较成功的实践经验是在项目决策阶段即开放公众参与，建立政府部门、企业和社区居民的多向沟通平台，把民意的表达纳入制度化的轨道，掌握民众的焦虑点、诉求点。在立项前和项目进展中持续进行舆论引导和民意说服工作，评估社会舆论和民意承受力，从而避免不同意见和不满情绪无处释放，造成群体性事件。

（二）因地制宜，推进环保政策不可"一刀切"

近年来，多项国家级的环保政策法规落地实施，有效促进了我国的生态文明建设。环保政策法规的要求标准、执行力度以及监管力度将会长期持续并越来越严。

为治理环境污染、节能减排，多地颁布了相关政策规定，一些地方性政策在制定和执行过程中，没能充分考虑替代措施的可行性，采用"一刀切"，造成当地居民不满，引发舆情事件。

政策推行还要充分尊重民意，发挥群众的主观能动性。既要有推进环保治理的勇气和决心，也要有兼顾多元主体利益的智慧和耐心。只有充分考量环保与民生两大公益诉求的平衡，才能在环保舆论场中赢得美誉。

（三）健全信息披露机制，力避谣言和恐慌

环保舆情中，涉及能源、化工企业的污染类事件易伴生谣言和恐慌。化工知识对普通民众具有认知难度，一旦政府部门和机构不能及时捕捉敏感信息，并有效辟谣，就会让谣言有了滋生和传播的空间。

应对环境污染类谣言，首先应健全环保信息披露机制，注重日常环保工作信息阶段性公开，用科学、动态的大气、水质、土壤等监测数据，挤压谣言滋生空间，营造阳光透明的舆论场。

其次，污染事件突发时，需要把握第一时间，发布权威信息。只有满足公众信息获取需求，才能把握舆论主动权，避免在舆情传播的重要窗口期缺位。

最后，在舆情研判的基础上，对于媒体披露的问题和公众质疑的焦点，应进行有针对性的解答和回应，介绍对相关问题的部署和解决措施。

舆论监督是改进环境治理的契机，通过有效的行动，解决实际问题，回应舆论关切，才能修复口碑，重拾公信力。如果涉事主体做到第一时间着手进行环境污染问题的调查和处理，以最快的速度阻止污染问题的继续恶化；积极加强与政府部门、受害

者和网民的沟通，对已经造成的损失进行赔偿，公开向受害方道歉，化解流言，就可以赢得人民群众的理解和尊重，从根本上降低网络舆情的负面影响。

结语

　　研判和应对是网络舆情工作的重要环节，本章系统介绍了网络舆情研判的重要作用、常见方法、基本原则与指标体系。同时，梳理了网络舆情应对从被动应对、拖延逃避，到主动引导、做好回应，再到强调把握舆论引导"时、度、效"，以及重视风险前置、引入"舆评"的思路转型升级，并对教育、食品安全、医药、环保四个领域的舆情应对进行了深入剖析。

【习题与思考】

　　1. 做好网络舆情研判有什么意义？

　　2. 突发热点舆情发生后，如何把握舆论引导的"时、度、效"？

　　3. 学完本章内容，你对近期发生的教育、食品安全、医药或环保等领域的舆情事件的应对主体，有什么建议？

第六章
重大突发事件网络舆情管理

【学习目标】

通过本章的学习，读者可全面了解重大突发事件网络舆情，掌握重大突发事件网络舆情应急预案制订的要点，对重大突发事件网络舆情引导处置流程有清晰的认识和梳理，同时还能了解重大突发事件信息发布的形式、意义和技巧。

【本章知识结构】

本章包括重大突发事件网络舆情的定义及类型、重大突发事件网络舆情应急预案、重大突发事件信息发布三节，基本呈"总—分"结构展开。第一节是对重大突发事件网络舆情概念、类型等基本信息的总体介绍，是本章的基础。第二节和第三节是重大突发事件网络舆情应急预案以及重大突发事件信息发布，则是指涉事主体面临重大突发事件网络舆情时，如何结合网络舆情规律，充分发挥主观能动性，采取有效引导和处置举措。正所谓"凡事预则立，不预则废"，应急预案在重大突发事件网络舆情引导和处置实操中占据重要地位，而信息发布又往往是应急预案的关键组成部分。因信息发布相关的注意原则和实用技巧较多，故本章将应急预案与信息发布分为两节，以详细展开论述。

第一节　重大突发事件网络舆情的定义及类型

突发事件是指突然发生，造成或者可能造成严重社会危害，需要采取应急处置措施予以应对的自然灾害、事故灾难、公共卫生事件和社会安全事件。重大突发事件是指造成或可能造成重大甚至特别重大危害的突发事件。重大突发事件网络舆情社会影响严重，舆情处置压力大，次生舆情爆发风险高，需要舆情分析师及其他舆情工作者具备全面的应急管理与舆情应对的技能。

一、重大突发事件的内涵及特点

重大突发事件网络舆情的主体是重大突发事件，因此在系统介绍重大突发事件网络舆情时，必须对重大突发事件的概念进行界定，才能让后续的论述指向性更加清晰明了。

（一）重大突发事件的判定标准

重大突发事件的内涵主要包括以下两方面。

（1）重大突发事件是一个复合概念。对比突发事件与重大突发事件概念可发现，重大突发事件是包含在突发事件中，同时重大突发事件又在突发事件的基础上体现了危害程度。

根据《中华人民共和国突发事件应对法》规定，自然灾害、事故灾难、公共卫生事件分为特别重大、重大、较大和一般四级。突发事件的分级标准由国务院或者国务院确定的部门制定。对于企业而言，它们的重大突发事件级别往往会根据自身的承压能力来确定，与《中华人民共和国突发事件应对法》中规定的重大突发事件的判定标准存在差异。

（2）在实践中，重大突发事件根据其危害程度往往决定该事件的主导处置层级以及问责层级。该特点可以较好地解释为什么在个别重大突发事件中，个别责任部门选择瞒报死亡人数、伤亡人数等重要指标，人为降低事件危害程度来减轻问责层级。突发事件各级指标根据突发事件类别有所不同，但死亡人数、受伤人数和直接经济损失为共性指标，如表6-1所示。

表 6-1　突发事件各级共性指标一览

级别	颜色	主导处置层级	死亡人数	受伤人数	直接经济损失
特别重大	红	国务院或者国务院授权有关部门	30 人以上死亡	100 人以上重伤	1 亿元以上
重大	橙	省级人民政府	10 人以上 30 人以下死亡	50 人以上 100 人以下重伤	5 000 万元以上 1 亿元以下
较大	黄	市级人民政府	3 人以上 10 人以下死亡	10 人以上 50 人以下重伤	1 000 万元以上 5 000 万元以下
一般	蓝	县级人民政府	3 人以下死亡	10 人以下重伤	1 000 万元以下

（二）重大突发事件的特点

重大突发事件主要具有突发性、严重性和迫切性等显著特点，它们之间相互影响，内在联系紧密。

（1）突发性是指事件具有不可预测性，是超出风险预测机构日常监督范围之外的事件。

（2）严重性是指重大突发事件产生了重大的社会影响，通常是负面影响，极易触发公众的共鸣，进而产生群体焦虑、愤怒、失望等不良情绪。此外，除了社会影响，重大突发事件对涉事区域的人、财、物等造成的重大经济损失也被列入严重性的考量范畴。

（3）迫切性是指重大突发事件的发展极为迅速，即从发生、发展、发酵到高涨的传播速度非常快，各周期的传导时间短，因此，极易在短时间内引发舆情的极速传播、谣言的滋生，形成负面意见倾向，对涉事主体形成较大的舆情压力，需快速进行有效干预和处置工作。如果反应过慢将造成更大的破坏和损失，此时快速进行干预和引导处置工作显得格外迫切。

二、重大突发事件网络舆情内涵、类型及特点

重大突发事件发生后，由于其鲜明的特点，在互联网的传播扩散下，一般会迅速吸引社会的注意力，在网络中形成影响广泛的舆情。

（一）重大突发事件网络舆情的内涵

重大突发事件网络舆情是依托重大突发事件而产生的，是重大事件即将发生或发生时以及发生后在互联网传播的，人们对于该事件的相关情绪、态度、观点和行

为的总和。

重大突发事件网络舆情的内涵包括以下两方面。

（1）依托性。该特性意味着重大突发事件网络舆情不能脱离重大突发事件而独立存在。以重大突发事件和相关舆情发生的时间顺序来看，可分为两种：一种是突发事件网络舆情贯穿于突发事件发生的前中后，如超强台风利奇马登陆中国事件相关网络舆情在其登陆前已经大量存在，台风登陆时以及登陆后在网络中也存在大量相关舆情；另一种是重大突发事件发生时以及发生后所引发的网络舆情，既包括事件本身产生的网络舆情，也包括相关救援等处置措施所引发的网络舆情。

（2）重大事件网络舆情本质上是情绪、态度、观点和行为的总和。一般以传播特点、社情民意、社会评价等多种形式呈现，这为引导处置工作明确了线上的目标对象。

（二）重大突发事件网络舆情的类型

重大突发事件网络舆情主要根据重大突发事件的类型分为四类，分别是自然灾害类重大突发事件网络舆情、事故灾难类重大突发事件网络舆情、公共卫生类重大突发事件网络舆情和社会安全类重大突发事件网络舆情。这四类重大突发事件网络舆情，在发生时均包含救援工作、事件原因、防治措施等议题，同时又存在各自侧重的议题和特点。

1. 自然灾害类重大突发事件网络舆情

自然灾害类重大突发事件网络舆情一般是指气象灾害、地质灾害、海洋灾害、生物灾害等引发的网络舆情。此类事件如果在发生前以及后续发展中被发现存在人为原因，相关舆情的焦点将会增加灾害原因、问责状况以及如何通过制度化建设规避相关问题等。

【案例 1】2018 年寿光洪灾

受台风"温比亚"影响，2018 年 8 月 18 日、19 日山东寿光多地连降暴雨，造成弥河流域上游冶源水库、嵩山崖水库、黑虎山水库接近或超过汛末蓄水位，入库流量远超出库流量。2018 年 8 月 20 日上午，随着泄洪流量的增加，弥河沿岸的村庄开始被河水倒灌，多村相继被淹。

灾害发生后，舆论就此次灾害是"天灾"还是"人祸"展开讨论，在舆论场引发广泛关注。

2. 事故灾难类重大突发事件网络舆情

事故灾难类重大突发事件网络舆情一般是指工矿商贸等企业的各类安全事故、交通运输事故、公共设施和设备事故、环境污染和生态破坏事件等引发的网络舆情。如果事件由人为原因导致,将使得相关网络舆情议题聚焦在人员伤亡、经济损失、救援情况的基础上,则更加侧重于事故原因以及后续的调查结果。如果事件由非人为原因造成,此类事件引发的舆情需要将引导的重点聚焦救援、人文关怀以及制度完善上。有些事件在发生初期,在缺乏充分的原因调查和论证,无法确认是人为还是非人为原因所致时,更需要重点做好事故原因的调查工作。

3.公共卫生类重大突发事件网络舆情

公共卫生类重大突发事件网络舆情是指突然发生,造成或者可能造成公众健康严重损害的重大传染病疫情、群体性不明原因疾病、重大食物和职业中毒以及其他严重影响公众健康的事件导致的网络舆情,具有突发性、公共性、紧迫性、严重性等特点,对相关信息传播的及时性、大众性、互动性等也有较高的要求。此类舆情会让人们具有较强的记忆,使其在类似事件发生时易产生关联舆情,引发集聚效应,此外,该特点往往会给相关行业带来致命性打击。

【案例2】2011年××集团瘦肉精事件

2011年3月15日,央视报道河南省孟州市等地养猪场采用违禁动物药品"瘦肉精"饲养生猪,有毒猪肉流入××集团。事件经相关媒体曝光后,引发广泛关注。截至2011年3月24日,"瘦肉精"事件中被河南省有关部门控制、刑拘、立案侦查的人员已达68人,其中"瘦肉精"销售人员26人,使用养殖户33人,生猪经纪人7人,企业采购人员2人,有关部门并对43名公职人员进行了调查取证。2011年3月25日,相关记者从"瘦肉精"事件国务院联合工作组获悉,河南"瘦肉精"事件所涉案件调查取得重要突破,肇事"瘦肉精"来源基本查明,并发现3个"瘦肉精"制造窝点。

4.社会安全类重大突发事件网络舆情

社会安全类重大突发事件网络舆情一般是指恐怖袭击事件、经济安全事件和涉外突发事件等引发的网络舆情。此类舆情往往是由线下蔓延至线上,因现实矛盾未得到解决所致。此类事件多由人为预谋,一般会对社会安全造成恶劣影响,易使民众对社会安全产生担忧情绪。此类事件引发的网络舆情议题多涉及社会安全、稳定、救援等方面,其次为事件原因和防治措施。

【案例3】1·5银川公交纵火案

2016年1月5日7时,银川市公交公司301路由贺兰天骏花园开往银川火车站的公交车行驶到109国道金盛国际家居广场门口,突然发生火灾,事故造成18人死亡,32人受伤。2016年12月23日,纵火主犯马永平被执行死刑。

第二节 重大突发事件网络舆情应急预案

据新闻媒体报道，"某地突发地质灾害，造成人员伤亡，交通通信均受到一定程度影响，灾害发生后，有关部门快速响应，采取多项举措，推动救援救灾工作稳步推进，灾区社会秩序和网络舆情稳定""某企业被曝光存在安全卫生问题，相关部门第一时间介入调查，涉事企业快速响应"……面对类似的重大突发事件网络舆情，涉事主体之所以能够在短时间内做出高效有序的回应，往往得益于重大突发事件网络舆情的应急预案。它不仅能够让涉事主体迅速进入"应战"状态，还能够指导网络舆情引导和处置工作稳步有序开展。本节让我们一起揭开应急预案的"神秘面纱"。

一、重大突发事件网络舆情应急预案的内涵、特点及意义

重大突发事件网络舆情应急预案在舆情引导处置时往往会起到重要作用，在制订前首先了解应急预案的内涵、特点及意义。

（一）应急预案的内涵

根据重大突发事件网络舆情的特点，其应急预案是指能够在重大突发事件网络舆情发生时，综合调用各方资源，激活各种机制，实现对网络舆情的高效引导和处置，达到控制、减轻和消除重大突发事件网络舆情造成的负面影响而预先制订的方案。当重大突发事件网络舆情发生时，预案才会启动。其内涵包括两个方面：一是应急，在重大突发事件网络舆情发生时，预案能够起到良好的过渡作用，帮助涉事主体进入紧急状态，推动相关网络舆情和处置工作进入常规或可控范围内的状态；二是应对，重大突发事件网络舆情往往防不胜防，当网络舆情发生时，涉事主体可在应急预案的总体框架下，采取及时高效的举措，实现对重大突发事件网络舆情的有效引导和处置。从内涵可以看出，应急预案需要实现衔接过渡和有效引导处置两个目标。

（二）应急预案的特点

应急预案内涵丰富、目标明确、逻辑清晰，具有针对性、前瞻性、实用性以及联动性等鲜明的特点。应急预案各特点之间并非是完全割裂的，部分特点之间联系紧密，如实用性和联动性，联动性助力其操作，实用性又给联动提供有力指导。

（1）针对性，指应急预案是为了帮助重大突发网络舆情的引导处置工作。应急预案能够保证相关部门迅速、有序、高效地开展应急与引导处置工作，降低网络舆情的负面影响力。此外，具体到预案的机制建设要件，也是针对网络舆情引导处置的各个

环节而制订的机制，确保各环节自身能够高效运转。

（2）前瞻性，指应急预案具有总结和预见的特性，能够对重大突发事件网络舆情引导处置工作进行合理预判。首先是应急预案的基础建设和机制建设，是在大量的网络舆情事件发生的基础上，总结或者借鉴应急经验而制订的；其次是在事件发生前已经制订了大致的框架及流程，在重大突发事件网络舆情发生初期，涉事主体可根据舆情的具体特点，做出相应的调整，以做好应急衔接工作。

（3）实用性，指应急预案需要保障引导处置目标的达成。首先应急预案会有明确的目标，即引导舆情保持良性发展趋势，同时针对舆情反映的问题积极进行解决。其次，应急预案中会设置引导处置目标达成情况评估标准，具体体现在动态监测和形象修复阶段。

（4）联动性，指应急预案会涉及多方联动，确保对网络舆情进行有效处置。由于应急预案往往涉及多部门、多主体，在实际工作中需要多方联动，包括线上线下之间的联动、部门内部之间的联动、多部门之间的联动。

（三）制订应急预案的意义

制订应急预案不仅能够让涉事主体在发生重大突发事件网络舆情时，快速进入紧急"应战"状态，有序进行网络舆情引导处置，还能做到风险管理前置，不断通过经验的积累和完善，提升社会治理或企业管理的现代化水平。具体来说，制订应急预案的意义体现在以下三个方面。

（1）能够最大限度地做好舆情处置的前期准备工作，缩短响应时间，为舆情应对争取更多的时间。

（2）"不打无准备之仗"，提高执行效率与效果，降低应急管理及舆情处置不当的风险，避免出现急中出乱、忙中出错的问题。

（3）发挥各部门协同作战的优势，全力开展应急管理、舆情处置、信息发布、舆论引导等工作。

▌二、重大突发事件网络舆情应急预案的制订

重大突发事件网络舆情应急预案的制订是一个系统工程，主要包括以下三个步骤。

一是在人员配置上，要全面科学，保证预案的实用性。一般包括单位主要负责人、实体处置部门、宣传部门、第三方舆情专家等。

二是有一套规范的制订流程。该预案需经过多部门的数次研讨，反复研究修改后形成初步方案，再由主管领导把关，最后由单位的负责人进行审核确认，确定终稿后，

各主体结合职能权责和监管范围进行贯彻落实。此外，随着重大突发事件网络舆情特点的转变，该预案还需动态更新。

三是应急预案主要包括基础建设、机制建设和具体引导方案等构成要件。其中，基础建设往往决定机制建设和引导方案执行的能力和水平；机制建设则如同重要的桥梁，能将基础建设的资源盘活，并让引导方案充分发挥作用；具体引导方案作为应急预案"可落地"的主要呈现形式，一般情况下会全面展现网络舆情处置与引导的具体流程和关键要素。

下面对基础建设和机制建设进行介绍。

（一）基础建设

1. 机构优化

机构优化主要针对宣传和实体处置部门。在实践中，对于网络舆情应急预案的制订以及引导处置，宣传部门往往因为其职能特点及专业优势，更能掌握网络舆情发展的规律和特点，进行有效的引导和处置。除此之外，适应当前互联网和大数据发展的需求，在网络舆情引导处置中，宣传部门和职能部门还需要有针对性地组建策划组、数据组、可视化制作组、公关运维组等，多个小组协调配合，才能更好地掌握网络舆情发展动态，提升引导处置效果。

2. 能力建设

能力建设包含三方面工作：一是树立科学的认识，如"解决问题是第一位的，舆论引导是第二位的""舆情危机意味着危险与机遇并存"等；二是加强相关人员的培训工作，以适应网络舆情发展的新变化；三是加强相关理论知识学习和具体方案的演练工作，让网络舆情引导处置工作不能仅停留在书面上，而要落实到实际工作中。

3. 专家库建设

在专家库建设上，首先需要根据实际需求，选择不同类型的专家，这样能保证研判决策的全面性和科学性，但舆情专家以及行业内的专家必不可少。其次，在专家库的使用上，不仅要运用在重大突发事件网络舆情的研判引导上，还可以充分发挥专家库的智慧，将其打造成能力建设的重要助力，成为重要的智力支持。

4. 舆情工具建设

全媒体时代，网络舆情监测、研判需要技术和数据的支撑，网络舆情监测平台已成为网络舆情引导处置的标配；"有图才有真相"成了人们的共识，科学高效的新媒体矩阵以及可视化的舆情地图等生动形象的工具，也逐渐成为舆情工具的重要组成部分。

（二）机制建设

一个完整应急预案需要合理的机制，机制能将这些基础要件进行连接，激活各要件的活力，服务于网络舆情引导工作。从目前重大突发事件网络舆情引导处置的客观要求来看，应急预案的机制建设主要包括领导机制、预警机制、研判机制、引导机制、辟谣机制、处置机制、复盘机制等。

1. 领导机制

领导机制主要包括设置重大突发事件网络舆情引导处置的党委中心组或主要负责人，明确相应的指挥权限和责任。在发生重大突发事件网络舆情时，该机制如同大脑，能够让其他机制快速及时响应，采取各种措施，指挥应急预案顺畅运行。

2. 预警机制

预警机制主要包括网络舆情预警平台和人工预警团队，拥有明确的预警等级和报送层级。如某地发生重大突发事件网络舆情，通过机器将相关信息采集到网络舆情预警平台，进行初步分级，然后经过人工预警团队进行最终的核对确认，再确定报送的层级，根据实际情况在线上或线下实现报送。

3. 研判机制

研判机制主要包括专业的研判团队，对预警信息进行综合评估，定性分级，并根据相关信息的风险性会商定策，研究相应的引导处置方案。当预警信息报送到相关人员和涉事单位后，研判机制即启动，面对信息复杂、风险大的重大突发事件网络舆情，需要对信息进行科学的定性分级，形成处置策略。

4. 引导机制/辟谣机制

引导机制主要用于对网络舆情的干预，采取多项举措引导舆论向理性发展。除了相应的人员配置，涉事主体还需要采取系列举措，助力该机制顺利运行。此外，当重大突发事件网络舆情由谣言引发时，需在一般引导机制的基础上再启动辟谣机制，采取澄清事实、部门联动、依法追责等举措，快速消除谣言带来的负面影响。

5. 处置机制

处置机制主要针对线下问题的解决，让线下与线上形成良性互动和配合。除了相应的人员配置，还包括各部门之间协同配合，采取有效措施，解决实际问题。

【案例 4】兰州"11·3"重大道路交通事故

事件概述

2018 年 11 月 3 日 19 时 21 分，驾驶人李某驾驶辽 AK4481 号重型半挂载重牵引车，沿兰海高速公路由南向北行驶，经 17 千米长下坡路段行驶至距兰州南收费站 50 米处，与 31 辆车连续相撞，造成特大道路交通事故。该事故共造成 15 人死亡、45

人受伤、33辆机动车受损。

引导处置举措

事故发生后，兰州市公安、消防以及医疗等相关部门赶往现场救援，同时做好受伤人员的救治以及死亡人员家属的安抚工作等，使得救援工作稳步推进。甘肃省委省政府召开兰海高速交通事故处置现场会；国务委员、公安部部长立即调度指导事故处置工作，要求全力救治伤员，尽快查明原因，切实维护社会安全稳定，并派出工作组赶赴兰州指导事故调查处置工作；应急管理部也组成工作组连夜赶赴兰州。高层介入以及多部门协同联动，推动救援工作高效有序开展。此外，兰州市人民政府16日公布"11·3"重大道路交通事故调查结果，回应舆论关切；甘肃省委省政府要求甘肃省公安厅对全省类似情况进行排查，甘肃省安全生产委员会要抓紧下发通知，对加强司机安全意识教育，特别是冬季高速公路、危险路段安全驾驶提出要求，做好安全隐患排查和举一反三工作。

6. 复盘机制

复盘机制是应急预案的重要环节之一，不仅是对重大突发事件网络舆情的总结反思，还能够对重大突发事件网络舆情背后反映的普遍性问题进行举一反三，查漏补缺。复盘机制主要包括制度完善、形象修复、案例总结、队伍建设等内容，其中制度完善、案例总结、队伍建设等工作的时效性要求高，一般在网络舆情引导处置结束后需要及时进行，形象修复工作虽然持续时间较长，但是必不可少。

【案例5】上海静安"11·15"火灾事件

事件概述

2010年11月15日，上海市静安区胶州路728号公寓大楼发生特重大火灾事故，造成58人死亡，71人受伤，直接经济损失1.58亿元。

引导处置举措

事故发生后，党中央、国务院高度重视，中央领导同志作出重要指示批示，国务院工作组连夜赶赴事故现场，亲切慰问遇难者家属及受伤人员，指导抢险救援、善后处理和事故调查工作。上海市委、市政府领导第一时间全力组织灭火救援，迅速成立事故善后处置领导小组，统一指挥协调伤员救治、遇难者家属安抚、受灾群众安置及人员抚恤、财产赔付等善后工作。通过积极努力，整个善后处理工作平稳有序。针对此次火灾，央视等主流媒体呼吁城市管理者需要重视公共安全。面对舆论关切，上海市为永远铭记这次事故的惨痛教训，市委、市政府将11月15日设置成"城市公共安全日"，让警钟长鸣，让惨痛的教训时刻警醒各方，对生命负责，对城市负责，切实做好维护城市安全的每一项工作。东方网评论称，"城市公共安全日"就是长效机制。

第三节　重大突发事件信息发布

重大突发事件舆情管理是网络舆情管理中的重点和难点问题。做好重大突发事件的信息发布工作，是有效回应群众关切、妥善引导网络舆论的关键所在。

一、重大突发事件信息发布的意义和形式

把握重大突发事件信息发布的重要意义，有利于相关主体更好地理解信息发布的必要性和价值，以及自身在其中所担负的重要责任。把握重大突发事件信息发布的基本形式，并在日常工作中做好相关准备，是有效开展信息发布工作的基本前提。

（一）重大突发事件信息发布的意义

在重大突发事件的处置工作中，发布群众关切的信息是一个不可忽视的关键环节，具有多个层面的重大意义。

（1）重大突发事件信息发布有利于保障公众知情权。新的时代条件下，广大人民群众的权利意识不断增强，政治参与积极性不断提高。党的十九大报告指出，要"巩固基层政权，完善基层民主制度，保障人民知情权、参与权、表达权、监督权"。人民群众对国家和社会事务依法享有知情权。突发事件的基本情况、处置进展等信息关系到人民群众的切身利益，群众对此具有非常高的信息需求，应确保及时告知。

（2）重大突发事件信息发布有利于维护社会公共安全与秩序。突发事件往往对社会局部甚至整体带来重大现实影响，需要公众及时了解现实情况及下一阶段可能面对的潜在情况，进而做出评估判断，并基于此做出必要的反应。突发事件发生后，舆论场往往出现大量流言、谣言，威胁社会秩序。及时的信息发布有利于澄清事件真相，能够减少因信息沟通不畅导致的误判，纾解社会心理恐慌，防止社会动荡。为维护社会公共安全，有时也需要通过信息发布进行一定范围、一定程度的社会动员，组织必要的力量共同行动以应对突发状况。

（3）重大突发事件信息发布有利于提升突发事件处置主体的工作透明度，提升政府公信力，维护良好形象。突发事件的调查进展、处置方式等信息，直接关系到处置主体的公信力与形象。及时的信息发布，使群众准确了解处置措施与成效，处置主体才能凝聚广大人民群众的共识，获得必要的支持。

（二）重大突发事件信息发布的基本形式

当前全媒体环境下，突发事件信息发布的形式较为丰富多元。不同的信息发布形式在时效性、便利度、影响力等方面具有不同特点，相关发布主体可结合事件性质、

自身情况，单独或综合采用不同的发布形式进行信息发布。

1．接受媒体采访

接受媒体采访是较为常见的信息发布形式，具体包括接受书面采访、面对面专访、电话采访等。一般来说，媒体平台传播力强、公信力高，媒体的编辑记者具有较高的专业素养，善于进行议程设置和内容把关。通过接受媒体采访的方式进行突发事件信息发布，在信息传播效率和覆盖面方面具有天然优势。当前我国媒体数量较多，分为地区性媒体和中央级媒体、党报和都市报等不同类别，不同媒体具有不同定位和特点，发布主体可根据需要选择合适的媒体平台作为主要的发布渠道。

2．召开新闻发布会或吹风会

针对较为重大、复杂的突发事件，一般采用召开新闻发布会或吹风会的形式进行信息发布，即主动在特定时间、地点召集媒体记者，进行集中的信息发布。对于影响重大、事态复杂的突发事件，新闻发布会或吹风会的形式有利于对事件进行更加全面、系统的说明，及时呈现事件相关方的态度，并回答必要的疑问。

3．新媒体发布

新媒体发布是指发布主体通过在互联网上运营的各类新媒体平台账号进行信息发布，具体包括官网、官方微博、官方微信、官方 App 等。当前各类机构纷纷加强自身新媒体矩阵建设，进一步提升微博、微信的开通率，这有助于在关键时刻借助新媒体平台进行发布。新媒体发布是一种较为快速、便捷的发布形式，一方面可根据自身需要随时进行，另一方面有利于更好地把握发布口径，相较于接受媒体采访具有更高的可控性。新媒体发布还具有互动性强的特点，发布主体能够通过留言、跟帖及时了解舆论反馈，并在必要时与群众展开对话，这有利于与群众进行更细致的沟通。

▎二、重大突发事件信息发布技巧

重大突发事件信息发布是一项系统工作，需要从发布主体、发布节奏、发布内容、发布立场等多个角度做出准确、恰当的选择和安排，最终确保信息发布取得预期的效果。综合分析各类重大突发事件信息发布过程的得失，能够从中总结出一些重要的方法和技巧。

（一）发布主体

发布主体是重大突发事件信息发布首先要解决的问题，也就是解决由"谁"发布的问题。一方面要确定事件相关的哪一级、哪一个组织机构负责进行信息发布，另一方面必要时也需确定组织机构的哪一个具体的人出面进行发布。

1．统一管理，避免多头发布

重大突发事件头绪较多，常常涉及多个机构和部门，事发后由哪个部门、哪个人来进行对外发布非常关键。如果组织管理不到位，可能会出现多头发布、口径不一、信息混乱等问题。

对于涉及地方的政务舆情，按照属地管理、分级负责、谁主管谁负责的原则进行回应，涉事责任部门是第一责任主体，本级政府办公厅（室）会同宣传部门做好组织协调工作；涉事责任部门实行垂直管理的，上级部门办公厅（室）会同宣传部门做好组织协调工作。对涉及多个地方的政务舆情，上级政府主管部门是舆情回应的第一责任主体，相关地方按照属地管理原则进行回应。

对于以一个部门为主的信息发布，应由部门相关负责人或新闻发言人作为统一出口对外发布，防止出现员工随意接受采访、答复措辞不专业等情况。对于需要由多个机构、多个部门共同发布的情况，相关各部门一方面需按照各自职责做好分工，另一方面应加强沟通协商，确保回应的信息准确一致，必要时可确定牵头部门。

2．高层级响应

高层级响应是指由更高级别的部门和人员出面进行信息发布，如某一地区的突发事件由当地人民政府主要负责人而不是宣传部出面回应，某一企业的突发事件由企业CEO而不是公关部出面回应。高层级响应有利于增强信息发布主体的公信力，提振舆论信心，提高事件处置的权威性，从而有利于更好地应对突发事件。一般来讲，群体性事件、暴恐事件、重大自然灾害、重大安全生产事件等尤其需要高层级响应。

各级人民政府主要负责人作为地方管理"一把手"，掌握一诺千金、一锤定音的话语优势，在响应群众重大关切方面更是责无旁贷，必要时应以第一责任人的身份，到达第一现场，以第一时间的行动、表态和承诺，获得群众信任。

3．第三方发布

第三方发布，即借助发布主体之外的权威机构、网络名人、专家学者、网民代表和媒体记者等力量发布信息，共同引导公众理性思考。一些负面事件发生后，涉事主体作为主要责任方、利益相关方，对事件进行自我调查、自我说明可能存在公信力不够的情况，导致群众心存疑虑，舆论引导效果有限。此时如能引入与突发事件没有直接利害关系的专业调查机构、权威科研机构等第三方的调查与证明，将有利于提高信息发布的可信度。此外，一些活跃的网络名人、专家学者等，日常与网友沟通较多，积累了较高的信任度，如能协助进行信息发布，其相对客观独立的表态对说明事件真相、澄清公众疑虑、引导舆论走向具有重要作用，有利于降低涉事主体的舆论压力。

在重大突发事件信息发布过程中，涉事主体不仅要做到自身积极发声，还要积极进行多方联动，构建共同发声、联合引导的舆情回应格局。在日常工作过程中，应加强与各类媒体、网络名人、行业专家等群体的联系，做好线上和线下的沟通。

（二）发布节奏

发布节奏涉及重大突发事件信息发布在时间方面的统筹安排。在全媒体时代，若发布节奏方面存在微小差异，其发布效果可能会出现重大偏差。发布主体需要根据重大突发事件的特点，处理好快速与审慎的辩证关系，及时有效地满足群众的信息需求。

1. 主动说，尽快说

重大突发事件网络舆情往往在短时间内大范围传播，引发公众广泛关注。在此过程中，各类对事件的报道、解读及传言、谣言大量出现，直接影响舆论走向。因此，发布主体要高效反应，善于与时间"赛跑"，努力让权威声音跑在各类新闻消息和网络传言的前面，抢抓第一落点。

2. 速报事实，慎报原因与结论

重大突发事件要求快速反应，第一时间通报相关信息。这里的第一时间发布的内容，主要是指发布之时掌握的关于突发事件的基本事实情况。而对于突发事件发生的具体原因、事件定性、处置结论等问题，则应注意审慎发布，不宜求快。重大突发事件一般事态复杂，对事件原因的调查需要一定时间才能完成。如果在前期的信息发布中过早地给出关于事件的原因、定性结论，一方面结论可能存在瑕疵，另一方面公众也可能因担心事件调查过于草率而心存疑虑。不能为了追求快而匆忙下定论，要把握"快"与"慎"的辩证关系，不隐瞒、不夸大、不冲动、不臆断，在调查充分清楚、证据确凿的基础上再进行原因、结论的发布，才能更好地取信于公众。

3. 持续发布

重大突发事件进程、处置情况随着时间推移在不断地发生变化，因此，突发事件在首次发布后，还需要根据信息进展持续进行发布，以较高的频率不断告知公众新的信息，直至整个事件处置完成。除了突发事件的基本事实需要不断更新，事件调查的进展、事件影响、问责情况、整改情况等都需要逐步发布，以保持整个舆情应对链条的完整性。在发布过程中，突发事件的事态往往是动态变化的，如伤亡人数等，可能不同时间的数字完全不同。因此，在发布时应有充分的时间节点意识，强调"此时"的情况。

发布主体要学会"边做边说",即在进行事件调查、处置的同时不断向公众发布相关进展,及时满足群众信息需求,而不是"做完再说"。如果事件全部处置完毕后再进行信息发布,就可能导致信息发布间隔时间过长,特别是在遇到复杂的、需要较长处置时间的情况下,长时间信息空白,容易给人不作为的印象,加大舆情压力。此外,要重视信息发布的连续性、完整性。一些机构往往以"正在调查"作为万能回应,之后再无下文,这种"断头"发布、"烂尾"发布是信息发布不诚恳、不负责任的表现,严重伤害相关机构公信力。

(三)发布内容

发布内容的确认是重大突发事件信息发布的核心。发布主体需要在重大突发事件的千头万绪中,选择合适的内容,以特定的结构加以恰当的表达,最终满足群众关切,获得良好的发布效果。

1. 精准、全面回应关切

重大突发事件信息发布,要瞄准舆论关注的焦点、热点和关键问题,针对群众的关切问题进行回应,不能回避核心问题。一些信息发布案例中,发布主体只关注"我想说什么",而无视"公众关心什么",导致答非所问,含糊其辞,顾左右而言他。"打太极"式的回应看似信息量很大,但由于没有回应核心问题,往往会加剧群众的不满情绪,发布的诚意受到质疑。

在群众关注的焦点、疑点问题较多的情况下,要注意尽可能全面回应舆论关注点。只回答一部分问题,而故意忽略其他关注点,反而会使群众更加关注其他疑点。如果一部分群众关切的问题由于各种原因暂未调查清楚,应实事求是地明确告知,并承诺后续的回应时间。

精准、全面的信息发布需要发布主体对舆情焦点、群众关切有准确的把握。因此,信息发布前需要做好舆情研判和民意分析工作。通过舆情研判及时掌握当前舆论发展动态,找准触发舆情的关键点,才能在信息发布中做到有的放矢。

2. 有理有据,多使用举证式发布

当前互联网舆论场较为复杂,信息发布的内容要接受各方目光的审视,常常会遇到各种质疑声音,很难"一锤定音"。因此,信息发布不仅要给出观点和结论,还要注意"言之有据",通过有理有据的方式赢得信任。

发布主体要主动承担举证责任,学习使用举证式发布,即发布的基本信息同时包含结论(真相)加证据两部分,使证据与结论同步。信息发布不仅要说出真相本身,还要考虑如何运用证据,毫无疑点地向公众证明真相。发布主体可借鉴司法层面严谨

的证据链思维，在发布时尽量选择不同角度的证据互相补充、相互印证，同时运用反向思维，排除合理怀疑。此外，针对事件中有影响力的谣言、误解，有必要展开双向论证。所谓双向论证，即除了论证真相"为什么是这样"，还要给出论据论证"为什么不是（谣言说的）那样"。

3．发布框架：事实、态度、行动

无论是新闻发布会的基本情况介绍，还是通过新媒体发布的情况通报，相关发布内容的组织都有一定的内在逻辑。一般来说，发布内容应包含事实、态度、行动三个层面的内容。事实，即目前掌握的事件本身的情况是怎样的；态度，即对这一事实我们如何看待和评估，我们对此类事件的基本态度是什么；行动，即基于以上事实和态度，我们目前采取了哪些调查处置的行动，哪些人参与，进展到什么程度，检验行动的时间节点是什么，未来还将采取哪些行动等。

事实、态度、行动三个层面，分别告诉公众"事实是什么""应该怎么看"以及"我们如何做"，这形成了一个完整的信息发布链条。从此前大量的信息发布实践来看，信息通报基本都会涉及事实层面，但很多发布主体常常忽略态度表达与行动说明。事实上，态度表达和行动说明更能彰显发布主体的担当，有利于传达信心、凝聚共识。

4．把握语言表达的分寸感

重大突发事件信息发布应力求表达准确、亲切、自然，把握好语言表达的分寸感。一般来说，用于政务信息流转的公文语言，具有严谨、全面、抽象等特色。而公众日常的信息接收以媒体语言、网络语言为主，相较于公文语言的严谨抽象，媒体语言和网络语言更侧重事实和细节。两种语言风格的冲突常常带来一些问题：公文语言四平八稳、面面俱到的严谨，用在政务信息回应中容易显得重点不突出；公文语言含蓄节制的弦外之音和迂回表达，容易被解读为打官腔、回避问题；公文汇报的主体常常是领导干部，视角向上，而公开信息发布更需要体现对民众的关切，弱化领导角色。

重大突发事件信息发布因面向群众，在语言应用方面更应考虑大众传播的要求，在保持权威、理性、深度的同时，努力"接地气"创新语态，增强互动感。某些地方的信息发布因盲目将公文套路简单机械地用于政务舆情回应，导致不少次生舆情。特别要防止出现说教式表达，防止出现大话、套话、空话、废话。此外，有些词语在舆论场上已高度标签化，应谨慎使用，典型的如情绪稳定、无可奉告、不明真相、别有用心等。

领导干部在信息发布中可在真实准确的基础上，适当选择质朴且不失个性的表达。此外还应注意身体语言，如避免在严肃悲伤的场合出现不合时宜的微笑等。

5．注重发布信息的传播效率

发布主体在发布专业性较高的信息时，应特别注意措辞与表述的通俗化，使其易于被公众理解和接受。避免使用晦涩难懂、易引起公众误解的措辞，避免使用过于生僻的专业术语。应确保一般读者均能读懂自身发布的信息，尽量联系日常生活中常见的情境和案例加以说明。对于要发布的核心观点，尽量将其提炼为简洁凝练、朗朗上口的"金句"，这样更有利于提高传播效率。此外，发布过程中可适当使用视频、图表等方式，使发布的信息更直观。

（四）发布立场

发布立场是发布主体在信息发布过程中对自身定位、态度的判断和选择，是发布主体的工作理念和心态的直观反映，并直接关系到发布主体与舆论互动的结果。

1．谦抑善意、耐心包容

发布主体应对自身的职责和角色有正确的认知，注重研究公众心理，将信息发布、舆情回应作为与公众平等对话、交流互动的方式，回应中尽量放低身段，体现善意包容。发布主体要能容得下批评，对公众多一分宽容。在重大突发事件面前，大多数的公众出发点是好的，他们是抱着关爱和理性的心态，发布主体不要把公众当成处理事故的"假想敌"，不要给公众"贴标签"。

有些专业机构和专业人士在对待公众时，常常产生"内行"对"外行"的心态，认为公众对相关事务不了解、不专业，进而产生优越感和傲慢心理，摆出一副高高在上教育公众的面孔，甚至嘲讽、指责公众。这些都是心态不端正导致的信息发布问题。

对于部分公众发表的激烈的情绪化言论，发布主体要尽量以平和的心态面对，以理性对待非理性，不能情绪失控，不做不必要的口舌之争。

2．注重法、理、情的平衡

在信息发布过程中，发布主体需要有"共情"能力，在坚持依法处置、有理有据的同时，应敏锐捕捉具体议题背后透射的世道人心，平缓释放汹涌的网络情绪，真诚呼应朴素的公共情感，小心剥离非理性诉求，在回应民众期盼的过程中实现立场与情感的同频共振。

对于网络中的情绪表达，发布主体一方面报以"心同此理"的高度理解，予以恰当呼应，另一方面顺应不等于迎合，对情绪中裹挟的诉求的合理性要细加甄别，分类把握。

对于带来严重人身财产损失的重大事故、自然灾害等，发布主体在信息发布中表达慰问、悼念、缅怀、追授荣誉等抚慰性信息，有利于修复群众情感、缓解群众悲痛，降低负面事件的伤害程度。

3. 实事求是，真诚担当

就某种程度而言，相比突发事件本身，公众有时更关注发布主体的态度和行动表现，以及对事件的调查过程、处理结果等。发布主体应做到实事求是，不说假话，真诚担当，不逃避自身责任。

应付、欺骗公众的做法是舆情应对的大忌。一些机构出现问题后不愿承担责任，往往采取撒谎、找借口等方式推卸责任。比如强调某一突发事故是偶发情况、个别情况，或强调出现问题的工作人员为"临时工"等。这种"甩锅式"回应往往适得其反，会给回应主体的形象带来更严重的伤害。在自身工作的确出现疏忽、造成恶劣影响的情况下，应第一时间承认问题并致歉，严肃追究相关责任人责任，并采取有效措施整改、补救，向公众做出严肃说明。需要指出的是，一些严重问题的出现，许多时候并非是某单一个体的原因，而是管理制度、流程方面等深层次问题导致的。因此，围绕相关问题的反思和问责应注意系统性。

4. 避免盲目"对冲"的误区

重大突发事件舆情的处置过程中，发布主体在面对"舆论一边倒"等信息失衡状态时，可酌情利用信息对冲原理，即恰当选取群众忽略的另一面信息进行主动发布，引导舆论拓展关注面，有效中和部分激进、极端观点，改善舆论态势。成功的信息对冲的关键是发掘选择合适的增量信息，这些信息必须真实，发布时应以事实陈述为主，避免过多主观倾向。但为了达成以正面信息"对冲"负面信息的效果，选择、制造不实信息，或过于放大某些片面信息，反而可能导致弄巧成拙的后果，应注意规避。

【案例 6】深圳"12.20"滑坡事故

事件概述

2015 年 12 月 20 日 11 时 40 分，深圳市光明新区红坳渣土受纳场发生重大滑坡事故，造成 73 人死亡、17 人受伤、4 人下落不明，33 栋建筑物（厂房 24 栋、宿舍楼 3 栋，私宅 6 栋）被损毁、掩埋，90 家企业生产受影响，涉及员工 4 630 人。事件发生后引发广泛关注。

引导处置点评

2015 年 12 月 20 日 13 时 3 分，距离事发不到一个半小时，深圳微博发布厅发出首条事件消息，随后持续播报事件情况和处置进展。事发当天下午至 25 日晚的 6 日内，救援指挥部召开了 10 场新闻发布会，持续发布失联遇难人数、救援救治情况、事故发生原因、受灾群众安置、失联人员家属安抚等重要信息，做到了主动发布、快速发布、持续发布，精准、全面回应公众关切。有效的信息发布充分满足了公众知情权，最大限度地压缩了谣言传播空间，使围绕事件的相关舆论讨论始终在可控范围内。2015 年 12 月 25 日，媒体公布国务院成立事故调查组，将滑坡定性为"安全生产事故"。随后，广东省委副书记、深圳市委书记率领深圳市、光明新区党政负责人，通过新闻发布会向社会鞠躬道歉，表示"坚决拥护上级对这次事故的定性""根据事故调查结论和处理意见，将依法依规依纪，该负什么责任就负什么责任，该接受什么处理就接受什么处理，该处理什么人就处理什么人"，彰显了深圳市委、市人民政府的责任担当，获得舆论的高度评价。

结语

本章介绍了重大突发事件网络舆情应对的要点，包括重大突发事件网络舆情内涵及类型、重大突发事件网络舆情应急预案的制订和重大突发事件网络舆情的信息发布。关于重大突发事件网络舆情的类型，需要看到不同类型舆情的共性和不同点，这样才能从更深层次把握重大突发事件网络舆情应对的规律；重大突发事件网络舆情的应急预案事关舆情应对的整体成效，需要充分掌握基础建设、机制建设和引导方案的内在联系，才能发挥它们的聚合力；重大突发事件网络舆情的信息发布则重在与实体处置互为补充。面对新媒介与新技术的影响，重大突发事件网络舆情的信息发布技能也需"迭代更新"，但一些"基本功"仍旧是影响舆论引导"时、度、效"的基础要素。正所谓"万变不离其宗"，把握好基本要领，是互联网时代提升处理突发事件能力的基石。

【习题与思考】

请选择一个近期在全国范围内引发网络舆论聚焦的重大突发事件（最好尚处于舆情发生期或舆情发酵期，以确保实际演练效果），采取分组演练的模式，协同制定分工明确、实用有效的应急预案（含信息发布预案）。小组数量结合舆情实际而定，模拟角色建议包括但不限于涉事舆情主体所属地域/企业的"一把手"，宣传、网信部门相关负责人，实体部门相关负责人等。

参考文献

[1] 人民网舆情监测室. 如何应对网络舆情——网络舆情分析师手册[M]. 北京：新华出版社，2011.

[2] 姜胜洪. 网络谣言应对与舆情引导[M]. 北京：社会科学文献出版社，2013.

[3] 喻国明. 舆论学原理、方法与应用[M]. 3 版. 北京：中国传媒大学出版社，2020.